管理案例分析

（第 2 版）

李品媛　编

国家开放大学出版社·北京

图书在版编目（CIP）数据

管理案例分析 / 李品媛编 . -- 2 版 . -- 北京：国家开放大学出版社，2019.1（2021.11重印）

ISBN 978 - 7 - 304 - 09517 - 8

Ⅰ.①管… Ⅱ.①李… Ⅲ.①管理学 - 案例 - 开放教育 - 教材 Ⅳ.①C93

中国版本图书馆 CIP 数据核字（2018）第 275147 号

管理案例分析（第 2 版）
GUANLI ANLI FENXI
李品媛　编

出版·发行：国家开放大学出版社
电话：营销中心 010 - 68180820　　　　总编室 010 - 68182524
网址：http://www.crtvup.com.cn
地址：北京市海淀区西四环中路 45 号　　邮编：100039
经销：新华书店北京发行所

策划编辑：刘　洁　　　　　　　　版式设计：李　响
责任编辑：郑　倩　　　　　　　　责任校对：宋亦芳
责任印制：武　鹏　　陈　路

印刷：三河市吉祥印务有限公司
版本：2019 年 1 月第 2 版　　　　2021 年 11 月第 5 次印刷
开本：787mm×1092mm　1/16　　印张：13.5　　字数：295 千字

书号：ISBN 978 - 7 - 304 - 09517 - 8
定价：32.40 元

意见及建议：OUCP_KFJY@ouchn.edu.cn

前　言 □□□ PREFACE

2018 年是中国改革开放 40 周年，也是我国实施"十三五"规划的关键一年，企业发展进入一个新的历史阶段。关注时代变化，研究企业热点问题，担负起历史赋予我们的重任，是管理教育领域工作者的责任和历史使命。

管理案例教学是不断探索学习管理理论、解决企业现实问题的一种理论与实践紧密结合的教学形式。自 20 世纪初哈佛大学首创案例教学模式以来，在 100 多年的时间里，这种教学模式不断发扬光大，被世界范围的商学院和管理学院广泛应用，取得了良好的教学效果。

中国自 20 世纪 80 年代末开始，由工商管理硕士教育的普及，开始推广案例教学法，经过几十年的不断探索创新，管理案例教学已经进入一个成熟阶段，开始形成具有中国语境的案例教学模式。

国家开放大学于 2011 年起在工商管理专业开设了"管理案例分析"课程，并先后举办了三届工商管理案例设计与分析大赛。八年间，累计有十万多名学生主修了管理案例分析课程。学生通过这门课程的学习，进一步增强了自身的管理意识，提高了分析问题、解决问题的能力。

在这一背景下，对《管理案例分析》教材进行全面改版修订恰逢其时：一方面对八年来的案例教学进行总结梳理，使教材撰写的内容更加契合管理案例的教学实践；另一方面，不断与时俱进，将更加鲜活的企业案例改编到教材中，发挥其示范引导作用。

本次教材修订内容主要体现在以下几个方面：

1. 调整写作目的和写作形式

将以老师讲授为主的描述性介绍转变为以学生学习为主的分析模式，主要集中在前四章。该部分从学生的角度，介绍案例概念、案例类型、案例学习方法、案例学习理论及如何撰写案例。通过阅读本书的前四章，学生就能很好地理解案例学习法，并能积极思考，提出独立见解。

2. 调整章节内容

一是增加了篇的体例安排。本书分为理论篇和案例篇，力求使整体结构更清晰，也使学生更容易把握教材的体例结构。

二是第一章"概论"增加了"案例的学习原理"。介绍了建构主义学习理论、三维学习立方体模型、PBL 学习模式和传统学习模式，以期通过学习理论的分析解读，让学生深入了解案例学习法的原理与内涵。

三是增加了第三章"管理案例的学习过程"，重点介绍管理案例学习的基本形式、管理案例学习过程解析和管理案例学习的考核形式。由此，本书前四章构成了案例基本概念、案例学习原理、案例学习过程和案例撰写等核心内容。这样安排可以使学生进一步掌握管理案例学习的规范性，把握管理案例学习要点、难点，学会运用相关理论分析企业运营中的实际问题。

四是增加了第十一章"管理沟通"。沟通是工商管理专业的重要学习内容之一。在互联网日益发达的现代社会，沟通不仅直接影响着人们的社会生活，也影响着企业运营的效率。本章选用的是近年来发展最有代表性的餐饮企业——海底捞，其独特的沟通模式已经成为这个企业快速成长的核心要素。

五是增加了第十二章"管理控制"。管理控制是管理的四大职能之一。第十二章在简要介绍控制理论的基础上，提供了示范案例，并预留了案例作业，希望通过训练，让学生更好地把握控制原理，深入理解企业控制方法和控制过程对企业运营的重要意义。

六是删除了上一版教材中的第十章"资本运营管理"。主要是由于这类案例文字量比较大，都属于超大型案例，占用篇幅较多。同时，对学习者要求比较高，需要学习者具备一定的金融专业知识。因此，本次改版删除了这部分内容。

3. 全面更换案例内容

本次改版对绝大多数案例都进行了更换。一方面是由于案例的时效性要求比较高。比如，上一版教材的案例中，涉及的某些企业在五年前发展很好，但现在问题较多，甚至陷入困境。尽管研究处于困境的企业也是案例分析的内容，但由于涉及企业"隐私"，很难获得真实的数据，同时，企业陷入困境的原因又十分复杂，因此本版教材在编写时采取了规避原则。另一方面，在复杂多变的环境下，一些企业的成长更具有分析价值和借鉴意义。比如，小米科技公司在短短的八年时间里就成为手机全球销量排名前五的独角兽企业，这得益于其以互联网为核心的产品设计、生产、销售的经营模式。因此，本版教材选编案例的主旨之一就是发现和分析这种具有时代意义的企业。

总而言之，希望改版后的教材能更好地体现国家开放大学"敬学广惠、有教无类"的校训精神，进一步吸纳前期案例教学的经验和教训，能让学生通过管理案例分析以及其他相关专业课程的学习，更加"博学之、审问之、慎思之、明辨之、笃行之"，以期为社会培养更多的栋梁之材。

本书的编写得到了国家开放大学相关领导和老师的大力支持，特别感谢国家开放大学经济管理教学部蔡云蛟副部长对本书案例编写所做的工作；感谢大连海事大学薛强教授，大连理工大学王淑娟教授、闵庆飞教授，东北财经大学李斌教授、郑文全教授、韵江教授对管理案例分析课程建设所提的宝贵意见；感谢我的研究生李瑞、林杨、郭畅等人在收集文献资料和撰写案例初稿等方面所做的工作。

本书选编的一些案例取材于国家开放大学2017年工商管理案例设计与分析大赛的一些

优秀作品，同时，根据章节内容要求和学生学习需要，对个别案例进行了补充和完善，在此对案例作者和指导老师一并表示感谢。

本书在编写过程中借鉴了国内外管理学方面的教材、著作等文献资料，也采用了一些相关网站的信息资料，在每个案例结尾尽可能全面地标注资料来源，在此向原著者致谢。

本书作为国家开放大学的教学用书，可供相关专科、本科学生和研究生学习使用，但学习的重点和课时需要做相应调整；本书也可作为大专院校经济管理类专业的授课教材，还可作为管理学或管理学原理等主干课程的配套教材使用，也可用于各类组织的在职管理人员培训。

由于本人的学识水平有限，书中不妥之处在所难免，敬希读者不吝赐教。

李品媛

2018 年 10 月

目 录 □□□　　　CONTENTS

1

第一篇
理论篇

第一章　概　　论

📑 **学习目的和要求**

通过本章的学习，理解和掌握两个方面的内容：一是了解管理案例的基本概念、管理案例教学的作用以及与案例相关的其他概念内容，包括辨析案例与实例、案例与范例、案例与举例、案例与习题的异同点；了解各种不同案例类型的差异和特征。二是掌握案例学习的理论原理，包括建构主义学习理论、三维学习立方体模型、PBL学习模式及传统学习模式等，进而深入理解案例学习的机理、学习特点、学习目标和要求，为后面章节的案例学习打下坚实的基础。

一、管理案例的内涵与作用

管理案例包括教学型管理案例和研究型管理案例两类。在企业管理过程中发生的事实材料，这些事实材料由环境、条件、人员、数据、时间等要素所构成，把这些事实材料加工成供课堂教学和学生分析讨论所用的书面文字材料（或影像资料），就成为教学型管理案例。本书所指管理案例都是教学型管理案例。管理案例教学是为了某种既定教学目的、围绕一定的管理问题进行研究的一种手段，也是现代管理教育的一种方法。

（一）管理案例的含义

案例的英文词汇是case，case可译为"个案""个例""事例""案例"等，用在军事上是"战例"，在法学上称"判例"，在管理学上，Business Case译为"管理案例"。综合众多研究者的观点，我们对管理案例提出简单的归纳：管理案例就是为了明确的教学目的，围绕一定的管理问题而对某一真实的管理情境所做的客观描述，即采用文字、声像等媒介采编撰写形成的一段或者一个真实的管理情境或个案。这其中包含了管理案例的三个核心点。

1. 案例必须以事实为依据，体现出真实性

与其他文字创作不同，案例在主题内容和情节上不得虚构；名称与数据出于保密需要可加以掩饰；必要时可以对素材进行删减、合并，但基本事实应来自企业实践。管理案例基本上是对事实的白描式记录，不应带有撰写者的观点与情绪，可谓是对现实管理实践中所发生

事件和情境的仿真。案例教学的目的是使学生身临其境，即被带到一种真实的管理情境中去，学生通过对案例的学习及处理问题的技能的训练，提高将理论与实际相结合来解决问题的能力。要达到这一目的，在案例撰写时就必须以事实为依据，体现出真实性，这样才能让学生对问题感受得更加真实和深刻。

2. 案例中应包含一个或数个管理问题，启发学生思考

案例中所体现的问题既可以是待解决的，也可以是已经解决的。因为案例教学的目的是使学生分析讨论并学会如何解决管理问题，在这个基于管理事实的演练过程中，需要有典型的、适于讨论的管理问题作为案例教学的主线和重要内容。而且这些管理问题没有固定或唯一最佳解，需要学生在案例讨论中提出各自的问题解决思路和方案。这也是对学生思考和解决问题能力的锻炼和培养。

一般来说，案例背景介绍的信息应该与案例撰写者所要提出的问题息息相关，这样案例学习者可以通过对案例背景、事件以及事件中的人物相互之间的关系的了解，洞悉企业管理实践中的问题，以及这些问题产生的根源、发生演变的过程。因此，通过案例学习，不仅能启发学习者思考，而且能使学习者了解现实中管理问题发生和发展的来龙去脉，较好地解决传统学习方法中理论与实际相脱节的问题。

3. 案例需要界定教学应用领域，使学生明确目的与意义

大多数情况下，案例都是针对某一课程或者是具体到某一章节使用的。这就要求界定案例准备使用的课程和章节，让学生分析与讨论，掌握和提高哪些知识与技能，案例的编写者或使用者事先都要做到心中有数。可以这样说，管理案例是一个真实的、值得阅读和思考的管理故事。从故事这个角度来进行判断，好的管理案例应该达到如下要求：第一，进入"角色"。好的案例可以帮助学习者进入该案例事件决策者的角色，设身处地地思考所面临的管理问题。第二，进入"现场"。好的案例会通过写实的描述提供特定的管理情境，给人身临其境的感受，便于学习者感受真实的管理环境，并深入其中进行思考和分析。第三，面临"问题"。好的案例总是让需要解决的管理问题呼之欲出，或者通过分析后，使学习者面临现实的管理问题而进行分析、决策。这样的好案例可以使学习者从中掌握足够的知识，锻炼学习者的思维能力，提高学习者解决实际管理问题的能力。

要达到这一目的，在管理案例教学过程中，教师的指导和引导是十分必要的。一般情况下，管理教学案例分案例正文和案例编写说明两部分。案例正文是供学习者阅读和讨论的，案例编写说明是供进行案例教学的教师或指导者使用的。在案例编写说明部分，要详细介绍案例中的企业背景信息、案例中的主人公信息、案例事件发生的处理结果或者发展方向以及案例应用的理论分析。有些案例通过阅读正文，就可以明确地知晓案例适用的理论。但许多情况下，适用于解释案例问题的理论可能涉及多学科或者涉及较多的理论观点，这就需要在案例编写说明部分加以介绍，以便教师能够正确指导学生，促进案例学习中实践与理论的结合。

（二）相关概念的辨析

1. 案例与实例

案例之所以称为案例，首先在于它是被用于案例教学的"实例"。案例与实例两者既有联系又有区别：一方面案例必须是实例，不是实例就不是案例；另一方面，实例并不等同于案例。案例和实例的重要区别在于：案例有其特定的文体和书写规范，是为特殊的教学目的服务的；而实例以写实为主，一般是对所发生的客观事实的介绍和描述，没有固定的格式和书写规范。因此，不是所有写实的实例都可以一概称之为案例。见如下实例。

中韩造船业的比拼

韩国造船企业一度在全球十大造船企业中占有七席，曾获得过全球造船订单40%的份额，在新增造船订单量、手持订单量和造船吨位方面均曾排名世界第一。2016年以来，韩国造船业遭遇"断崖式下跌"，韩国最大航运企业韩进海运破产，韩国造船企业不仅订单数量锐减，而且遭遇严重的财政危机。在过去的两年里，韩国造船企业亏损达数十亿美元，只能通过不断裁员、出售非核心资产来"断臂求生"。韩国工业数据显示，2017年，大宇造船、三星重工和现代重工三大船厂合计裁员4 000多人，同时，企业纷纷出售大量非核心资产，以求降低负债比例。

近五年来，中国造船企业全方位赶超韩国造船企业，中国造船业新增订单量、手持订单量均位列世界第一，市场份额达到36.3%，比韩国（29.4%）高出近7个百分点。在高端船舶市场，中国造船企业也在高歌猛进。沪东中华造船是目前全球唯一能同时建造大型液化天然气运输船、双相不锈钢化学品船和集滚船三种顶级民用船舶的造船公司。2017年8月，沪东中华造船和上海外高桥一举击败现代重工、三星重工、大宇造船三大韩国造船企业，携手拿下法国达飞海运集团的9艘22000 TEU集装箱船订单，总订单额为96亿元人民币。

2017年上半年，中国造船企业承接了一批高技术、高附加值的船舶订单，如超大型气体运输船、成品油船、化学品船、货物滚装船、甲板运输船和极地探险邮轮等，创下了历史新高。

资料来源：相均泳 . "失去"中国300多天，韩国汽车、造船和半导体都快不行了! . （2018-01-04）［2018-09-10］. http：//chuansong. me/n/2120837352829.

上述实例只是从报刊上摘录的一段报道，虽然揭示并说明了某些事实，但它只是对现状的客观描述，并非专门为案例教学所写，而且格式及文本也不符合案例书写规范，如语言上的"断崖式下跌""断臂求生""创下了历史新高"等，都不是案例的语言，而是新闻报道的用语。内容上没有营造和体现出与实例背景相关的情境，没有可供启发和思考的信息，也没有提出需要学生思考和解决的问题。因此，它只是对实例消息的传递，并不符合案例的特征，尽管以这些资料为媒介也可以在教学中使用，但所达到的效果同案例教学是无法相比的。

2. 案例与范例

案例也不等同于范例，范例是指在教学中介绍的、已发生的某种事件及前人处理某问题时的经验和教训，它多半描述的是已解决的问题。放宽一些标准，也可以将其归作案例范畴，但不能代表案例教学的主流。见如下范例。

锐意创新的 3M 公司

因为认识到创新的重要性，3M 公司从各个方面鼓励员工不断创新。从鼓励研究人员发展新构想的"15% 规则"、设立资助创新计划的辅助金、创造容忍失败的环境，到主办"科技论坛"，3M 无处不显示出对创新文化的重视。这主要体现在以下方面：

（1）3M 公司营造了一种容忍失败的工作环境。

在公司里，无论你提出何种想法，哪怕是一个馊主意，都不会遭到其他人的讥讽。对 3M 的员工而言，失败并不可怕，只要你不是毫无建树。

（2）顾客反馈的意见也是 3M 创新的源泉。

3M 的研究人员从来都不是待在实验室里闭门造车。他们需要接近顾客，了解顾客的需求，甚至发掘顾客的新需求，从而设计和创造出更好的产品。

（3）3M 还非常重视自身的社会形象。

公司每年拨出 3 200 万美元回报社会，把创新应用在社区服务及环保领域。员工提出的有利于减少产品制造过程中对环境造成污染的可行性建议，80%~90% 会被公司采用。

（4）平等融洽的氛围。

3M 公司延续创新文化的重要途径，是尊重每一个员工的能力，让他们自主工作。员工可以根据工作的需要，在公司内部的不同部门间流动。为了给员工创造宽松的工作环境，公司允许员工穿便服上班。在公司里，上司与下属不分职位高低，相互尊重，平等交流。因此，员工可以在这种平等、轻松和融洽的氛围中充分发挥自身的创造性。

资料来源：李品媛. 管理学原理.4 版. 大连：东北财经大学出版社，2018.

从上述 3M 公司的范例可以看出，范例本身已经将企业的成功经验和盘托出，在教学方法上属于代理式的学习。而案例一般都是问题解决型的，要求学生自己独立地找出问题、诊断出"病因"、开出"处方"，并在比较各项备选方案优劣的基础上做出决策，其能力培养功能远大于已解决问题型的案例。因此，从管理教育的目标和案例教学的主要功能看，待解决型的案例应该是管理案例的主体。但范例的作用也不容忽视，它能让学生直接从中获得信息，得到指导和获得经验等，所以应该根据实际教学需要发挥两者的功能。而在实际中，两者之间的界限很难划清，会常见到某种混合型的形式，如先描述一个问题解决的全过程，然后将以后新出现的或扫尾、后遗问题的解决任务交给学生。

管理教学用案例与医学教育中的病例、法学教育中的判例、军事教育中的战例有相似之处，但不同之处也是显而易见的。因为病例、判例与战例都包括治疗疾病、判断罪行或战胜敌人的全过程，也是一种"解决问题"的过程，因此它们是经验或教训的介绍，是事实的传授，是范例（在某些国家，判例甚至可作为法典来援引），不像管理案例那样要求学生自己去处理，以锻炼他们的实际管理能力。

3. 案例与举例

虽然我们承认经验（教训）介绍类型的实例、范例也应属于案例的一支，但课堂讲授时所举的零星短小例子，如某厂质量管理上采用过哪种新措施，某公司在广告宣传中运用了哪种小诀窍，某公司在绩效考核上建立了哪种新制度等，都不宜算作案例。因为这些小例子虽然也来自现实发生的管理实践或者来自第一手、第二手的管理资料，但是它们在内涵和特征以及规范上并不能达到管理案例所要求的标准。不承认这些例子是案例，绝不等于贬低其作用，因为它们在课堂上可供随时引用以方便说明问题，方式简单、有效而且容易使人理解，因此也是课堂系统讲授中不可或缺而行之有效的一种手段。

4. 案例与习题

在管理教育中，有一些定量分析方法用得比较多、比较"硬"的管理学科，需要教会学生掌握一些运算性工具，让学生操练一些演算性习题。这些习题往往并非抽象的、纯数字的演算，而是要介绍一种具体的管理情境并提供有关数据，与数学课中的"文字作业题"（或称"应用题"）近似。从一般意义上讲，这些习题并不是管理案例。因为这些习题的形式虽然与案例相近，但是在解题的过程中，需将数据代入适当的公式或模型中，正确的答案是唯一的。最关键的是，这种解题作业，管理背景信息只是陪衬，解题的标准过程是主要的，学习者思考的不是管理问题发生、发展的过程，而是解题的步骤。这与管理案例启发思考管理现实问题截然不同。

总之，管理案例在内涵与特征上都有其独特要求。实例、范例、举例、习题等与案例有着相同之处，也有明显的区别。从广义上来讲，可以把实例、范例、举例、习题等都归于案例之类，但是要明确它们不是管理案例的主干，而是一些特殊的旁支。实例、范例、举例、习题等有其教学功能上的重要作用，但是在本质上与管理案例所依托的案例教学法还是存在重大的区别。我们更愿意看到各类教学载体和工具都发挥出其应有的作用，各司其职，相辅相成，互相配合，相得益彰。

（三）管理案例的分类

管理案例教学所用的案例丰富多彩、形式多样，可以从不同的角度进行分类。

1. 按案例使用性质分类

按案例使用性质，管理案例可分为教学型管理案例和研究型管理案例。

（1）教学型管理案例。

教学型管理案例主要是针对授课使用的案例，其编写形式和设计的故事内容、事件背景以及案例说明的分析过程和理论应用都是根据教学目标、专业和学生层次而定。教学型管理案例的主要目的是使学生通过案例学习提高自身的认知能力和知识水平，并鼓励学生尝试运用所学的管理理念和原理解决问题。

教学型管理案例学习方式比较灵活。公认的比较有效的学习方式是将学生划分为若干个学习小组，每一小组提供自己设计的解决方案，相互间采取竞赛形式，在指定的模拟管理情境与条件下，模拟市场上的竞争或者演习某种管理活动，从而锻炼学生实际操作的能力。

（2）研究型管理案例。

案例研究法是研究方法中的一种重要形式，主要用于理论发现或者个案（创新）研究。

研究型管理案例与教学型管理案例的差异主要体现在以下几点：

一是目的不同。教学型管理案例主要是通过案例方法提升学习者的理论认知能力和实践操作能力；而研究型管理案例是通过案例研究发现理论、探寻规律或寻找真理，属于理论研究的质性研究方法。

二是表现形式不同。研究型管理案例主要是通过公开发表的文章、出版的论著体现的，而教学型管理案例的编写主要是用于课程讲授学习使用，是否公开发表或出版并不重要。

三是写作内容不同。研究型管理案例的研究方法特别重要，如果方法不规范，会直接影响研究结果的正确性，而且文字表述的逻辑关系、专业性等都会直接影响研究结果。但教学型管理案例格式和体例差异较大，也没有统一的标准，唯一能达成共识的就是教学型管理案例分为案例正文和案例使用说明两部分，案例正文用于学生学习讨论，案例使用说明主要供教师使用。

四是参与主体不同。研究型管理案例主要是专业人员参与调查、撰写，然后与审稿人讨论修改，以便于公开发表或出版。而教学型管理案例可以是教师和学生一起调查、撰写，但案例学习一定是以学生为主体，教师起引导和辅导作用。

2. 按案例篇幅的长短分类

按案例篇幅的长短，管理案例可分为中短篇案例、长篇案例和超长篇案例。一般来说，字数在 5 000 以下的案例为中短篇案例；5 000 字到 10 000 字之间的案例为长篇案例；字数超过 10 000 的案例称为超长篇案例或大型案例。

（1）中短篇案例。

中短篇案例的文字一般在 3 000 字到 5 000 字，主要是针对某一领域的特定问题。案例背景描述比较少，描述的框架清晰，表述简洁，条理分明，发生的事件或出现的人物也比较简单。

这种案例的特点是短小精悍，案例背景信息也比较精炼，只把问题或事件的有关事实陈述清楚或交代清楚即可。一般会有比较"标准"的解法或"理想"的答案，主要训练学习者对一些基本概念或理论的理解或利用方法、模型来推演出结果。这类案例用来帮助学生加深理解某一概念或观点的同时，也强调事件背景和相关信息的关联性，而且事件或过程之间的逻辑关系比较清晰，启发思考的问题也简单、明确。

（2）长篇案例。

长篇案例的篇幅较长，文字量在 5 000 字至 10 000 字之间。一般背景信息量比较大，提出的管理问题也较多，甚至事件中的人物也众多。但是，不论信息量多大，这类案例都是围绕着撰写者设计的主线，事件发生的逻辑顺序也比较清晰。案例分析结论可能有多种解决方案，也不推崇"最佳解决方案"。在这类案例的学习中，指导教师的作用比较重要，教师应有概念性指导，引导学生结合实际问题，联系相关概念和理论进行分析；同时，教师也应注意启发学生的创造性思维，以解决问题。

（3）超长篇案例。

超长篇案例也称大型案例，其篇幅在 20 000 字至 30 000 字之间。这类案例具有综合性、跨学科的特点。超长篇案例反映的是某一企业真实而全面的情况，信息涵盖范围较广。学习讨论一个超长篇案例需要系统地收集信息和占有较多的课堂时间，当然，对学生的训练要求也比较高，是一种全方位的学习——需要学生根据案例发现问题、理出思绪、分清主次，拟定备选方案，做出决策。这类案例不存在什么"标准答案"与"最佳方法"，涉及的管理领域较为宽泛。超长篇案例主要用于管理经验较为丰富的学生，也适合于解决管理领域复杂性和综合性的问题。

3. 按案例涉及的领域分类

按案例涉及的领域，管理案例可分为专业管理案例和综合型管理案例。

（1）专业管理案例。

专业管理案例也称为单一职能案例，主要是指涉及某一职能领域的案例，如生产、财务、营销、人力资源管理等，都可以根据专业课程学习的需要，编写某一职能领域的案例。专业管理案例适用于各个层面（专科、本科、研究生）的学生，使用范围也比较广泛。因为问题指向明确，故分析过程和角度也比较容易把握。

（2）综合型管理案例。

综合型管理案例是指涉及两个或两个以上职能领域的案例。比较常见的这类案例如描述企业战略方面的案例，涉及的范围比较广，可能既包括管理、营销的专业知识，也涉及技术、研发、财务、运营、物流等方面的知识。总之，学习案例时需要运用跨学科、跨专业知识的，都属于综合型管理案例。

综合型管理案例的信息量较大，涉及多个知识领域，场景也较为复杂，需要学生综合运用所学过的知识或者直接、间接经验来分析问题，理清思路，并制定出合理的解决方案。这类案例一般都是在教师的指导下进行学习。

4. 按案例学习功能分类

按案例学习功能，管理案例可分为事件描述型管理案例和问题决策型管理案例。

（1）事件描述型管理案例。

事件描述型管理案例主要是真实描述和浓缩发生过的某个管理事件，其中包含了真实的管理实践经验和教训，对学生富有启迪和借鉴意义。事件描述型管理案例相当于一个标本，为学生提供了应用所学技能的"靶子"，它又相当于一个事件的回放，是所发生的事件及其发生原因的历史记录，旨在向学生反复灌输"正确"运用的观念，或者让学生努力寻求由案例提供者所规定的"正确"结论。这种案例的学习目的，主要是总结企业在实现一个目标、设计和管理一个项目、运用一种方法时的成败得失。

学生在学习事件描述型管理案例时，容易与实例或举例发生混淆。事件描述型管理案例与实例或举例的相同点就是都有事件发生，但显著的差异是，案例是需要思考和分析的，案例描述的目的不是介绍事件，而是通过事实引发学习者的讨论和思考。因此，案例撰写者在介绍事件和情境时不能带有个人情感和观点的倾向性，而且交代事件发生的过程和结果不是告知大家事实，而是通过事件本身启发学习者思考。

（2）问题决策型管理案例。

问题决策型管理案例一般描述某个具体企业在环境、条件和竞争压力下的有关决策问题，要求学生在内外部环境条件的约束或时间的限制下，对某些棘手问题进行分析，确定决策方案。这类管理案例设定限定条件，主要锻炼学生如何面对压力做出正确决策，或者在给定的前提背景下进行决策分析，鼓励学习者面对复杂的决策信息环境，在决策时进行系统、周密的思考。这种管理案例通过构建企业决策时的情境和压力，增强学生对真实企业决策的情感、智力及复杂程序的认识，从中获得对复杂信息进行分类、分析和评价的能力。

此外，管理案例还可以用其他标准进行分类。例如，按载体形式，管理案例可分为书写管理案例、影像管理案例、情境仿真管理案例以及网络上使用的用于过程教育或其他形式的管理案例；按编写方式，管理案例可分为自编、翻译、缩删和改编等类型；按案例之间的关系，管理案例可分为单篇独立型与连续系列型管理案例等。由于这些案例分类不具有案例学习的特殊意义，所以，这里我们不进行系统介绍了。

（四）管理案例教学的作用

案例教学法是指以案例为教学媒介，在教师的指导下，运用多种方式启发学生独立思考，对案例提供的客观事实和问题进行分析研究，提出见解，做出判断和决策，从而提高学生分析问题和解决问题能力的一种理论联系实践的启发式教学方法。

管理案例教学法为美国哈佛商学院于20世纪20年代首创并推广，由于其新颖、独特、实用、有效，显示了强大的生命力，受到美国企业界、学术界、教育界的重视与追捧，一些资金雄厚的基金会也解囊相助，以支持管理案例教学法。到了20世纪40年代，哈佛商学院已有了初具规模的案例教学管理系统，包括案例选题、收集、编写、应用、储存、建档、注册审批、更新、发行、经销、交换、版权保护等。

正是由于哈佛商学院对案例教学法的成功运用，培养出大批杰出的工商界人士，现在全球有许多著名的商学院和管理学院也普遍运用案例教学法，案例教学已成为一种风靡全球并代表未来教育方向的成功教学模式。在中国，案例教学法也已被越来越多的人所接受，在许多高校，特别是工商管理类院校正积极推广和应用案例教学法。

管理案例教学的过程具有极为丰富的内容，它是一个学知识、研究问题和进行读、写、说综合训练的过程，这一过程有着重要的作用。

1. 在情景故事中深化理解理论，有助于知识学习的融会贯通

一个好的案例是要有背景、情境、人物和故事的，通过这些串联起来的内容，集中反映出企业运营中某些方面的实际问题，使学习者在学习中交流讨论、相互启发，不仅得到了启示或发现问题的线索，也将学习的理论深化理解。这样的学习让学生"深陷其中""乐此不疲"。

与此同时，案例学习还会使学生在学习过程中将分散、凌乱的知识碎片有机整合起来，在围绕案例问题的解析过程中，形成系统化的专业知识。管理专业的学生按其专业培养计划要求，需要学习的课程有很多，诸如会计、统计、财务、金融、法学、经济学等，甚至是数学、外语、哲学等基础课程。但是，仅靠教师在课堂按部就班地进行讲授，学生很难把握各门课程之间的内在联系，特别是书本上获得的知识与企业发展的现实问题还有一定距离。管理案例的分析在帮助学生建立知识体系方面，具有特殊的功能。因为要对案例场景或人物事件等进行分析，可能需要运用相关学科的知识，其决策方案的选择也未必是单一的，需要融会贯通。而且，案例的分析讨论会使学习者头脑中原来处于分割、零散状态的知识，逐渐实现有机结合，形成知识的归纳和逻辑推理，而这些特征越显著就越显示出学习者分析和解决问题的能力。很显然，管理案例分析不是理论学习的割裂，而是学习的融合与深入，只是这种学习具有很强的针对性，它致力于实际问题的分析和解决。因此，管理案例分析对深化课堂理论教学起着十分重要的作用。

2. 以事例和故事解读概念，加速习得的知识向专业技能转化

传统的代理式的学习模式主要是学生在课堂上按部就班地跟着老师学习和识记，通过作业和考试，掌握学习的知识点和专业重点。但这种学习的最大弊端就是讲授的理论与实际脱节，学生很难通过对课堂学习内容的领悟，增强解决企业和社会实际问题的能力。案例学习模式就可以很好地弥补代理式学习的缺陷。因为案例中的情境和人物以及由此产生的故事，都是企业实际发生的事情，可以从不同角度反映出企业运营中的主要问题。

管理本身是一种特殊的复杂劳动，很多管理问题都来自复杂的管理情境当中，没有对复杂情境的感知能力和判断事物真假的能力是不能解决实际问题的。因此，管理者就要特别注意对实际问题的研究，把握事物的个性特征。因此，在学生学习管理专业知识的过程中，如何融会贯通地理解和识记知识，特别是增强学生对专业知识的感性认识，努力促使学生将所学知识向技能转化十分重要，通过案例学习可以实现这一目的。因此，管理案例的分析在丰富学生对专业知识的感性认识，培养学生洞察问题、发现问题和根据实际情况分析问题的实际技能等方面有着重要作用。学生通过对实际问题的理解和认知，也可以避免对理论的教条化理解和提升自身处理实际问题的能力。

3. "交互式"学习，有助于锻炼学生的决策和独立思考能力

案例学习与代理式学习的最大不同，就是学生是学习的主角，而不是教师。比较常见的案例讨论是以小组的形式进行的。学生被划分到不同的学习小组，课上、课下都要充分交流和讨论，形成小组意见或解决方案，甚至学生的成绩也是以小组形式体现的。在案例学习过

程中，有时需要深入企业进行调研，采访管理者和操作者，掌握第一手资料，许多情况下还需要在教师的指导下编写案例或者宣讲案例文案等，这些时候都需要学生充分演示或展示个人观点和意见。可以说案例学习就是交流和展示的过程，这些都会极大地提升学生的学习积极性。

此外，案例学习突破了课堂的狭小范围，改变了单纯由教师进行课堂讲授的传统模式，提升了学生学习的自主性。这时，学生成为教学过程中的"主人"，他们在抒发己见的同时，也以高度的积极性和主动性表现自我。因此，案例教学法能很好地提高教学质量，这种教学质量的提高，是有学生的贡献的。

4. "启发式"学习模式，大大提高学习者的决策水平

从一定意义上说，管理就是决策，而决策就是分析和解决问题的过程。所有案例都隐含着现实管理中的问题，案例将纷繁复杂的管理情景加以描述，以使管理者调动形象思维和逻辑思维，对其中的有关信息进行分类组合、排列分析，完成去粗取精、由表及里的加工过程，理出头绪，揭示问题的症结，寻求解决问题的有效方法。

但是，案例不是直接告诉学习者问题是什么，应该怎么解决，哪种模式最好。案例的表述都是一种客观现实的描述，不带有编写者个人的情感和倾向性。在案例学习中的讨论，也不是寻找最佳答案，而是通过对案例情景中所包含的矛盾和问题的分析与处理，辨析在不同情景下的不同问题，采取不同解决思路和不同对策。显然，这种学习方式可以有效地锻炼和提高学生运用理论解决实际问题的能力。

因此，案例学习的优点之一就是在模拟真实的情况下，激发学习的主动行为，让学生从被动的吸收知识者的角色中摆脱出来，要求学生必须理解现实和做出判断，学会对信息进行提炼和筛选，帮助学生学会独立思考，提高分析和解决问题的能力。

由于在讨论案例管理问题的过程中，学生是"主角"，而教师只起辅助和引导的作用，因此，学生没有依靠，必须自己开动脑筋，独立解决问题。经过反复训练，能使学生摸索到解决问题的规律，帮助他们逐步形成自己独特的分析和解决问题的方式，提高他们的决策质量和决策效率。

5. 讨论式学习，有助于培养学生的团队合作意识

管理是一种社会性活动，因此，管理的效果不仅取决于管理者自身的做事效率，而且取决于管理者与人相处和团队协作的能力。案例教学在注重提高学生解决问题能力的同时，把提高处理人际关系和团队协作的能力也放在重要的位置上。要解决问题就必须与别人合作。在案例教学过程中，通过学习群体的互动，取长补短，集思广益，形成较为完善的方案。团队合作意识是人们在各种具体的、大量的日常工作中，通过合作实践而日积月累地培养起来的。案例教学法特别强调学生之间的合作，每个学生都有潜在的创造力和智慧，都有自己的优势。通过讨论，进行合作性学习，不仅能使学生个体主动地适应团体生活，并将自己融入团体之中，互相协作，互相尊重，而且能调动学生积极挖掘自己的优势，取长补短，发挥出团队的"合作力"。

同样重要的是，在讨论过程中，学生可以通过学习与沟通，体会如何去听取别人的见

解，如何坚持自己的观点，如何去说服别人，如何自我指导与自我控制，如何与人相处。人们的思考方法不尽相同，思维方式各异，价值观念也不完全一致，在认识和处理问题上自然会存在分歧，正是在遭遇和处理分歧及人际冲突的过程中，学生才能体会到如何理解和包容想法不同、观点各异的同伴，如何心平气和地与他人合作，如何向他人学习并携手朝着共同的目标努力。

6. 开发学习者的智能和创造性，增强其学习兴趣

案例学习的直接作用就是有利于开发学习者的智能和创造性，增强其学习兴趣。人的学习能力是分层次的：接受知识和经验是一个层次，消化和整合知识经验是另一个层次，应变与创新则是更高层次的学习能力。学习能力的强弱不仅仅体现在对理论知识的死记硬背和被动接受上，更为重要的是体现在整合知识和经验的能力上，以及适应不断变化并进行创新的能力上。只有真正善于思考的学习者，才会知道自己需要什么样的知识和窍门，懂得更新哪些方面的知识，知道如何利用知识解决问题，达到既定的目标。

在传统的教育模式中，教师的职责是传授知识，但建构主义理论认为，教师的职责是启发学生发现问题、探索真理。管理案例的教学实际上就是把经济和社会现实的问题带到课堂上讨论、分析和判断，客观上起着诱导和启发学生思考和钻研的作用。在案例讨论中，学生不再是被动地接受灌输，而是成为案例活动的主体，担当课堂的主角，运用掌握的知识，以案例中管理者的身份去分析、解决问题，进行判断决策，学生由被动听讲转变为主动参与。由于案例答案的多元性，使学生在寻求多元化和最佳答案的过程中，思路得以拓展，培养了其发散思维和求异思维，最终激发了学生学习的主动性、积极性、创造性，同时也极大地锻炼了学生的学习能力。

综上所述，案例教学法与传统的代理式（灌输式）教学法相比，它更加注重学生分析能力和决策能力的培养，其实质是理论与实践相结合的互动式教学。它是一种启发性、互动性和实践性的教学方法，它的作用是其他教学方法无法替代的。国外的一些案例专家对于案例教学法的作用也给予了充分的肯定。

然而，案例教学法也有其局限性。案例教学法并不适用于所有管理课程。对于那些较"软"的、问题不够鲜明清晰、可做多种解释的课程，此法较为适用，尤其对于高年级的跨学科性的综合课程，更宜大量采用；但对于较"硬"的、使用定量分析手段较多的课程，此法就不太适合了。

二、案例的学习原理

（一）建构主义学习理论

1. 建构主义的内涵

建构主义也称为结构主义，是认知理论的重要组成部分，也是 20 世纪在国际上影响比

较大的学习理论之一。由于广受追捧，建构主义也有很多分支。建构主义的思想渊源可以追溯至瑞士著名的心理学家皮亚杰。他认为，认识来源于动作、活动，来源于主观、客观的相互作用。在个体与环境的相互作用过程中，同化和顺应，个体逐步建构起与外部世界相关联的知识，并在"平衡—不平衡—新的平衡"的循环中，使自身的认知结构得以转换和发展。其后布鲁纳等人的认知观点——解释如何使客观的知识结构通过个体与之交互作用而内化为认知结构，以及维果斯基的"文化—历史"发展理论，都对建构主义思想的发展起了重要的作用。

建构主义学习理论是学习者通过学习而获得知识和外界认知的基本指导理论，这一理论突出学习者的自主性、参与性、自我调控性和情境要素。按照建构主义观点，学习者应该是学习的主体，具有自我认知、自我构建和自我消化的能力。可以理解为，学习者的学习过程和学习方式要突出其自主建构认知结构的过程，教师主要起指导者、引领者和促进者的作用。

建构主义学习理论主要体现出以下基本特点：

（1）强化学习的自主性。

在学习过程中，学生不是被动地接受外在信息，而是主动地根据先前的认知结构有选择地知觉外在信息，构建对当前事物的理解和意义。因此，建构主义学习强调学生拥有解决问题的自主权，而不是老师告知答案和解决方案。学生要学会自己分析问题，寻找和学习解决问题的相关知识和技能，从而达到更高层次的学习认知，构建自我认知结构。在这种学习状态下，教师只是名义上的，是学生学习过程的帮助者和促进者。

（2）强化学习的参与性。

强调学习自主性，还要强化学习是一个开放的而不是封闭的过程。学生只有在一定的情境中，对信息主动选择、推理、判断、互动交流，才能构建其关于事物及其过程的表征，才能逐步形成自己的创新意识和解决实际问题的能力。因此，按照构建主义学习理论，学习是学生自主学习和参与性学习相结合的过程。在这一过程中，学生是主角，教师是配角，教师不是灌输者的角色，而是指导者的角色。学生一定要改变传统教育中"等着教师讲内容，按照教师的要求识记和背诵"的方式；实践也证明，自主参与式的学习，学生领会深、记得牢，应用也灵活。

（3）强化学习的自我调控性。

强化学习的自我调控性，是指学生将自己正在进行的学习活动作为意识对象，只有不断对其进行积极、自觉的监控和调节，才能促进观念的形成和发展，更好地进行学习构建，更好地识记和消化学习的内容。因此，真正的学习活动必须由学生自主进行，学生应自我调节和自我监督。

（4）强化学习的情境性。

建构主义学习理论强调学生在学习过程中，以社会文化历史为代表的情境的影响作用，尤其是强调活动和社会交往在人的高级心理机能发展中的突出作用。该理论认为，高级的心理机能来源于外部动作的内化，这种内化不仅通过教学，也通过日常生活、游戏和劳动等来实现。另外，内在的智力动作也外化为实际动作，使主观见之于客观。内化和外化的桥梁便是学生的活动。

综上所述，建构主义学习理论的核心可以概括为：以学生（人）为中心，强调学生（人）对知识的主动探索、主动发现和对所学知识意义的主动构建。

建构主义学习理论提供了一种与传统的客观主义不同的学习原理——学习过程不是学习者被动地接受知识，而是积极地构建知识的过程。

2. 建构主义原理下的学习特点

在建构主义认知观中，知识不是对现实纯粹客观的反映，它只不过是人们对客观世界的一种解释、假设或假说，它不是问题的最终答案。知识也不能提供对任何活动或问题解决都适用的方法。在具体问题的解决中，是需要针对具体问题的情境对原有知识进行再加工和再创造的。因此，对学习的真正理解只能由学习者基于自身的经验背景而建构起来，取决于特定情境下的学习活动过程。

课本知识只是一种对某种现象的较为可靠的解释或假设，并不是解释现实世界的"绝对参照"。因此，教学不能将知识作为预先决定了的东西教给学生，不要将教师对知识的理解方式作为让学生接受的理由，用社会性的权威压服学生。学生对知识的接收，只能由他自己来建构完成，以他们自己的经验为背景来分析知识的合理性。建构主义的代表人物维果斯基在说明教学与发展的关系时，提出了"最近发展区"的理论。他认为教学必须考虑学生已达到的水平并要走在学生发展的前面。传统教学模式与建构主义教学模式的比较见表 1 – 1。

表 1 – 1　传统教学模式与建构主义教学模式的比较

比较项目	传统教学模式	建构主义教学模式
教学目标	强调技术学习	强调整体性，让学生协商解决
教学内容	固定的通用教材	根据学生兴趣和问题
教学信息	充分准备	引导学生发现、分析
教学过程	重"记"轻"想"，重"会"轻"懂"	师生互动，协作参与
教学方法	讲授，示范	启发式，随机式，情境化教学
教师角色	知识传授者	引导、帮助、指导
学生角色	知识接受者	建构者，信息加工的主体，教与学的中心

综上所述，建构主义教学模式的特点表现为：学生获得知识的多少不是教师教授学生背诵或记忆的能力，而是学生根据教师设计的情境和学生自身经验所构建的有关知识的意义的能力。

（二）三维学习立方体模型

1. 三维学习立方体模型的含义

三维学习立方体模型是欧洲学者费奥和博迈森提出的一个有效的学习立方体模型，属于概念性的分析框架，尽管它不具备定量分析工具的特点，但用来诊断不同管理教学方法还是比较实用和有效的。

　　三维学习立方体模型反映的是管理技能中教与学的学习模式，其中含有实践、交往、自主三方面的因素，由此构成一个正方体的八个节点，所以被称作三维学习立方体模型。三维学习立方体模型如图 1－1 所示。

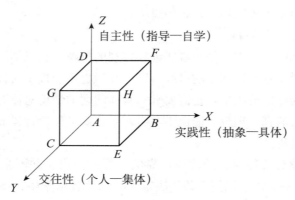

图 1－1　三维学习立方体模型

　　横轴 X 代表教学方法的"实践性"，也可以表示为"抽象—具体"维度，也就是我们常说的"理论—实务"。越接近原点 A，显示越重视理论，越强调概念，越具有学术性，沿此轴越往远离原点 A 的方向移动，则显示越重视实务，越强调技能，越具有应用性。

　　纵轴 Y 代表学习中的"交往性"，也就是"个人—集体"维度。在此轴上越接近原点 A，显示越强调个人独自学习，越忽视集中的交流、讨论与互学；越远离原点 A，则显示越重视集体或小组中的相互学习，学习过程越具有交往性。

　　立轴 Z 代表学习中的"自主性"，也是"指导—自学"维度，沿此轴越接近原点 A，显示越强调对权威的尊重和服从，越依靠以渊博知识为基础的教师或书本的指导；越远离原点 A，则显示越强调学习中的自主与自信，越依靠自己的力量去探索、体验和领悟，以获取知识。

　　三维学习模型就是依据此三轴，构成学习立方体，进而形成立方体的八个节点，每个节点就是一种典型的学习方法，形成了八种典型的教与学的模式。

　　图 1－1 列出八个节点 A、B、C、D、E、F、G、H，代表了八种典型的教与学的模式。在此模型中，最值得关注的是坐标原点 A 点相对应的另一顶点 H。A 模式的特征是课堂讲授，即教师要系统而有条理地讲解理论，学生只是听和记。而 H 模式则相反，学习内容为某种实践性很强的技巧，教师不参与或退居幕后，由学生们相互切磋、讨论。

　　至于 B、C、D、E、F、G 其他六个点，从坐标图上我们就很容易理解了。比如 B 点，即指实践性很强，其余两方面很弱甚至没有。F 点则是自主性与实践性各占一半，而交往性因素很微弱。遵循此三个维度，可以考查多种教学方法，比如案例讨论课便是遵循 H 模式的实验性学习方法，该方法侧重于自主性学习。

2. 三维学习立方体模型的学习特征

三维学习立方体模型可以检验一种学习方法或模式的有效性，但需要指出的是，我们的目的不是要找出哪种模式最有效，而是要根据每一次使用时的具体情况，如学习者素质、教学和培训的目标与内容差异等要素，找出最适合的模式。三维学习立方体模型的学习特征和实例见表1-2。

表1-2　三维学习立方体模型的学习特征和实例

节点	特　　征	实　　例
A	低实践、低交往、低自主	教师讲授
B	高实践、低交往、低自主	教师帮助启发
C	低实践、高交往、低自主	教师与学生探讨
D	低实践、低交往、高自主	学生自主学习
E	高实践、高交往、低自主	教师与学生创造
F	高实践、低交往、高自主	学生自主设计创造
G	低实践、高交往、高自主	学生之间探讨
H	高实践、高交往、高自主	同学交流、讨论、创造

由表1-2可见，在不同的节点，用实践性、交往性和自主性三个标准看，都是不同的，如节点 A 三项标准都低，学习的模式主要是教师讲授、学生识记，教师是学习模式的主体，学生的学习效果主要取决于教师。再如，节点 H 三项标准都高，那么学习则完全是由学生自主创新的，教师基本上不参与，学生变成了学习的主体，学习效果主要取决于学生个体。

在此基础上，我们可以构建出三维学习立方体在案例教学中的一些模式和特点，表1-3体现的就是以教学理念和教学设计为代表的三维学习立方体案例教学模式的特点。

表1-3　三维学习立方体案例教学模式的特点

特　点	内　　容
教学理念与目标	(1) 授人以渔的教学理念：凸显教学实践性，强调理论与实践相结合； (2) 教师由讲授变为启发、指导和辅助学生学习，强调师生之间的互动和互助； (3) 培养学生思考问题、分析问题和解决问题的能力，解决为什么是这样、如何做会更好的问题
教学过程设计	(1) "自主思考—交互讨论—目标达成"的路径设计体现了学习的自主性、交互性和实践性； (2) 以培养学生专业技能为核心，注重启发学生根据情境对问题提出解决对策； (3) 以学生为主体，实行参与式教学方式，激发学生自主学习的愿望

总体来讲，在三维学习立方体模型中采取哪种教与学的模式，主要还是取决于教师的设计，如果学生自学能力强，动手能力强，有条件进行社会调查和实践，那么，就要选择远离

原点 A 的模式，这些模式最具开放特点。但如果情况相反，就要根据学生的特点以及课程教学的目标和要求，采取不同的教与学的模式。

（三）PBL 学习模式

1. PBL 学习模式的内涵

PBL（Problem-Based Learning，PBL）学习模式也称为"以问题为导向"的学习法。它是 1969 年由美国的神经病学教授巴罗斯（Barrows）在加拿大的麦克马斯特大学首次提出的，最早应用于医学领域，目前已成为国际上较流行的一种学习模式。其基本特点是"以问题为基础的学习"，这使得它与"以授课为基础的学习"有着非常大的差异，主要体现在设计理念、实施方式、评估体系和实际效果等方面。

PBL 学习模式的基本条件是先有问题，后有学习。在找到问题点之后，学生要为解决问题而有针对性地寻找知识，所以，发现问题和解决问题是选择学习哪些知识的基本依据。

PBL 学习模式的学习过程：

① 从一个需要解决的问题开始学习，这个问题被称为驱动问题（Driving Question），这是学习的起点。

② 学生在一个真实的情境中对驱动问题展开探究，解决问题的过程类似学科专家的研究过程。学生在探究过程中学习及应用学科的专业和思想。

③ 教师、学生、社区成员参加协作性的活动，一同寻找解决问题的方法，与专家解决问题所处的社会情形类似。

④ 学习技术给学生提供了脚手架，帮助学生在活动的参与过程中提升能力，思考问题和提高解决问题的能力。

⑤ 学生要创制出一套能解决问题的可行产品（Products），又称为制品（Artifacts），它是课堂学习的成果，是可以公开分享的。

2. PBL 学习模式的特点

PBL 学习模式与传统学习模式有非常大的不同，甚至是颠覆性的改变，主要体现在以下几个方面：

（1）学习目标。

PBL 学习模式突出"讨论是核心，学生是主体，教师是关键"的教学理念，其目标是通过对问题的思考和解决，突出培养学生的独立自学能力、创新思维能力、资料组织能力等。

（2）学习方式。

PBL 学习模式是跨学科的学习方式，面对案例中给出的各种问题，学生应明确自己要查找的目标知识与信息，并在课外时间通过查阅有关书籍、杂志、文献或网络信息获取问题解答所需的新知识与新信息。PBL 学习模式可以促进学生不断地思考，提高了学生为解决问题查阅课外资料，归纳、整理所学的知识与技能的能力，也有利于培养学生的自主学习精神。

在学习讨论过程中，主要是学生之间围绕着主要问题相互交流、相互切磋和自我评价。因此，这种学习模式的特点不是相互竞争和排斥，而是相互合作、相互依赖和共同提高，让呆板孤立的知识碎片化作整体知识链，触类旁通。

首先，它为学生营造了一个轻松、主动的学习氛围，使其能够自主地、积极地畅所欲言，充分表达自己的观点，同时也可以十分容易地获得来自其他同学和老师的信息。其次，它可针对解决问题的分歧或异议，使学生在讨论中可以加深对正确理论的理解，还可以不断地发现新问题、解答新问题，使学习过程缩短，学生对所学知识的印象更加深刻。最后，它不仅对理论学习大有益处，还可锻炼学生多方面的能力，如归纳总结、综合理解的能力，逻辑推理、口头表达的能力，主动学习、终身学习的能力等。

综上所述，PBL学习模式改变了"我讲你听，我做你看"的传统学习模式，对于大家习惯的"预习—听课—复习—考试"四段式的教学方法也是一个极大的挑战。

（3）教师角色。

在PBL学习模式中，教师的角色发生了转变，他们由"教学核心""知识源头"或"信息提供者"转变为学生求知过程中的合作者与引导者，由纯粹的"教"转变为"导"，在突显学生学习的主动性、自觉性和创造性的同时，增强了学生的学习兴趣，提高了其综合能力。

在PBL学习模式中，教师不是消失了，而是慢慢"隐退"，但要在关键时刻起到点拨、支撑与教练的作用，引导学生不要偏离讨论的问题，不要陷于纷繁的信息海洋中，要时刻把握问题点和主线。

因此，PBL学习模式的特点之一就是教师不再是唯一的知识库，而是知识建构的促进者、学科专家、信息的咨询者。

当然，PBL学习模式也对教师的专业素养和教学技巧提出了更高的要求。教师不但要熟练掌握本专业及相关专业课程的内容，还应当具有更为广博的知识面；不仅要具备提出问题和解决问题的能力、灵活运用知识的能力、严密的逻辑思维能力，还要掌握学生心理，有一定的组织管理能力，要善于调动学生的学习积极性，具有寓教于乐、控制课堂节奏等技巧。

（四）传统学习模式

认知心理学理论认为，学习是人的倾向与能力的变化。据此，学习的实质不仅是外在行为的变化，也是内在倾向和能力的变化。根据美国教育心理学家加涅提出的学习结果分类理论，人类的学习结果分为三个方面：认知、动作技能和态度。由此，不同的学习结果的获取方式产生了不同的学习方式。从这个角度讲，主要有两种学习模式，即代理式学习和亲历式学习。

1. 代理式学习

代理式学习也称为观察式学习、模仿和模拟，即人们不通过直接经验学习。代理式学习发生在人们观察别人进行该行为和（或）体验其后果的过程中。通过观察别人，人们可以不必实际从事就学会某种行为。

在代理式学习过程中，学习者学到的不是他们直接获得的第一手知识，而是别人获得后传递给他们的第二手乃至若干手的间接性经验、阅历和结论。这种学习模式古往今来延续了很多年，是大家都非常习惯的学习方式。由于这种学习方式在传授知识方面效率高、准确性好，接受者理解也比较简单，因此，它一直是知识学习的主要方式。

代理式学习主要是教师在课堂上讲授，学生聆听并识记。这种学习模式下，课程优劣主要以教师讲授的内容是否通俗易懂、流畅生动、节奏适宜、逻辑性强等为标准，至于学生的理解和消化，很大程度上取决于学生预习和上课认真听讲、课后复习的效果。而检验知识的掌握程度就是通过各种形式的测验和考试等。

代理式学习主要包括系统式、结构式的课堂讲授、课外作业和考试。

2. 亲历式学习

亲历式（体验）学习是指学习者通过亲身的、直接的经验来学习，所学到的是自己直接的第一手经历与技能。相对来讲，亲历式学习费时费力，但有助于培养学习者全面的素质与能力。

亲历式学习有多种形式，比较常见的是案例学习法、情景模拟教学法、角色扮演法及心理测试方法等。

与代理式学习相比，亲历式学习的特点还是比较突出的。一是学习主体的变化。代理式学习中，教师是主角，学生处于被动学习状态；而亲历式学习，学生成为主角，教师起引导或辅助的作用。二是亲历式学习教与学的过程是密切互动和相互交流的，而代理式学习中，学生在课堂不能轻易打断教师的讲授，除非是教师提问。三是亲历式学习可以启发思考，调动各方的积极性，亲历式学习中，如案例学习有时还要有案例中的主人公或事件核心人物到场，这种互动会激发人们的灵感，引发共鸣。四是亲历式学习中的问题都是实际发生的，所讨论的内容也是有针对性的，甚至可以直接检验结果。五是亲历式学习中的答案往往是不确定的，也可能是多个选择，这样能更好地激发创意，引发思考，贴近实际，解决问题。

第二章　管理案例的学习原则和学习方法

学习目的和要求

通过本章的学习，了解管理案例的学习形式；重点掌握管理案例的分析方法，包括充分理解管理案例的分析原则，如理论联系实际、创新性与可操作性等原则；一般掌握案例分析过程中的基本环节和要求，包括分析形势、确认问题、提出方案、预测结果和做出决策等；重点掌握案例分析方法，诸如讨论法、角色扮演法和谈判法等。

一、管理案例学习的基本原则与要点

（一）管理案例学习的基本原则

管理案例是对在实际企业管理过程中发生的真实管理情境进行加工整理后的书面文字材料，并且有其明确的构成要素，即环境、条件、人员、数据、时间，以及某些需要深度挖掘的潜在因素，所以管理案例的分析是有章可循、有据可依的。管理案例分析的基本原则，就是在对管理案例进行分析的过程中所应遵循的准则。由于案例的分析过程在整个案例教学活动中起着十分重要的作用，根据管理案例学习的目标和特点，我们在总结管理案例教学实践的基础上，提出了管理案例分析的基本原则，这对提高案例分析的有效性和管理案例教学质量具有十分重要的作用。这主要包括以下四个方面：

1. 理论联系实际

管理案例分析具有很强的实践性和理论综合性，是一种理论联系实际的启发式教学方法。管理案例分析中所需的知识主要包括管理的概念、原则、方法等一般的科学理论，学习者运用这些理论知识，在模拟的管理情境中发现问题、分析问题和解决问题，以培养其管理才能和提高其决策水平。理论与实际相结合的原则，体现了认识与实践的统一。管理案例分析是理论与实际相结合的典型示范。没有扎实的管理理论知识，案例分析便失去了依据；没有真实的管理情境的描述，管理理论就会变成枯燥的条条框框。

2. 创新性

创新无处不在，管理案例的分析同样也需要创新。作为管理案例分析的一个重要原则，创新性应当贯穿于管理案例材料信息的提取、分析和总结的过程当中。管理案例分析的特点，要求学生富有创造性，不仅要在分析的角度、分析的方法和运用的管理知识上进行创新，更要学会提出富有创新性的结论或者问题解决方案。

在管理知识运用方面是否创新，主要看学生分析时是否能针对材料的特殊问题，善于综合运用管理理论知识分析和解决问题，提出创新性的结论或者问题解决方法。创新不是模仿，但是可以在模仿的基础上进行整合后超越。因此，在管理案例分析的过程中，不要求学生能对案例中的实际管理问题提出最优化的解决方案，但是要能够提出尽可能多的富有创新性的解决方案，并能够提出支持这一方案的决策依据。通过案例学习，学生能够形成独立思考能力。

3. 归纳性

从个别到一般的思维运动是谓归纳，从一般到个别的思维运动是谓演绎。管理案例分析往往是归纳的逻辑思维，而非演绎的逻辑思维。管理案例分析的目标是培养学生分析和解决管理问题的能力，因此，在案例分析的过程中就要求学生注重信息和资料的搜集，通过严谨的归纳推导分析，运用一般性概念、原则和结论解决实际问题。

管理案例正文中传递的信息不同于其他文体形式，即它不是明确告知结果或者作者的主张，而是将学习者要学习的知识点和要揭示的问题通过案例的描述，隐含在事件、人物以及事情发展的进程中。因此，有些人在案例学习的初期常常摸不着门道，显得无所适从。在分析管理案例材料时，我们要注意从以下几个方面获取有关的信息：首先，从前面的文字叙述部分了解有关案例的背景情况，如时间、场景、人物等信息，这些都是我们了解、学习案例时的前提条件。其次，案例的后面往往附有一些相关的数据资料、图表或其他有关的附录材料，如财务报表、组织结构图、业务流程图等，这也是重要的信息来源，案例作者在正文部分所列出的信息，都是为案例的主题服务。我们在学习管理案例时要善于发掘和利用各种信息，进而找到或解释有关事件产生的原因、过程及其存在的问题。最后，也是最重要的，是我们要反复阅读管理案例中事件的发展进程或者人物对话以及关于冲突的描写，从中找出关键信息。不要孤立地看案例中描述的事件，而要将这些事件或事情的发展过程联系起来看。例如，人力资源案例可能表述"王部长和小李的冲突""小张的辞职报告"，这些单个事件看起来没有什么，但如果联系起来，你会发现这个企业的人力资源管理或者绩效考核制度可能存在问题。由于这些信息分布在案例正文的不同地方，因此，就要求我们通过归纳和分析，将零散、孤立的信息串联起来，把握案例情节的来龙去脉，抓住主要矛盾和关键问题，去粗取精、去伪存真，鉴别和筛选出最主要的影响因素，然后找到较为合理的解决方案或提出较为合理的决策建议。

4. 操作性

管理案例分析的重要之处在于：一方面，通过分析企业发展过程中的实际问题，找出原因，进而提出有效的解决对策，但决策需要考虑实施的可能性，而不仅仅是头脑中的理想方案；另一方面，对于案例学习的结果，不存在唯一的最佳解决方案，可能有多种方案，甚至当某一条件发生变化时，实施不同方案产生的结果会截然不同。案例学习最重要的是要能够给所提出的建议以充分的论证，这也就是决策依据。

管理案例分析的可操作性原则要求在对案例材料进行系统化把握的基础上，能够考虑涉及关键问题的各个方面，提出在现有组织资源和能力的条件下，可以实际操作的具体方案。管理案例分析的可操作性原则还应该避免采用笼统的概括性总结，应明确阐述做什么、为什么做、何时做、何处做、由谁来做、怎么做等问题。

（二）管理案例学习的基本要点

管理案例教学的一个重要作用是培养学生解决问题的能力，使其建立起解决问题的思维框架。为了实现这一教学目标，学生要在教师的指导下注重管理案例分析的逻辑过程。实际上，案例教学中的逻辑分析顺序与解决现实中管理问题的逻辑思维顺序是相同或相近的。尽管在解决管理问题的过程中所运用的方法不同，解释该过程的语言表述不同，但其本质上的逻辑思维过程是一致的。在管理案例学习过程中，我们要把握住关键环节，即分析形势、确认问题、提出方案、预测结果、做出决策。

1. 分析形势

分析形势是指对当前处境的了解和掌握。对管理案例分析来说，就是进行信息处理的过程。这里包括四个层面的工作：首先是收集信息，把主要信息都筛选出来，尽量做到完整、详细，这是案例分析或者管理决策的基础；其次是梳理信息，就是对掌握的信息进行综合分类，去粗取精，使信息条理化；再次是评价信息，就是辨别信息的真伪、轻重，通过对信息价值的评价，去掉不真实、不准确和不重要的信息，并对缺少的必要信息进行补充；最后，根据信息提供的情况，了解决策主体所处的环境，并为下一步的思考做准备。

在分析形势的过程中，常常需要考虑案例背景、案例中企业所在的行业等。管理问题具有很强的时间属性，在不同的时代背景下，同样的管理问题需要考虑的要素会有很大的不同。行业背景信息也是分析管理案例时需要首先关注的，这是因为行业特点在某种程度上会影响案例分析的切入点和解决问题的针对性。

2. 确认问题

确认问题就是以一定的分析框架，找到决策主体需要解决的问题。在这里，问题也可以用一句话来替代，即所要达到的目标与现状之间的差距。确认问题，就是找出差距。解决问题，实际上就是缩小差距。

这包括三个层次的分析：一是找到差距；二是找到差距的相关因素；三是找到所有相关因素中的关键因素，也就是问题症结。在这个过程中，需要开展十分艰辛的工作。因为我们已经知道，管理问题是十分复杂的，一个管理问题可能是由许多因素造成或引起的，一些基本的问题可能造成多种表象或现象，要想深入问题的核心，就必须找到各种表象之间的联系，由表及里，像剥洋葱那样层层剥离，从而逼近问题的实质。分析问题的框架，可能会各有不同，可以根据主客观原因以及组织内外部状况等不同的维度设定。在分析、确认问题的过程中，要善于运用以前学到的知识或创造出新的分析工具和方法。一个很好的案例分析的"角度"，要胜于案例分析的"广度"与"深度"。要善于从案例中的"具体问题"中挖掘出具有"一般意义的问题"，即归纳。必要时，还要通过足够的计算来挖掘案例中数据的内涵，用大量的数据和理由作为充分的论据来支持提出的观点。

3. 提出方案

找到问题所在，明确问题的症结后，下一步的工作就是"对症下药"，制定解决问题的方案。在这个环节里，可能会产生多种可供选择的方案。这些方案可能是从不同的角度提出的。比如，有的是从战略上考虑的，而另外一些是从战术上考虑的；有的是以巨变的思路为指导，有的则是以渐变的思路为指导；有的是以一定的理论背景做支撑，有的则是采取"摸着石头过河"的探索办法。总之，由于大家在管理案例分析中的知识和经验不同，决策风格不同，思想方法不同，各自所提出的解决问题的方案也不尽相同。

在提出方案的过程中，要注意措辞得当、表述简洁，要善于利用数据和图表来更清楚地阐述观点。在表述观点时，尽量使用"分析结果"这样的用语，避免使用"我认为"和"我觉得"这样的措辞。另外，要重新审阅对策或方案，看看是否涉及所提及的主要问题，避免提出那些一旦失误就可能导致巨大损失的建议。还要客观地看待建议的正面作用和负面影响，建立优先关系，并保证它们能够在可接受的时间框架内，由可行的技术和财力保障实施，即方案应具有可操作性。

4. 预测结果

预测结果是一个逻辑推理的过程。经过这个过程，将不同方案可能产生的结果一一列举出来，将其可能带来的连锁反应也考虑进去。因为一个方案可能会解决一个或几个问题，同时，还可能会引发其他的、新的问题。只做到这一步是不够的，还必须考虑到，对每一个方案都不一定有百分之百的把握，在达到预期目标的过程中，会有许多波折和不确定性因素。因此，在预测结果的可能性的同时，应对这些不确定性的因素甚至是可能伴随的风险采取相应的防范措施。

5. 做出决策

这是解决问题的最后一个环节。根据决策目标和现实条件，对各种备选方案进行利弊权衡，进行正反两方面的比较，从中选择较优的方案。需要注意的是，方案是分析后的较优方案，并不一定是解决这一问题的最佳方案，有些案例甚至没有最佳解决方案。通过以上解决问题的模式可以看出，所涉及的环节是相互联系、互为基础的。

在管理案例学习的过程中，案例的逻辑分析过程是十分重要的，这是训练学生的主要内容。但案例学习不应到此为止，还要鼓励和支持学生关注案例发展后期一些实际问题的发生和解决；要在决策之后，经过反馈，不断地修正和完善最初所做的决定。而在案例教学的课堂上，指导教师会要求学生将个人或小组的决策表达出来，有助于在更大的范围内，与其他学生分享。

二、管理案例的学习方法

（一）讨论法

1. 什么是讨论法

讨论法是指学生在教师的指导下，为解决某个问题进行探讨，进而相互启发、相互学习以获取知识的一种互动教学方法。讨论法的优点在于，能更好地发挥学生的主动性、积极性，有利于培养学生的独立思考能力和口头表达能力，促进学生灵活地运用知识。

由于讨论法体现了现代学习方式的主动性、独立性、体验性、问题性等特征，加之管理案例材料分析时要求思维的开放性，所以，讨论法在管理案例分析中被广泛采用并取得了明显的效果。

2. 讨论法在案例教学中的应用

讨论法是应用最为广泛的方法，在案例教学中应用讨论法要注意发挥以下特点：

（1）启发诱导。

在案例分析过程中，自始至终贯穿着启发和诱导。案例本身要具有启发性，讨论题的提出也应具有这一特点，甚至决策方案都是多种选择，这能给学生一定的思维空间。

（2）鼓励和激励。

案例分析的组织者要鼓励学生积极参与讨论，想方设法地调动学生的积极性，力求使每一个学生都能够充分地发表意见，表达自己的想法和观点，进而激发大家的思考力和灵感，也使学生体会到参与的乐趣。

（3）目的性。

管理案例分析中的讨论必须有明确的目的。但目的不是寻找固定的答案，而是通过讨论交流，锻炼学生的思辨能力，提高学生运用理论分析问题、解决问题的能力。只有讨论目的明确了，才能预先有很好的准备，才会有深入的讨论和理想的学习效果。

（4）层次性。

根据管理案例的学习特点，学生的分析思考是层层递进、由浅入深、由表及里的。教师可以引导学生关注学习目标和案例中提出的问题，注意弄清这些问题之间的内在联系，同时，尽量避免就事论事的分析，要根据事物发生和发展的规律，将事件发生的前因后果联系起来，层层递进地推演。

以下为讨论法案例演示：

执拗的客户

假设你是一家名牌空调厂商深圳营销中心的客户服务经理，负责公司在深圳的所有直属专卖店的客户服务工作。你们的工作流程是这样的：首先，各专卖店在客户下订单后将信息传送到客户服务部，由客户服务部完成后续的送货、安装、收取剩余货款、调试、跟踪等工作。

现在，客户服务部收到来自一家专卖店的订单，需要给一位住在香蜜湖附近的客户送货安装。作为客户服务经理，你会怎样安排后续的客户服务活动呢？请设计出一个方案，越详尽越好。

然而，事情并不像你设想的那样顺利。首先，送货车队在路上出了故障，以至于到傍晚才将空调送到客户家中，这比客户要求的时间整整晚了半天。在安装空调的过程中，又因为客户的居室构造比较特殊而额外多花费了时间。更棘手的问题是，空调安装完毕，客户发现空调的噪声太大，要求调换。安装人员解释，空调产品噪声的大小是符合国家标准的，主要是客户的习惯问题。但客户不这么认为，他坚持认为产品质量有问题，甚至提出要退货。双方交涉的结果——矛盾非但没有解决还有扩大的态势。事情已经发展到需要公司客户服务经理出面解决的地步了。

在你出面之前，请了解——根据公司的制度，你的权限如下：

（1）不能退货。

（2）可以给客户一些优惠。

（3）防止事态扩大和蔓延。

你会采取怎样的策略呢？

请拟出一个方案，你有15分钟的时间准备。

资料来源：徐国良，王进. 企业管理案例精选精析. 4版. 北京：中国社会科学出版社，2009.

（二）角色扮演法

1. 什么是角色扮演法

角色扮演法是要求被试者扮演一个特定的管理者角色来观察被试者的多种表现，了解其心理素质和潜在能力的一种测评方法，也是通过情景模拟，要求其扮演指定行为角色，并对其行为表现进行评价和反馈，以此来帮助其发展和提高行为技能最有效的一种学习方法。

该方法着眼于组织中各种人员的行为与人际关系。关注人的行为，是因为组织本身的思考与行动都离不开具体的人，都要由其成员的行为来体现。把投入变为产出，也是由人来实现的。人的感知、认识、信念、态度、个性等各种心理因素，人在群体中的表现，人与人之间的交往、沟通、冲突与协调，组织中的人与外界环境中的关系，他们的价值观、行为规范与社会结构，有关的组织因素与技术因素，都可以在该方法的使用中有机地结合起来。

2. 案例教学中的角色扮演

管理案例教学运用角色扮演法，不仅有助于激发学生的学习兴趣，还可以让学生通过扮演不同的角色，更好地理解角色心理活动和行为表现，增加学生的管理意识。学生在阅读了角色的背景材料后，在给定的管理情境下各自扮演指定的角色，类似场景剧的表演。通过行为模拟或者行为替代，可以充分体会角色的情感变化和行为模式，展示角色的人格特征、情感变化、人际交往、内心冲突等心理活动。

在采用角色扮演法时，要注意与所学课程相结合。如角色表演的主题是"一线主管与员工的冲突"，应该是在学习了人力资源管理课程之后；也可以是在学习进程中，让学生更好地贴近企业实际理解课程内容。

角色扮演法中，虽然学生是表演主体，但需要教师的认真指导，以帮助学生设计表演脚本，设计贴近企业管理现实的表演场景、人物对话的表现形式等。学生通过这种亲历式的演出，可以感受组织中的角色所面临的一些问题，并学会处理这些问题。

要注意情景设计尽量真实。角色扮演法是一种情景模拟活动，所谓情景模拟，就是将被试者安排在模拟的、逼真的工作环境中，要求被试者处理可能出现的各种问题，用多种方法来测评其性格、气质、兴趣爱好等心理素质，以及社会判断能力、决策能力、领导能力等潜在能力，同时也可以使被试者在真实的模拟情景中，体验某种行为的具体实践，帮助他们了解自己，改进提高。以下为情景设计的一个范例：

（1）教师设定主题及提供素材。

教师首先向学生讲述要演出的内容：针对不同的被考核者进行考核结果反馈。为此要有四个角色的扮演（绩效管理中的四个角色划分及任务分配）：

① 总经理1名。其主要完成的角色任务是赞助、支持、推动绩效管理深入开展。

② 人力资源经理1名。其主要完成的角色任务包括：设计绩效管理实施方案，提供有关绩效管理的咨询，组织绩效管理的实施。

③ 直线部门经理3~5名。其主要完成的角色任务包括：执行绩效管理方案，对员工的绩效提高进行指导，对员工的绩效水平进行反馈。

④ 员工若干名。他们是绩效直接创造者。

（2）选定扮演者、分配角色。

角色的扮演者可由教师指定，也可通过小组推荐、抽签或依据个人意愿等方式确定，一个角色可以分配给数名学生，以便重演时更换。教师不扮演任何角色，但担任整个过程的设计者和仲裁者。

① 总经理：负责绩效考核方案的选择、执行和调整；出面协调统一；排除困难，推动绩效管理的深入开展。

② 人力资源经理：企业中的绩效管理专家，负责组织绩效管理考核。

③ 直线部门经理：组织部门员工完成绩效目标；帮助员工提高执行能力；对员工的绩效水平的提高负有责任。

④ 员工：完成绩效的主体，主动地为自己的绩效提高而努力；发现问题与主管经理面谈沟通，寻求帮助；不断锻炼、提高自己的能力。

（3）分组表演。

将班级同学分成几个小组，每组7人左右，角色包括总经理、人力资源部经理、直线部门经理及各种类型的员工等。学生以自己的角色开始演出，以某一角色的立场阐述自己的观点，反驳他人的观点；或站在自己所扮演角色的角度去体验角色在这种场景中的感受。教师要注意调控表演进程，提示学生要特别注意应观察的内容。

表演的具体要求如下：

① 总经理角色：出面组织协调；开会沟通，陈述利害，展望前景，激发大家的积极性；总经理的角色贯穿于整个绩效管理的始终，绩效管理工作的推进和员工绩效的提高都离不开总经理的关心。

② 人力资源经理角色：全面深刻地理解绩效管理的意义、作用、程序和方法，人力资源经理的一个很重要的工作就是设计符合公司现状的绩效管理体系，并组织直线部门学习、实践。当问题出现的时候，人力资源经理还要以一个绩效管理专家的身份为员工提供咨询帮助。

③ 直线部门经理角色：将考核结果以多种形式反馈给员工，考虑会遇到不同性格的员工，要求有不同的沟通技巧来解决；同时奖励员工表现优秀的地方，指出员工需要改进的地方，帮助员工进行自我绩效管理。

④ 员工角色：扮演不同岗位的人员，最好能体现出个性化的员工形象，通过与主管的沟通交流，帮助自己改进绩效。

（4）评价总结。

教师引导学生根据角色需要，分析讨论要解决的问题，并做出总结性的评价，以达到本次活动的目的。表演、讨论和评价可以分阶段进行，直至达到预期目的。

通过角色扮演法传授绩效考核体系和知识点，让学生融入角色之中，切身体会现实中考核的流程、考核的方法、考核中的任务分工以及考核结果的反馈，掌握绩效考核中的相关实战内容。

（三）谈判法

1. 什么是谈判法

谈判法是指模拟谈判，即指定学生分别扮演谈判各方，设立谈判规则，陈述需要交涉的内容，确定谈判的结果。谈判法带有角色模拟的特点，如学生可以分为甲方代表（或成员）和乙方代表（或成员），或者是买方与卖方，但不同于角色模拟法的是，谈判法中一定要有两方，谈判法适用的内容也是双方就某个问题进行交涉、磋商或者谈判。

进行模拟谈判，需要将学生分为两组，分别扮演谈判双方，模拟演示谈判过程。在模拟谈判中，教师要事先设计案例，并创设直观的、模拟仿真的谈判场景，让学生模拟谈判人员，如谈判负责人、主谈者（业务经理）等，按照谈判的程序和方法进行交谈。

2. 谈判法的特征

（1）谈判法是学生掌握谈判技能及其他管理技能的重要方法。

根据霍尔文博士提出的"知识 + 实践 + 反馈技术"的原则，学生在掌握了谈判的基本知识后，要通过实践和应用来丰富这些理论，这样才能最终掌握谈判技能。

（2）谈判法是一种开放循环式的教学模式。

谈判法打破了传统的"问题—解答—结论"的封闭过程，形成了一种"问题—探究—

解答—结论—问题—探究"的开放循环式教学模式。通过学生的积极参与，提高教学的质量和效率，有目的、有意识地培养学生发现问题、分析问题、解决问题的能力。

（3）谈判法是一种深受学生欢迎的教学模式。

通过模拟谈判，学生能亲身体验谈判过程，实践商务礼仪，感受工作情境，这让他们感觉新鲜和富有挑战性，从而全身心地投入。

为了增强谈判法的效果，激发学生参与的积极性，教师要做到以下几点：选择合适的谈判案例；认真进行脚本设计；布置仿真的谈判环境；给予恰当的谈判指导；及时总结模拟谈判中的问题。

3. 谈判法的案例模拟

为了让学生更好地学习谈判法，这里给大家一个真实的案例。请将学生分为两组，分别扮演两方谈判代表进行模拟谈判，并总结模拟谈判法的效果。

这样的企业是该放弃还是坚持

本案例讲述的是上海上汽集团（简称"上汽"）收购韩国双龙汽车（简称"双龙"），由员工冲突导致的企业破产危机。

在 2009 年 7 月 30 日开始的最后一轮谈判中，双龙方面提出了减少裁员数量的妥协方案。按照此方案，除去主动申请退职的员工，在 974 名被裁人员中，40% 以无薪休假和转为销售职工的形式保留职务，而剩余的 60% 则采取主动离职、安排到分公司、优先回聘及在合作企业安排再就业等方式。

但双龙工会方面坚持除 40 多名主动离职员工外，其余全部维持雇佣关系的方案。8 月 3 日，双龙宣布持续 4 天的劳资谈判破裂，已经两个多月无法正常生产和销售的双龙，随时可能进入清算程序。

这距离受金融危机影响，双龙进入破产保护已经整整半年了。2009 年年初，大股东中国上汽集团交出管理权，由韩国法院指定管理人制定企业"回生计划"，同时任命普华永道作为独立第三方对双龙进行调查。对是否放弃双龙，上汽没有明确表态。但如果韩国政府不能拿出切实可行的解决方案，上汽很有可能会彻底放弃双龙。

从并购计划开始实施的初期，上汽就面对"不能完全理解"的韩国工会文化。并购谈判进行时，双龙工会曾经强烈抗议韩国政府将公司卖给中国企业。由于上汽聘请了国际化的中介团队，又有跟随通用收购韩国大宇的经验，才完成了收购。

收购后，上汽马上开始着手"百日整合计划"和"全面振兴计划"。2006 年，上汽借鉴韩国汽车行业的劳动生产率指标，提出了结构调整方案，其中包括裁员 986 名员工，但是遭到了双龙工会的强烈反对，并由此组织了长达 43 天的罢工，仅这次罢工就使双龙的经济损失高达 3 020 亿韩元。

在此情况下，上汽对投资行为更加谨慎：只投资中长期的产品协同开发项目，共同开发的新车平台，同时供上汽和双龙使用。然而，双龙工会却屡次将共同开发说成"技术泄露"，几年中通过多种渠道要求韩国检方调查双龙。在 2005 年到 2008 年的几年时间里，只有 2007 年盈利。普华永道的调查显示，双龙进入"回生程序"，其大股东和高管层没有犯重大错误，主要原因在于 2008 年国际油价高企，全球金融危机导致公司整车销售急剧下降，美元对韩币的汇率暴涨导致成本上升，公司产品结构单一，竞争力下降和收益性下降。

资料来源：俞凌琳. 最后攻防战：上汽尚未表态放弃双龙. 21 世纪经济报道，2009-08-05.

问题：

（1）你认为双龙工会的指导思想是否正确？

（2）如果你是中国上汽的管理层，你认为作为控股方应该怎样决策？（在这样的条件下是应该坚持挽救企业，还是任其破产？）

本案例请学生扮演的两方都是中国一方，但一方是坚持放弃双龙，另一方是不放弃，继续拯救。双方根据各自扮演的角色，设计自己的方案，然后进行讨论。

（四）管理案例学习的辅助形式

1. 引入相关人员参与案例学习

不论是课堂的案例学习，还是网络的案例分享，邀请与案例有关的人员（如案例的撰写者、案例中的人物等）参与案例讨论是一个非常好的形式。因为，即便是有教师参与，学生的案例学习也会在某种程度上与企业实际脱节，对于案例事件发展过程的分析、根本原因的探讨，特别是实施对策等方面，都可能会过于理想化。但如果企业当事人或者案例撰写者参与案例讨论，就会很好地弥补这些方面的不足。

案例分为案例正文和案例使用说明两部分。案例正文是供学生学习使用的，案例使用说明是给指导教师使用的。其中，案例使用说明包括本案例适用的专业课程，如战略管理、市场营销等，其更重要的内容是运用相关理论分析案例中的问题。此外，还有一个不容忽视的方面，就是针对案例正文中提出的关键问题，在实际工作中，企业是怎么做的。比如，一个关于战略管理的案例，学生讨论的问题是：企业未来发展是专业化还是多元化，如果是坚持多元化战略，是相关多元化还是无关多元化？之所以能引发争论，说明企业在这两个方向上的发展都有一定的优势。通过讨论，学生可以提出自己思考的方案，但实际上企业是如何选择的，在这一过程中还会遇到什么问题，还有哪些潜在因素起到了决定性的作用，比如，企业决策者的偏好是否会影响战略选择，是怎么影响的？如果企业当事人能参加案例讨论，这些信息都可以及时获取，有助于学生更加全面地了解企业关于战略发展和战略选择的决策过程。

要想达到理想的学习效果，案例当事人和撰写者也应和指导教师有充分的沟通，掌握案例学习者的基本情况，对案例讨论的内容要有充分准备。

2. 与视听材料相结合的案例教学

案例学习形式不同于教师课堂讲授，案例是以自主学习和交流讨论为主，教师起辅助作用。但围绕讨论，形式越多样化，越能增加学生的场景体验和身临其境的感觉，学习过程也越生动，学习效果也越好。特别是和音频、视频相结合的案例讨论，效果就非常好。例如，在案例学习中，现有条件不允许采用谈判法，但我们可以播放类似的视频。也可以是学生模拟演示录制的视频。这样学生通过观看视频，了解甲乙双方进行谈判交涉时采用的语言是否合适，行为举止是否得当，故事发展的逻辑线索是否缺失等，会极大地提高学生的认知程度。特别是通过对比分析，立刻就能让学生认识到问题，学习效果立竿见影。这些视听材料既可以是主讲教师针对课堂讨论自己制作的，也可以是公开发布在各种媒体上的影视资料等。

3. 利用微信、微博等开放式学习形式

随着网络和相关技术的飞速发展，与信息技术相结合的案例教学已经成为主流形式。

（1）微信。

微信（WeChat）是腾讯公司于 2011 年 1 月 21 日推出的一个为智能终端提供即时通信服务的免费应用程序，微信支持跨通信运营商、跨操作系统平台通过网络快速发送免费语音短信、视频、图片和文字，同时，也可以使用通过共享流媒体内容的资料和基于位置信息的"摇一摇""漂流瓶""朋友圈""公众平台""语音记事本"等公共插件。微信的出现极大地改变了人们的生活方式，人们通过微信群可以建立黏性十足的社交圈，而实现这些只要有一部简易的智能手机即可。据中国互联网协会的相关统计数据，截至 2015 年 11 月，我国手机上网用户数已超过 9 亿。

基于上述原因，微信确实非常适合与课堂教学相结合的辅助学习。利用微信进行案例学习，可以采用三种形式。一是以微信群的形式建立学习小组，各种学习资料和相关信息可以通过微信群发布和传递。二是可以利用微信群进行案例讨论和学习。教师将案例上传到微信群，学生在指定的时间进群讨论。但这种形式比较适合简单的讨论。三是学生的出勤记录、提交作业和结课考核也可以利用这种形式。

（2）微博。

微博（Weibo），即微型博客（Micro Blog）的简称。"博客"一词是从英文单词 Blog 翻译而来的。Blog 是 Weblog 的简称，而 Weblog 则是由 Web 和 Log 两个英文单词组合而成。Weblog 就是在网络上发布和阅读的流水记录，通常称为"网络日志"，简称"网志"。博客与个人网站、社区、网上刊物、微型门户、新闻网页等的区别，主要是形式而不是内容，因为博客的内容五花八门。

微博是博客的一种，是一种通过关注机制分享简短实时信息的广播式的社交网络平台。它具有时效性和随意性的特点。相比较而言，微博更能表达出即时的思想和最新动态，所以微博最早诞生的是微小说这种小说体裁；而博客则更偏重于梳理自己在一段时间内的所见、所闻、所感。

学生可以以微博的形式提交作业或发布撰写的案例。提交作业的内容可以多样化，如学习心得、学习笔记、论文等。教师也可以将学生博客的次数累计，作为平时学习的记录，也可以作为平时成绩。当然，如果教师要求结课作业（课程考核）是提交论文或者学习心得，博客也可以是一种选择。如果博客是互动开放的，则点击数量的多少，也可以作为记分的标准之一。

第三章 管理案例的学习过程

通过本章的学习，了解管理案例的课堂学习形式和网络学习形式，了解和掌握管理案例不同学习形式的特点和要求。通过经典案例解析，学习、掌握管理案例分析步骤、要点及案例讨论中应避免的问题。一般性了解案例学习的考核内容及形式。

一、管理案例学习的基本形式

（一）管理案例的课堂学习

1. 教师根据讲授内容布置学习的案例和要求

管理案例的课堂学习与其他课程的课堂学习有相似之处，也有不同之处。因为案例是课堂学习的核心内容，所以，教师要提前给学生发放案例资料，布置学习要点和形式，交代学生课堂讨论的问题以及围绕问题所要做的准备工作。

2. 学生组建案例学习小组

案例学习以小组为学习单位的比较多，将选课的学生分为 5~7 个学习小组，每组 5 人左右。如果小组人数过多，就可能出现"搭便车"情况。在学习小组确定后，要选出学习小组组长，并进行组员分工，如有的组员负责收集信息，有的组员负责组织提纲，有的组员负责制作 PPT。小组成员也可以从专业角度进行分工，如有的组员负责市场调研，有的组员负责财务分析，有的组员负责产品促销等。如何进行小组成员分工主要取决于案例类型和学习需要。

3. 课堂学习中的互动讨论（学生是案例学习的主角）

这里讨论以课堂学习为主的模式。首先，课堂讨论学习方式最显著的优点是学生可以面对面地交流、互动，随即就有信息反馈。其次，通过讨论，可以集思广益，思路会更开阔，观点会更加多样化。因此，课堂讨论是案例学习的最佳形式，借助这种学习形式的优势可以避免刻板僵化、死记硬背。

但课堂讨论如果把握不好，问题也会很多，如发言没有实际内容会耽搁大家时间，组织不好，讨论内容会交叉重复等。因此，每位学生的发言时间要掌控；必要时分设学习小组，力求让学生简明扼要地讲述自己或者所代表小组的观点。

4. 教师点评或总结

课堂讨论最好的形式是要有教师出面主持或者在现场，以便随时控制进程和局面，有时也可以提供某些问题的背景信息，或者解决由于学生观点分歧过大，讨论难以进行等问题。因此，教师的作用在于避免学生在讨论时方向走偏，能够提升学生讨论的水平。但学生在讨论中的收获还取决于最后环节中的教师点评。教师点评时，一方面要指出学生讨论的精彩之处或不足之处，帮助学生分析企业决策与企业实际运营中影响决策的要素之间的关系，增强学生理论联系实际的能力；另一方面，要提倡好的分析方式和思维方式，鼓励学生独立思考并养成习惯。

（二）管理案例的网络学习

网络学习是国家开放大学学生学习的重要形式。由于网络系统的不断完善和功能的不断增加，网络学习已经常规化了。案例分析课程的网络学习主要包括以下内容：

1. 教师通过网络布置案例学习

网络学习的优势就是互动成本低，随时随地可以通过链接和群讨论的形式进行。但网络学习要有良好的效果，还需要教师与学生的相互配合。

教师应布置以下学习内容：

（1）案例学习资料；

（2）要求学生查阅和了解的相关信息；

（3）网络发言提纲和讨论的问题点；

（4）小组讨论要点；

（5）本次学习的心得。

2. 在线讨论

在线讨论是学生根据指定时间在网上指定平台进行的讨论。开展在线讨论活动时，主要应注意以下几点：一是网络平台学习时间限定比较严格，故每个小组代表的发言时间要严格限制。有的在线平台不接受小组学习形式，是由选课学生申请讨论时间，所以，基本上以个人为主，这种情况下就更要限制发言时间。二是在线学习形式越具体，效果越好，考核分数也要和学习形式相结合，如考虑学生在线的时间、观点提炼、逻辑性、图表和数据、互动次数等。三是由于平台学习没有面对面交流那种有眼神、面部表情和肢体语言的辅助作用，所以，（文笔）表述流畅就显得格外重要。准备的资料越充分，考虑得越周全，效果就越好。

3. 教师答疑和点评

在线讨论期间，教师应一直在线，一般不参与讨论，至少不是讨论的核心，但是，教师应持续关注。在线学习学生的参与度和参与热情在很大程度上取决于在线讨论的效果，如果气氛热烈，学生感到有收获，参与性就很好。这需要教师在在线学习过程中进行把控。对于讨论中有争议的问题，教师可以视情况及时解答或引导。但是，在每次在线讨论之后，教师都应答疑或点评，还要表扬准备充分、表现好的学生。另外，教师要注意利用各种形式鼓励学生积极参与，精心设计互动环节。久而久之，在线学习就会成为学生的自主要求，其学习效果也会大大提高。

（三）案例学习的要求

1. 注重课前准备和课后作业

（1）课前准备要与教师要求相结合。

案例讨论在许多情况下需要结合课下学习。课下学习首先要反复认真阅读案例，充分消化案例的信息。要根据教师的要求和案例中的问题，准备自己的分析文案。因为每个案例都是适用于某门课程，甚至是某个章节，只有这样结合，才能抓住问题的核心，提出方案的理由也会比较充分。

（2）课后要有文字作业。

许多学生可能在集中讨论时积极参与，但是讨论结束后就放下了。其实，最好的学习是讨论后的反思，即如果讨论后再根据自己的学习收获形成一份系统、完整的文字作业，久而久之，就会形成非常好的学习习惯。

一般情况下，教师布置案例学习时会要求学生提交文字作业，这样就在客观上迫使学生形成文字记录。但有些教师在将案例布置给学生后，不要求文字作业，许多学生只有一个发言提纲。我们建议，在这种情况下，学生要将发言提纲整理成文字作业，提纲的作用是形成逻辑思路，但文字作业可以帮助学生形成完整的方案，有助于提升学生的思考力，并且能更好地锻炼学生的文字表达能力。

（3）完成其他有关的任务（如方案或者说明）。

许多时候，案例准备可能是建立在一些数据或者调研工作的基础之上，特别是使用比较多的调查数据。这些数据既可能来自一手调研资料，也可能是网上或图书馆查阅的二手资料。这需要学生在使用时加以说明，如数据样本量（分大小样本）、数据调查范围（哪些省市区域）、数据的群体结构（如性别、年龄）以及数据访谈对象的职位、经验等。

2. 到企业考察和调研

在本书第四章案例撰写部分，我们专门设有调研的内容，但这里的调研和案例撰写调研有很大差别。这里主要是针对学生在案例讨论时的一般性调查，不同于案例撰写过程中的系统深入的调研。

（1）调研内容的组织。

调研既可以由学生自己去，也可以由教师组织。调研的内容主要是根据讨论的案例确定。例如，人力资源"员工绩效考核"的案例调研，应该采访员工、基层管理者、项目经理等，了解不同组织基层管理者的职责、需要协调的员工，以及工作任务、作业特点等。了解不同组织、不同职能科室的地位、承担的主要任务、定额分配形式以及组织沟通渠道。这样会比较深入地理解案例中的人物特点、承担任务的重要性，提出的方案也比较具体和有针对性。

（2）有翔实的调研提纲。

调研提纲的设计十分重要，调研者要将需要了解的问题列出，以提问的形式为好。因为被调研对象工作比较忙，回答问题的时间有限，如果提纲详细，条理清晰，就能在很短的时间内系统地了解到有关情况或获得有关信息。

如果被调研企业的人员比较忙，面对面访谈有困难，则可以将调研提纲发给对方，请求对方在空闲时间回答相关问题，或者和对方约定在特定的时间接受电话或电子邮件的沟通。

采访的内容如果比较完整，则可以作为案例中的实例进行分析，这样更能说明问题。在案例讨论中，列举企业调研的实例来佐证自己的观点，是最有说服力的。当然，如果调研的信息需要公开披露，则需要事前征得访谈对象的同意，避免侵权或涉密。

（3）与企业建立更紧密的联系（如兼职或承担任务等）。

在这种调研中，如果被调研的企业具有典型性，并且在有条件的情况下，可以和对方建立经常性的联系，跟踪某些特定管理者或者某一作业环节，持续了解事件进展或企业发展。学生学习管理案例分析课程，最重要的也是收获最大的环节是通过调研企业来撰写案例。撰写案例不一定是学生所在的企业，因为这样写起来可能更客观，但前提是通过比较系统和翔实的调研获得足够的数据和相关信息。

二、管理案例学习过程解析

（一）根据课程要求，准备学习案例

本章主要通过对典型案例的分析，从不同角度阐述案例学习的要点以及如何提升学生的分析和思考能力。下面就是本章分析的案例。

李科长的烦恼

李平（女），某大学工科专业毕业后，分配到一家中型工业企业，在车间任技术员。李平工作认真负责，经厂领导同意，一年后她又考上了同专业的硕士研究生，三年后硕士研究生毕业，应原厂的要求，李平又回到原厂工作。该厂技术科科长前一年退休，技术科暂由王副科长负责。王副科长及其他技术员虽然资历较深，但均为本科以下学历。此时，企业正处在急需开发一些新产品的时期，而李平的硕士毕业论文正是有关这方面的课题，而且该厂的领导对其以前的工作情况有良好的印象，于是，厂领导决定起用年轻人，宣布由李平代理技术科科长。宣布决定之前，厂长在与李平的谈话中指出：要团结科里的其他同志，她一方面负责技术科的全面工作，另一方面负责新产品的开发工作。

目前该厂技术科有两个副科长，均为男性：王副科长现已 56 岁，中专毕业，建厂初期

就进厂工作，已有30余年工龄，对该厂的各项技术工作都十分熟悉，工作经验很丰富，与现有各位厂领导关系都很好，但考虑到其学历较低，不能适应当前技术发展的要求，没有任命其为正科长；夏副科长40岁，本科学历，十年前调入该厂，五年前曾参与当时的一系列新产品的开发工作并获得成功，其中的部分产品已成为目前该厂的主导产品，但考虑到其现有技术知识结构与当前正在开发的新产品不适应，而且他与王副科长的关系不是很融洽，所以也没有任命其为科长。技术科还有其他7名技术员，除一位是去年分配来的女大学生外，其余都是男性，年龄均在35～50岁。由于这次新产品的开发技术难度高，成功与否对企业有重大的影响，因此，该厂成立新产品开发领导小组，由一位副厂长任组长，李平任副组长，但由李平具体负责，小组成员还包括王副科长、夏副科长、两名技术人员，销售科和供应科各一名副科长。

李平感到自己虽然有较多的专业知识，但技术科的两位副科长和其他技术员都是自己的老前辈，有较多的工作经验。因此，在分配工作任务、确定技术措施、进行产品设计等方面，李平都通过各种会议征求大家的意见，充分民主，共同商定。一段时间后，李平感到同事们提出的方案不是很好，但好的方案大家又不认真对待，往往还没有深入研究，大家就给予否定。王副科长会习惯性地向厂长汇报有关全厂的技术工作建议，这些建议又与李平的意见相左，厂领导却不明确表示支持谁，仅强调精诚团结。夏副科长对新产品开发已有一套自己的方案，但李平认为并不可行，但又不好意思由自己直接推翻，希望由新产品开发领导小组来做出决议，但组长（分管副厂长）又不表态，其他成员似乎无所适从。有时王、夏二人对科里一些工作的意见不一致，李平也感到十分为难。科里工作效率低，士气也不高，李平感到这个代理科长真是很难当。

案例来源：李品媛. 管理学教学案例. 大连：东北财经大学出版社，2007.

思考题：

（1）如果你是厂领导，你会任命谁做技术科科长？

（2）如果你认为李平适合做技术科的科长，那么你会对李平的工作提出怎样的改进建议？

案例分析的一般步骤如下：

1. 阅读案例，准备相关资料

首先，学生要仔细阅读教师布置的案例，了解案例的大概内容。其次，根据案例内容，查找和收集与案例内容相关的资料和信息，如企业所在的行业。如果是知名企业，还要查询这个企业的详细信息（如成立时间、注册资本、销售额、利润、人员等）。最后，要根据案例的基本要求，寻找能讨论的同学或者有关人员，征集信息和了解他人的观点。

上述案例是关于一个制造业的中型国有企业如何选拔基层科室管理者的问题。学生首先要了解这样的企业在制造行业中是如何生存和发展的，即需要了解行业背景。因为在这一领域中同样的企业很多，要有自己独特的技术或者服务才能生存。其次，要了解技术科室在这样的企业中的地位。我们一般都知晓财务部门和人力资源部门的重要性，但在不同的企业，技术、销售等部门的地位是不同的。了解技术部门的地位和重要性，会直接影响技术部门主管的选人标准。最后，要复习相关领导理论，领导者的职权结构是什么，权力来自哪些方面，职位权力或个人权威怎样才能更有效地发挥作用。

2. 针对案例问题，提出个人观点

学生提出个人观点时，要先梳理案例内容。不是认为哪个人合适，就只考虑哪个人选，而是设想多个方案，进行比较后，再确定可行的方案。本案例的技术科科长人选至少有三个，即技术科王副科长、夏副科长和李平。在此基础上，可以列出三个候选人方案的优缺点。

方案1：王副科长担任技术科科长。优势是王副科长资历较深，上、下级关系比较熟，容易沟通、协调；缺点是他缺少技术专长，与夏副科长关系不融洽。

方案2：夏副科长担任技术科科长。优势是夏副科长年富力强，有领导新产品研发的经验；缺点是他与上层关系没有王副科长的优势，与王副科长关系也不融洽。

方案3：李平担任技术科科长。优势是李平年轻肯干，专业优势明显；缺点是她资历浅，与厂领导和下属员工都缺少感情基础，管理经验不足。

通过比较这三个方案，最终选择自己中意的人选。但这仅仅是基本情况总结，有许多观点或想法要在讨论中不断发掘和修正，还需要与领导理论相结合，如领导者的权力发挥在什么情况下需要职位权力支持，在什么情况下需要个人权威等。如果有当事人参与讨论，还会产生更多的背景素材和影响要素，如李平在代理科长职务时工作被动的深层原因是什么？王副科长和夏副科长两位副科长对李平工作不支持是由于观点分歧还是个人私利等。

3. 准备课堂发言或网上交流的提纲

学生在讨论中的发言需要发言提纲。实际情况表明，准备得越充分，发言的效果越好；案例素材的挖掘越深入，对问题的思考以及提出的对策方案越具有实际意义。上述"李科长的烦恼"案例讨论的文字提纲，应该包括这样几项内容：标题、选择方案、方案理由及相关说明。

4. 演练个人模拟的角色

如果条件具备，就可以让学生扮演案例中的角色，主要有王副科长、夏副科长、李平，甚至还可以设计一个项目经理、厂长和主管人力资源的副厂长等，举办一个干部招聘会，让这几个主角分别陈述自己做科长或者做项目经理所承担的任务目标、完成手段以及如何调动、激发技术科和研发小组人员的积极性等。再根据每个人的陈述和资源利用情况，由大家打分，选出合适的人选。

（二）积极参与案例讨论

1. 根据案例讨论形式，陈述个人观点

集中讨论的优点是集思广益，通过集中讨论可以更好地激发灵感、创意，管理方法中的

"头脑风暴法"就是这个原理。但缺点是如果组织不好，流于形式，也会耽搁大家的时间。要组织好讨论，除了之前的准备，讨论的形式也非常重要。选出合适的主持人，可以是班干部或者课代表。如果超过30人，发言以小组为单位比较好，每个小组选派代表阐述小组成员共同的观点，发言时要限制时间。在每个小组的代表发言之后，其他小组成员可以向这个代表提出问题，被提问题的小组的其他同学也可以参与回答。问答环节的设计也是讨论的重要内容，甚至是加分的重点。因为只有准备充分，才能表述清晰、回答准确。本案例如果在这种状态下讨论，可能会形成分歧性的观点，甚至三位候选人的支持率很接近。不过主持人或指导教师就是要鼓励大家发言，希望大家畅所欲言。

2. 寻找案例中的事实真相或隐藏的关键点，避免臆测

有些学生在案例讨论中抓不住问题的核心或重点，提出的方案不是避重就轻，回避主要问题，就是不能脚踏实地，难以有效实施，还有的学生习惯按照自己的意愿设计理想的解决方案，却不顾案例中给出的信息。本来案例描述中的企业已经深陷困境，却给出需要良好财力支撑的方案。案例企业所处的行业增长乏力，却还要通过高业绩指标扭转局面。因此，学生要学会提炼案例中的信息，自己补充的信息不能与案例信息相矛盾。

例如，在"李科长的烦恼"案例中，关键信息有以下几个方面：一是这是一家国有的中型工业企业。企业性质很重要，需要根据案例中的信息进行判断。二是企业需要任命技术科科长。案例中有三位候选人，分别是王副科长、夏副科长和李平。三是企业急需开发新产品，成功与否影响重大，由此专门成立了新产品研发小组。四是厂里两位主要领导（厂长和副厂长）属于"和事佬"型的领导者。五是原有的两位副科长相互之间关系紧张，能否配合科长工作存在较大的变数。六是科里其他员工年龄大、资历深。

综上所述，这些关键要素都会影响科长的人选以及科长后续工作的开展。因此，不论提出选择谁做科长的方案，都需要考虑这些要素之间的关系，都要考虑谁有能力协调，进而推进工作。即使赞同李平担任技术科的科长，也需要提出对策，帮助李平更好地协调方方面面的关系，改进目前被动的工作局面。

3. 讨论过程中避免争执和意气用事

（1）对事不对人。

案例讨论，一定会出现观点或意见分歧。分歧越多，越能产生观点碰撞，越能激发大家思考。但讨论中的分歧如果处理不好，可能会带来语言上的冲突，甚至导致同学之间意气用事、相互攻击的不良行为。观点有分歧，大家可以讨论，但不要辩论，如果非要分出输赢就不是案例讨论了。沟通理论在研究人与人之间的沟通时，提倡"将对人和对事的态度分开"，就是我们通常所说的"对事不对人"。讨论问题就是针对问题本身，不要涉及其他方面，特别是要避免对个人的指责。在多数情况下，丢面子、伤自尊都是由于言语不慎造成的。最常出现的情况是由双方对问题的分歧，发展到对对方的成见，进而出现针对个人的攻击与指责。这是案例讨论需要避免的情况，如果大家都意气用事，就很难客观评价问题。

（2）语言表达的技巧。

语言表述也是一种艺术，当我们在人数众多的场合互动交流时更是如此。不要非常着急地阐述自己的观点，甚至不顾礼仪，老是打断对方的讲话，或者表现为一定要辩倒对方，想尽一切办法说服对方。因为这样做，效果可能适得其反。很多情况下，没等你说服对方时，很可能就伤害了对方。比如，对方批驳了你的观点，而你并不同意时，你可以说："根据你的假设，可以得出这样的结论，但是你是否考虑到……"或者是"有些信息你可能忽略了"，这要比"你的意见是建立在片面考虑问题的基础上的，我不同意"要好得多。前者既指出了对方用意的偏颇，表明了我方的态度，又避免了正面直接冲突，从而避免了招致对方不满的可能。而后者，虽然维护了自己的立场，但很可能激怒对方，这种让讨论陷入尴尬或僵局的场景是要尽力避免的。

在互动性的讨论中，应避免的语言主要包括以下几个方面：

第一，极端性的语言，如"肯定如此""绝对不是那样"。即使自己看法正确，也尽量不要使用这样的词汇。

第二，针锋相对的语言，如"我知道的情况跟你讲的正好相反""不用解释了，事情就是如此"。这类语言特别容易引起双方的争论、僵持，造成关系紧张。

第三，涉及对方隐秘的语言，如"你为什么不同意，是不是你根本没想到？""让你们大吃一惊了吧！"有人喜欢通过自己的发问或刺探让别人暴露更多的信息，谈判行为就是最典型的，因为隐秘信息可以被你利用。但案例讨论更重要的是激发大家的灵感和思考。因此，需要把握公众场合交流与私下交流时，不同话语适用的不同语境。

第四，有损对方自尊心的语言，如"你使用的数据资料我们都不屑采用，因为这种刊物没有权威性，更不能说明什么。"有人喜欢语出惊人，自己觉得怎么舒服就怎么讲，不注意措辞不当可能引起的不良后果。

第五，催促对方的语言，如"请快点答复""这种问题很简单，不用犹豫"等。虽然语言没有什么不妥，但实际结果可能显示出你对他人的不尊重。

第六，赌气的语言，如"这个问题我已经讲过了，是你曲解了我的意思"或"我没必要和你解释什么……"它往往言过其实，造成不良后果。

第七，言之无物的语言，如"我还想说……""正像我早些时候所说的……""是真的吗……"等等。许多人有无意识的重复习惯，俗称口头禅，它不利于准确表达意思，甚至还容易引起误解，应尽量避免。

第八，以我为中心的语言，如"我的看法是……""如果我是你的话……"过多地使用这类语言，会引起别人的反感，起不到说服的效果。必要的情况下，应尽量把"我"变为"您"，一字之差，效果会大不相同。

第九，模棱两可的语言，如"可能是……""大概如此""好像……""听说……""似乎……"这些语言并不能表示你的谦虚，反而让人觉得你没有掌握准确的信息，或者你没有明确的意见。

第十，威胁性的语言，如"你这是什么意思，你以为我听不明白吗？""你考虑这样做的后果了吗？"这样的语言容易引起他人的反感，甚至激怒他人，招致反威胁。

（3）案例讨论的语言表述。

在"李科长的烦恼"案例中，肯定会有不同的同学选择支持不同的候选人，选择王副科长、夏副科长或者李平的观点都没有问题，同学们应关注发言者是不是表述严谨、论据充分，是否能自圆其说。

但如果你的发言让其他同学感到有所影射，摆出一些事情甚至让知情人就认为是有所指，这样就容易引起误会，甚至会招致对方的反击，不为别的，就为争一口气。

如果你的观点是坚持李平任科长，则尽量阐述支持你观点的论据，少说其他人不合适的理由，这也是比较好的选择。当然，如果你有充分的把握认为除了李平其他人选都不合适，则最好设定前提条件。另外，幽默的表述不失为一个好办法，大家会心一笑，既能调节讨论气氛，也能达到启发思考的目的。在讨论中，可能会有人这样说，"夏科长曾主持过新产品研发工作，但现在他的知识过时了，我看他也很难配合李平工作，建议厂领导将他调任其他部门担任主管，就给李平让路吧"。大家会心一笑，既阐述了自己的观点，还很好地调节了讨论气氛。

4. 不要寻找答案，要学习如何决策

许多学生在学习案例时有一个误区，总是希望找出答案，甚至是唯一的答案。案例学习法不是寻找答案，而是在讨论中引发思考。学生需要在学习中通过讨论问题的成因、问题可能造成的后果、解决问题的对策等，开阔眼界，增长知识，提升能力。例如，在"李科长的烦恼"案例中，大家观点肯定有分歧，有人赞同李平，有人赞同王副科长，有人赞同夏副科长，绝对不是通过讨论让大家统一认识，最后得出要么是王、要么是李的结论。在本案例的多次教学讨论中，几乎每次讨论都有三个以上的方案，有时甚至有六七个方案。如果客观条件变化，如主要领导意见、研发任务重要性和紧迫性或者干部任职制度等稍微有所改变，都会影响技术科长的人选，选谁的结果并不重要，重要的是思考深度、讨论过程的启发和观点碰撞等，这些方面的收获对提升学生领导能力与协调关系能力都是非常重要的。

三、管理案例学习的考核形式

管理案例学习的考核有多种形式，我们建议采取以下几种。

（一）提交案例（文字）作业

案例分析报告是案例（文字）作业的主要形式。学生可以案例分析报告的形式提交作业，其格式比较明确，主要有三部分：标题、正文和结论。但有时，案例指导教师会根据学生学习的情况有特别要求，如字数、图表、参考文献和附录说明等。如果是以小组形式提交作业，还可以包括小组成员的分工。如果是电子文档作业，还可以是PPT形式。

1. 案例分析报告的标题

案例分析报告的三部分要把握好，标题要醒目和简洁，一些定语和形容词最好不要在题目中出现。例如，"李科长的烦恼"案例分析报告的题目就可以是"李平科长的工作改进建议""夏副科长担任科长的提议"等。标题是案例分析报告的核心思想或主要观点的体现。如果教师没有要求自立标题，许多学生就可能选择案例的标题，这没有什么错，但一般提倡学生自己拟定标题，因为标题的设立是对报告内容全面考虑的结果，也是对作业中心思想的提炼。

2. 案例分析报告的正文

案例分析报告的正文是作业的核心内容，学生的观点和调查内容都是在这一部分体现的。因此，要把握好分析逻辑关系和内容安排顺序。一般情况下，要体现三个层次的内容。下面是"李科长的烦恼"案例分析过程。

一是摘出案例交代的主要信息。主要信息包括中小型国有企业、技术科科长人选、新产品研发小组构成和任务、厂领导工作支持等。

二是三个主要候选人的比较分析。有些学生为了更清晰地分析三人的优劣势，专门设计了表格，看起来一目了然，也是一种很好的表现方式。

三是展开分析，即为什么认为李（夏或王）比较合适。很多同学的分析都是根据第一部分摘出来的主要信息进行的，这里我们建议还要根据所学课程的内容，如领导理论、激励理论、沟通理论等进行案例的分析。另外，还可以用调查的实例或数据佐证分析。

"李科长的烦恼"案例还有一个问题，就是如果赞同李平继续做技术科的科长，对她工作有何改进建议。因此，还要有一定的篇幅来讲李平如何在工作中加强领导力，推进工作开展。这里给出的措施要很具体，包括：李平如何解决王副科长越级汇报的问题；怎样做才能否定夏副科长的提议，推出她的技术研发方案；如何获取厂领导的支持等。

3. 案例分析报告的结论

许多同学不注意结论的表述，往往在结论部分写很多内容，包括背景介绍或分析的依据等。其实，案例分析报告的结论就只需言简意赅的几句话，说多了反倒喧宾夺主、适得其反。例如，"综上所述，我们的结论是该企业技术科科长一职由原技术科王副科长担任，李平任副科长。王副科长具有很好的人际协调能力，能够充分发挥李平的技术专长，调动各方面资源有效推动企业新产品的研发进程。"

（二）案例学习考试

以案例测试题的形式进行课业考试比较少见，但如果结合课堂集中讨论，就可成为不错的选择。而通常都是先进行测试，因为讨论后测试题的答案基本上就明确了。例如，可将"李科长的烦恼"案例变为考试题型中的单项选择题，即该案例的分析可以设计成单项选择题的形式：

1. 目前该厂技术科的主要工作任务是（　　　）。

　　A. 新产品研发　　　　　　　　　　B. 技术科各种关系的协调

C. 解决两个副科长关系不融洽的问题　　　D. 厂领导对技术工作的支持

2. 在新产品研发小组中，不应该成为研发小组成员的是（　　　）。

    A. 副厂长　　　　　　　　　　　　　B. 销售科和供应科的副科长

    C. 夏副科长　　　　　　　　　　　　D. 技术科的两名员工

3. 根据案例内容，这个企业的特点是（　　　）。

    A. 岗位职权清晰　　　　　　　　　　B. 厂领导有较强的能力

    C. 技术科在组织职能部门中的地位较低　　D. 新产品开发任务比较重

……

测试题一般是案例指导教师出题，或者根据课程学习需要设计，没有统一的标准和形式，可以选择判断题型、简答题型，甚至论述题型等。但不论哪种题型，给分标准和占分比例都要十分明确。

（三）提交学习笔记

学习笔记是学习中的记录形式，类似于日记，主要是记录案例学习心得和个人感悟。这一点使它与案例分析报告类似，但不同之处是：案例分析报告格式统一，内容完整，逻辑线条清晰；学习笔记形式比较松散，可以理解为随笔。学生写作学习笔记时较为轻松，没有什么压力，但坚持下去，收获也不小。

学习笔记主要记录案例的学习心得，既可以是与同学讨论的收获，也可以是个人自学的收获以及与不同人交流时的启发，甚至可以是某一事件引发的思考和感悟。

由于现在网络沟通比较便捷，所以，学习笔记也可以是类似微信或博客的形式，既可以提交电子版的，也可以提交纸质版的。教师根据需要组建各种学习群，分享学生的学习心得，做到"奇文共欣赏，疑义相与析"。

（四）将案例讨论计入成绩

如果将案例讨论作为结业成绩或作为结业成绩的一部分，则需要指导教师将学生讨论发言的结果量化并形成分数。这不仅需要教师提前布置，让学生明确讨论内容，还需要制定科学、公平的评分标准，结合学生发言和讨论表现予以评分。

1. 将讨论内容与评分相结合

我们前面详细介绍过讨论内容，一是讨论学习应达到的目的；二是讨论的内容包括哪些方面，有哪些形式上的要求。这些问题都需要明确并与记分标准相结合。

一般情况下，教师会对以下方面提出要求：

（1）讨论准备的情况。

发言提纲是否准备充分也要纳入记分标准，分数占比25%～30%。要求有发言提纲或者PPT演示；如果学生到企业调研，分数可以适当提高；如果检索相关文献，分数也可以考虑增加。

（2）参与讨论的表现。

参与讨论的表现也是考核分数的主要内容，一般占比50%～60%，主要是表述的逻辑性、观点的论证、用词准确程度、与其他同学互动等。在许多情况下，教师还可以鼓励其他同学向发言同学提问，这样做的效果也很不错。

2. 明确评分标准

考核记分标准一般由教师掌握，主要考虑学生方案的完整性、阐述的逻辑关系，是否调研和引用实例、文献，是否有文字提纲（作业、脚本）、PPT以及其他辅助形式等。总之，准备得越充分，效果越理想，得分也越高。实践证明，案例讨论记分还是比较好的选择，设有额外加分的形式，效果也十分理想。这里我们提供一个可供参考的案例考核成绩结构设计，见表3-1。

表3-1 案例考核成绩结构设计

类别	考核指标	考核标准	案例分析指导思想	案例内容	决策方案	平均得分
讨论形式考核（50分）	个人准备（20分）	案例概况；讨论主题；问题分析；可供选择方案；决策标准；可行性方案				
	小组讨论（15分）	上课出席情况；讨论发言的参与度；言语表达能力；说服力大小；思维敏捷程度				
	班级交流（15分）	团队协作；与人交流；课堂互动等方面的满意度；讨论参与的深度与广度				
讨论内容考核（50分）	分析依据（10分）	分析依据的客观性与充分性				
	分析步骤（10分）	分析步骤的恰当性与条理性				
	理论思考（10分）	采用理论的正确性与适合性；思考的深刻性与全面性				
	解决问题（10分）	解决问题或决策设计的创新性与可行性				
	文字表达（10分）	文字表达能力的清晰、准确与流畅				
	权　　重		30%	35%	35%	100%
	总成绩（100分）					
教师评语				签名： 年　月　日		

表 3-1 是将案例分析内容和讨论形式相结合的案例考核成绩结构设计，横向指标主要有三个，包括：案例分析指导思想，主要是指案例分析秉持的原则或理论基础，它能反映出案例分析的高度；案例内容主要是指分析过程，各环节相互之间的关系等；决策方案就是最后的对策或选择，对策或选择结果并不是考核的标准，但决策选择的合理性、依据以及分析的逻辑关系是评分标准。

纵向指标主要包括两个方面：一方面是讨论形式的考核，包括个人准备、小组讨论和班级交流，都是层层递进的；另一方面是讨论内容的考核，这个和横向指标不是矛盾的，这里主要是指在讨论中的表现，发言是否逻辑清晰，表述顺畅，分析是否理论结合实际，等等。

当然，这仅仅是一个参照标准，将案例课程的学习结果形成一个分数，可以有效调动学生的学习积极性和增加其学习的认真程度，作为一门课程也有必要形成最终成绩。如果就是一个案例分析报告，相对比较简单，也难以体现案例分析课程的特点。因此，我们提供了一个多层面、多要素组合的案例考核成绩结构设计。

第四章　撰写管理案例

📖 **学习目的和要求**

通过本章的学习，重点掌握管理案例写作的基本环节和要素，主要包括案例撰写的前期准备，重点是确定案例撰写计划，收集实地调研企业素材以及调研方法的选择和确定；掌握案例撰写的内容与要点，要按照案例撰写所强调的仿真等原则，学会用文字表述企业实际经营过程中的人物冲突、典型事件以及与环境背景等相关要素的关系。

一、管理案例撰写的准备

拥有高质量的案例是案例教学法实施的重要前提。因此，开发反映最新管理现实情况的高水平案例，已成为各高校商学院和管理学院开展案例教学的重要工作内容。反之，从教学角度来讲，如果让学习案例的学生也参与案例调研和撰写工作，将会收到非常好的学习效果。

要撰写出高质量、符合专业教育和管理培训需要的教学案例，是一项十分艰巨的任务。这不仅需要进行大量的实际调研，还需要做好系统分析与文字组织工作。一个好的教学案例，还要在案例教学过程中，不断地修改、充实和调整，管理案例开发对于案例的撰写者、案例撰写工作的指导者与组织者都有很高的要求。可以说，管理案例的开发既是一项系统的工程，又是一门独特的写作艺术，要想很好地掌握它，需要案例撰写者或指导者在管理理论、管理实践与管理教学这三个方面都具有一定的造诣与丰富的经验，也可以组成案例开发团队。在很多管理教育与管理培训比较先进的国家，开发优秀管理案例被普遍视为专业教育的重要内容，同时也是反映教师水平的重要标志之一。对学生而言，参与管理案例的调研和撰写工作，是一个很好的学习过程，会使其对案例相关知识的理解更深刻，案例的启示性也会得到更好的展现。

案例开发是一项复杂的系统工作，由一系列工作环节组成，需要遵循一定的规律，按照一定的顺序展开。管理案例撰写的流程如图 4-1 所示。

管理案例是对管理真实情境的描述，通常会涉及一个及以上管理决策或者多个企业实际问题。一般情况下，案例是从所涉及的决策者的角度撰写的。因此，要使学生能够设身处地

图 4-1 管理案例撰写的流程

地站在决策者的角度或解决问题者的位置来观察和考虑问题。在此基础上，教师和参与案例撰写的学生要为撰写案例做相关的准备工作，主要包括案例撰写计划的准备，企业实地调研与收集资料的准备。

（一）管理案例写作计划

管理案例写作计划主要包括两方面的内容，即确定案例主题、拟定撰写提纲。

1. 确定案例主题

在采编管理案例之初，确定案例主题就是给案例采编工作一个指导性的目标和方向，这是特别重要的前提工作。每个案例都是围绕非常明确的主题形成的，这个主题可以是来自某一个职能领域，如市场营销、人力资源管理等；也可以是若干领域内容的组合，如企业文化、企业战略、组织变革等。虽然从理论上讲，所有的管理内容和管理领域都可以作为案例的主题，但是在管理实践和案例采编中，比较适合作为管理案例主题的内容基本上具有如下性质和特点：

第一，可以定量化的经营管理实践。这种情形通常在案例的分析描述过程中，主题线索清晰，分析讨论标准也较为明确。

第二，具有创新性的经营管理实践。由于没有前者可以模仿、借鉴，案例内容的启示作用比较理想；研究型的案例中这种类型比较普遍，就教学来讲，也具有更好的启发性。

第三，行业内标杆性的经营管理实践。由于具有典型意义，在案例教学中这种形式比较常见，而且案例指导者和学习者均有较高的热情。

第四，比较性的管理方法或问题。管理上的问题，在许多情况下难以量化，而可以比较研究的，往往是案例。

第五，管理实践决策过程。决策需要背景和信息，当然还有主角或决策者，能将这几个方面很好地融合，就是案例的表现形式。

第六，某一企业的特定成长过程。由于这些企业成长经历比较独特，不具有普适性，通过案例表述，可以清晰地记录影响企业发展的必然要素和偶然要素，具有很好的教育意义。

第七，某一决策的具体实施过程。决策的制定和实施都是案例研究的重要内容，因为管理者主要就是学习这个过程。

第八，经营管理实践的失败经历。成功的案例具有典型意义，而失败企业的研究也具有启示意义。

除此之外，作为案例主题的管理实践还应该符合如下标准：有一定的决策困境或者两难冲突等要素；涉及问题有一定的特殊性，要有实际意义；要有足够的细节可供讨论和探索，有足够的信息可供论证；有很好的逻辑架构，或者虽然信息看似杂乱，但有一条明晰的逻辑主线；为了保证时效性，最好是近期发生的事例。

2. 拟定撰写提纲

提纲是案例写作计划的纲要，写作计划由许多具体的要素构成，对这些要素的具体详细的表述就形成了写作提纲。案例的写作提纲应包括下列内容：

第一，案例的教学目的或用途。案例的教学目的是案例撰写者首先要明确的，即通过对该案例的讨论希望学生从中收获什么？是侧重管理知识点，还是侧重管理价值观、管理能力？该案例将用于哪种类型学生的教学或培训？

第二，案例需要解决的主要问题和决策层次。围绕选定的主题，初步确定有关的主要问题。这些问题将构成案例的核心，成为管理情景的内容，问题需要通过有关信息和资料来描述清楚。同时，也要明确这些问题所对应的决策层次，是高层管理人员所面对的，还是中基层管理人员所面对的。

第三，案例的类型。案例的教学目的和需要解决的主要问题明确了，案例的类型也就大致可以确定了。按照案例的写作形式分类，通常情况下，侧重管理知识点的案例是描述型案例，侧重管理能力培养的大多是分析判断型案例。从学生的角度来讲，也希望能由自己发掘，运用所学知识充分发挥创造力，设计出解决方案，而不太喜欢对现成的解决方案进行评价。

第四，案例的难度。管理案例一般是以三个维度来确定其困难程度的，即分析思考、概念方法和信息表达，以这三个维度为基础构成案例难度立方体。案例难度大致可以分为低度综合难度、中度综合难度、高度综合难度，即较易、一般、较难。选择何种难度的管理案例，要根据该案例所面对的学生类型、教学目的等因素来确定，太难或者太容易都不会达到理想的教学效果。

第五，案例的篇幅。案例的篇幅也是案例撰写中需要考虑的问题之一，需要根据具体情况而定。如果在调研过程中收集到了足够的素材和资料，那么案例的篇幅就可以稍微长一些。如果收集的信息量有限，就只能缩短篇幅，聚焦在一两个问题上。但是篇幅长不能长到信息"臃肿"，短不能短到主要信息缺失，这需要仔细斟酌、认真研究。

第六，案例写作的时间进度安排。案例写作只有按照计划进行才能做到有条不紊，不至于突击写作而影响案例质量。案例的撰写者往往是教师和非专职人员（也有很多学生参与）。作为国家开放大学的学生来讲，由于他们具有较为丰富的实践经验，完全有条件参与案例的撰写工作。在这种情况下，案例写作的时间安排可以有一定的弹性。

除上述六个方面的问题需要考虑之外，案例教学专家莱斯也给我们分享了较有意义的经验。莱斯要求案例撰写者从决策人的角度考虑问题，并完成以下三件事：一是清楚所教课程或题目和上这门课的学生的情况；二是简明写下自认为这门课或题目的主要目的以及案例的作用；三是简要写下至少六个决策，这些决策应是管理者实际工作中经常要做的，且有意识地让学生在课堂上进行讨论。撰写者要力争用决策的术语，而不是概念的术语进行思考。例如，沟通是一个概念，而重视利用组织中的非正式沟通则是一个决策。也就是说，要从决策的角度而非概念的角度来准备和提出问题。

（二）企业实地调研与收集资料

管理案例是对一定的管理情境的客观描述，因此，它的真实性就变得至关重要。因此，深入企业开展实地调研、收集相关资料就成为案例撰写准备的重要环节和内容。下面从几个方面来对企业的实地调研与收集资料做详细的介绍。

1. 选择目标企业

目标企业的情况必须符合既定的案例撰写目的与主题的要求，最好是有良好的合作意向或者以前合作过的经历，这样有助于调研工作的顺利开展。

在实际工作中，对目标企业的选择通常要通过各种线索与信息，甚至具有偶然性。一方面，可能是由于案例撰写者一瞬间灵感的触发、朋友谈话中的启迪，或从报纸、杂志、广播、电视中寻找端倪。另一方面，案例撰写者还要主动通过各种渠道了解，请人推荐常常是一种不错的方式。

在采编撰写企业案例时，依靠地方政府机关或者各专业协会等半官方或学术性团体的帮助，是一种比较有效的方式。同时，许多在职学生所在的企业，都可以成为案例中的调查对象。

国家开放大学可以充分利用学生资源，因为学生都分布在各个企业，案例撰写人员可以根据学生所在企业的特点，有目的地选择一些有代表性的行业和企业，与管理人员接洽，深入企业调研，学生也可参与其中，这样既能总结提炼企业问题，撰写具有教学意义的案例，也能为企业提供相应的解决问题的对策。同时，学生也可以作为案例中的情景人物，在小组讨论或在线讨论中扮演角色或提供指导，为案例讨论引向深入创造条件。

2. 拟定调研提纲

选定目标企业后，就需要开始做相关的调研准备。其中，最重要的是根据前面确定的案例主题、关键问题、决策层次以及企业方面的具体情况来拟定一份实地调研提纲，决不能大海捞针，要有重点地组织调研，提高调研的效率。

实地调研提纲用于指导对目标企业及相关人员的访谈。因此，提纲中应确定调研人物及问题、调研范围、调研方式（如单独访谈、问卷、观察等）、需要完成的主要任务、时间进度安排、调研小组各成员职责安排等。在调研前应该就调研提纲的内容与被调研企业达成共识。实地调研提纲也不是一成不变的，应视进展与具体情况，不断调整、充实和修订。

另外，需要注意的是，到企业调研前应该通过公开出版刊物或互联网等各种渠道对企业有大致的了解，或者请企业先提供一些书面的资料供调研小组的成员阅读、参考。进入企业前还需要准备好一些基本物品，比如名片、录音笔等。

案例调研提纲的拟定可以从采访企业的不同阶段的不同任务来加以考虑。采访企业可以有四个不同的阶段：准备、介绍、执行和结尾。每个阶段都有其各自的任务，我们可以通过列举每个阶段的主要任务来拟定调研提纲。例如，在执行阶段，我们需要知道存在什么样的案例机会，故事情节如何，5W1H（who——谁，what——什么，when——何时，where——何地，why——为什么，how——怎么样）的具体情况。调研者一般按问题清单提问并希望得到回答。基于此，可以根据所需调研的管理主题和领域拟定更为详尽的访谈提纲（问题），这将作为与企业各层级代表进行面对面访谈的主要参考。

下面是对一个企业进行实地调研的访谈提纲，主要调研战略管理领域，供读者参考。

某物流公司访谈提纲——战略管理方向

调研对象：企业管理高层。

调研提纲：

1. 公司战略

在你的心目中，总公司的短期、中期、长期的战略规划分别是什么？你认为是否合适？

你认为，公司的发展方向是什么？公司未来的市场定位和业务组合应该是什么样的？你对企业未来的发展有什么构想和建议？

如何看待公司目前的发展状况？成就与不足之处有哪些？

你认为，公司目前所处行业的机会与制约因素有哪些？

2. 组织架构和管理模式

请简要描述公司当前的组织架构，试评价它的效率。

公司对所属子公司管理的现状是怎样的？管理层级和管理效率如何？

最理想的管理方式是怎样的？实现这种管理方式的最大困难是什么？

对当前公司组织架构的调整你有什么意见和建议？

3. 业务组合和核心能力

公司目前所涉足业务领域的经营状况如何？你对公司下一步的发展建议是什么？

公司在各业务领域的优势与劣势有哪些？如果想进一步提升，公司应该拥有哪些方面的资源和能力？

公司的核心能力是否突出？如果要加强培育，应该从哪几个方面来进行？

公司现在各项业务发展所面临的最大挑战是什么？公司及所属子公司应该怎样应对这些挑战？

公司未来可能发展的潜在业务是什么？投资领域的主要方向在哪些方面？

4. 企业变革

你对公司的改革有什么样的想法？

你觉得公司子公司的改制可以采取什么样的模式？优势和劣势分别是什么？阻力是什么？

你觉得公司对制造工厂（如果有）的改制应该秉承什么样的原则？应该采取什么样的措施？

5. 公司管理层及下属公司管理层的激励措施

公司在激励方面存在什么问题，原因是什么？

公司现行的激励手段是怎样的？其有效性如何？再采用什么样的激励机制比较理想？

改变现有激励制度需要尝试哪些方式？宽带薪酬或管理层持股方案等是否可行？

3. 案例资料的收集与整理

撰写一个好的案例，需要大量的一手和二手素材与资料。而这只能通过实地调研去了解和收集。因此，在企业调研中收集与案例撰写有关的素材和资料，便成为案例撰写过程中极为重要的一环。"巧妇难为无米之炊"，没有可靠的信息源，是不可能收集到丰富的素材、资料的，没有准确而丰富的素材和资料，就无法创作高质量的案例。

（1）案例资料的来源。

案例资料可以从三个方面收集：一是通过信息检索或其他途径获得目标企业外部资料，包括正式发表及未发表的资料；二是通过正式和非正式沟通，获得目标企业内部书面形式的资料；三是通过对目标企业进行的访谈或调研，获得非书面形式的信息。

（2）收集案例资料的方法。

有效率地收集案例资料，需要按照一定的方法进行。选择资料收集的方法，在很大程度上取决于希望获得的信息资料的类别。有些资料只能用特定的方法才能获得。案例资料的获取可以采用多种方法，如观察法、问卷调查法、访谈法、实验法、文献法等。这里介绍常用的三种方法。

一是文献法。文献是用文字、图形、符号、音频、视频等技术手段记录人类知识的一种载体，是记录、积累、传播和继承知识的最有效的手段，是人类社会活动中获取情报的最基本、最主要的来源，也是交流、传播情报的最基本的手段。因此，文献可作为案例资料的一个重要来源。文献的形式有四种，即书面文献、统计文献、图像文献、有声文献。

采用文献法收集资料的优点是：容易获取，信息量大；可以进行多角度分析研究；可以处理不能亲身接触的问题；对先前发生的事件，有时文献可能是唯一可靠的资料来源。文献法也有其缺点：文献会有倾向性，即带有一定的偏见，这会影响案例的真实性。而文献各自的写作目的不同，由此保留下来的文献资料可能经过某种特别的选择，故难以展现事件发生的全貌。即使是完整保存下来的文献，也会有许多局限性。而且，由于文献数量庞大，在案例写作中的甄选工作量也很大。

二是访谈法。访谈法常被用作收集初级资料。这种方法是通过与被访问者的沟通交流来清楚案例中事件的细节资料，或清楚一些有争议、差异较大的问题。访谈法和文献法结合起来使用更为合理、有效，这样可以起到互补的作用。文献提供粗线条、大框架；访谈补充细节，丰富具体内容。

访谈时应注意被访人员在不同的场合可能会有不同的表现，在不同的群体或氛围中也可能会有不同的表现。访谈所得资料的真实性至关重要。因此，问什么问题、如何问、如何启发访谈对象都有很多技巧和策略。如果是学生作为访谈主体，那么对他们进行简单的访谈培训是很有必要的。

三是问卷调查法。问卷调查法是根据一定的调查目的，以严格设计的问卷为工具，向研究对象收集研究资料和数据的一种调查方法。由于问卷具有高度的统一性，标准化程度高，所以通过问卷调查获得的资料非常适合定量分析。另外，问卷调查法还能在短时间内调查很多研究对象，取得大量的资料，经济省时。但是问卷调查法也有缺点，就是被调查者出于各种原因（如自我防卫、理解和记忆错误等），可能对问题做出虚假或错误的回答，一旦发现此类现象，弥补起来又十分困难。

问卷调查法可以对同一级别的员工就同一个问题予以调查，也可以对不同级别的员工就不同问题进行探讨。在实地调研过程中，可以在应用上述常用方法的同时，以其他方法作为补充手段。总之，无论采用何种方法，通常的调研顺序都是由上至下、由浅及深、由概况到细节。比如，调研者可以先请目标企业的领导做一些基本情况介绍，再转而调查具体部门或个人。

（3）案例资料收集的影响因素。

案例撰写质量的高低，首先取决于案例资料收集的程度。而收集案例资料会受到多方面的影响，比如案例撰写者的写作水平、被采访者的配合情况以及现成资料的翔实程度等主客观因素。如果处理不当，很容易造成信息失真。因此，只有研究并发现易于产生漏洞的因素和环节，遵循一定的原则对其加以防止和纠正，才能获得令人满意的案例资料。

案例资料的收集涉及面十分广泛，作用和意义也不尽相同，表4-1列出了主要的案例资料的类型、来源及内容、优势和局限性。

表4-1 案例资料的类型、来源及内容、优势和局限性

类　型	来源及内容	优　势	局限性
文献	公众文献：报纸和研究论文 公共网站：行业和政府数据资料	作为书面证据，节约时间和花费； 多渠道、多角度获取信息，避免产生偏见	资料不可信或不准确； 难以获得保守信息，可能导致材料不完整
	内部档案：会议记录、产品简介、沿革史、管理制度、大事记等		
视听材料	内部档案：前沿产品展览录像、照片、PPT等	提供一个可分享其"真相"的机会	难以用文字进行说明
观察	公司内部：非结构式和半结构式的观察记录	直接获取一手资料； 观察中注意不寻常的现象	研究者缺少处理一手资料和观察的优秀技能； 研究者会被看成入侵者
访谈	面对面访谈：与员工和高层管理者的非结构式和开放式的访谈记录	获取书面材料无法获得的历史性信息	被访谈者把观点过滤成"非直线"信息

案例撰写者可以结合表 4-1，在收集和使用资料方面关注以下几点：一是注意案例信息的互相印证，如产能和产量之间是有一定联系的，假设产能是 100 万台，但产出的产品达到 120 万台，二者相互矛盾，这时就需要甄别；二是由于不同访谈对象会从自身利益出发表述观点或立场，这就需要访谈者甄别或取舍，但过滤或取舍也需要有标准或依据；三是收集的信息使用在哪些方面需要根据案例脚本的设计进行选择，或者从案例信息来源的权威性角度进行考虑。

二、管理案例写作

在企业实地调研、收集资料之后，就进入到案例撰写阶段。在这一阶段，我们重点介绍如何根据收集到的案例素材和资料撰写出高质量的案例。

（一）管理案例写作原则

1. 仿真原则

在现实中，企业的许多决策会受到各种内外因素的影响，比如管理层决策时经常考虑的企业文化特点、企业目标客户、竞争环境、经济环境、政治法律环境、行业技术环境、物流及分销手段等。撰写案例时，应注意对这些因素做出尽量真实的描述，贴近真实的管理场景。这是案例撰写的基本要求，同时也是案例学习者对管理问题进行正确分析和决策的必要条件。案例来源于实践，它是对企业所发生的真实事件的再现。因此，在撰写相关案例时，应收集决策问题的真实情况和数据，将其纳入案例写作中。

2. 中立原则

管理者处理问题因人而异、因时不同，因此，案例教学应鼓励学生提出多角度的解决方案。案例的写作应当尽量不融入案例撰写者的主观态度，以给学生留下足够的思考空间。这就要求在对案例事件进行描述时，尽量使用中立性的语言，不进行评论或者使用带有倾向性的观点。可以说，中立化是案例写作极为重要的原则，否则会影响案例学习者的判断。当然，中立化的尺度在实际撰写中是比较难把握的，因为案例使用的素材和资料就是写作者在某种观点的支配下筛选出来的，这本身就隐含了写作者的倾向。因此，在选择素材和资料时应当尽可能客观，叙述尽可能公允，以免干扰学习者的分析和判断。

3. 矛盾原则

管理案例阐述企业在某一时段的决策问题，但企业管理者决策时面临的信息可能不完全，甚至随时都在变化，这就会导致不同的管理者面对同样的问题采用的是不同的处理方法。因此，案例的撰写也要避免只有一个答案或有确定结论的案例，否则对学习管理知识和提升学生的实践能力没有意义，也会使案例教学失去意义。

管理案例撰写的矛盾原则还体现在案例中要有冲突、对立或纠纷，案例分析的目的就是调和这些矛盾，解决案例所反映的实际问题。世界本身就是矛盾性的，矛盾无处不在。在撰写管理案例时，就要用矛盾的观点来设计问题，用矛盾的态度来设计冲突。案例中的矛盾有时候是显而易见的，有时候却是隐含的，需要案例分析者仔细阅读案例才可以发现。

4. 前瞻原则

撰写的案例对管理教育应具有一定的前瞻性，即案例的前瞻性原则，这对学生在未来职场生涯中处理各种管理问题有着重要的参考价值。因此，在选择案例素材和资料的时候要对其时效性给予充分关注。通常能够代表市场发展方向的企业案例都具有较好的前瞻性。这就是哈佛商学院 20 世纪 80 年代编写的有关可口可乐与百事可乐、美国电话电报公司与美国长途电话运营商、通用电气、通用汽车、本田汽车、宝洁公司等案例至今仍被美国许多院校使用的原因。当然，案例的前瞻性并不完全取决于所描述的对象是否为著名企业。一些中小企业的企业文化、决策过程等也具有一定的代表性。前瞻性原则的关键点是，案例中所体现的问题是否顺应经济发展的规律，企业的经营理念和战略目标是否具有启迪作用。

（二）管理案例正文的撰写

案例正文的撰写是案例质量好坏的集中体现，因此，我们需要从调研信息的取舍、案例的组织架构以及事件发生细节的处理等多个方面加以考虑。

1. 案例撰写的逻辑顺序

案例的撰写首先要做周密的构思，构思是写作的前提，也是案例写作的逻辑框架。案例撰写的逻辑顺序主要分为四个阶段，即撰写案例文字内容纲要、形成案例初稿、案例的修改和完善、案例定稿。

第一阶段，撰写案例文字内容纲要。在案例文字内容撰写阶段所拟定的纲要不同于案例写作大纲，这主要是针对案例本身调研信息的收集和整理，并根据之前所确定的案例教学目标进行案例文字内容的组织、规划和指导。因此，要有一个充分酝酿、思考的过程。一个好的案例文字内容纲要，会将案例撰写导入一个高效的轨道。要想取得事半功倍的效果，打好这个基础是很有必要的。

例如，对于"李科长的烦恼"这个短篇案例，第一阶段，需要作者设计案例的整体框架和核心人物。主要信息包括：中小型国有制造或机械加工企业—技术科科长遴选—候选人王副科长、夏副科长、青年技术员李平；其他信息包括：厂领导—研发小组成员及构成—技术科人员构成。

第二阶段，形成案例初稿。初稿是一个化思路为文字的初期创作过程。在这一阶段，撰写者主要描述案例应体现的人物、事件和逻辑发展过程。不要试图做到尽善尽美。如果遇到无法进展和深入的地方，可以暂时将其搁置，继续访谈或者与其他参与者深入讨论。由于案例草稿不是最后的正文，所以可以根据人们各自不同的写作习惯，选择适合的方式进行写作。

例如，"李科长的烦恼"案例的初稿对人物出场背景、故事进展、矛盾冲突等都有完整的表述。如果想要表述得更充分一些，还可以在案例中设计技术科讨论会的场景——王副科长的表态，夏副科长的提议，还有其他人的发言都可以进行具体描述，等等。对于李平代理科长前后工作中的心理描述也可以更加详尽，文字可以大幅度增加，使这个人物更加鲜活和立体。

第三阶段，案例的修改和完善。在案例初稿的基础上，对案例要不断进行修改和调整。一是注意案例中的人物是否丰满或信息是否充分，案例事件或者冲突的进展是否符合逻辑，设计的故事情节是否能够使阅读者明确作者的意图。二是案例的故事和事件的设计是否与案例所要陈述的问题相呼应，案例主要结构设计是否匹配。三是文字表述是否准确、清晰、专业和规范。这些问题可以表述为：案例达到交流沟通的目的了吗？案例中的事件与场景结合得恰当吗？案例的内容安排是否具有说服力？只有在回答完这些问题以后，才可以对案例进行编辑。

在案例初稿撰写出来后，撰写者可以反复阅读，增加对案例内容的识记和理解，检查逻辑关系是否合理，人物对话是否符合实际。案例撰写者也可以通过各种方式征求他人意见，比如利用微信群组织小范围的讨论。

第四阶段，案例定稿。案例修改完善之后，如果是学生作业，可以直接提交。但如果作为教学用案例，这还不是案例的定稿，一般要经过案例教学的试用环节。教师可以组织一些学生在小范围内进行学习和讨论，以发现案例表述内容是否能达到预想的教学目标，案例的故事和人物等信息是否充分等。在此基础上，编写者再对案例进行必要的文字调整，或者补充新的内容。某些案例在修改时甚至要动"大手术"，因此案例撰写是一个很艰辛的脑力和体力劳动过程。

2. 筛选、加工案例素材和资料

通过对企业的实地调研和案例资料的收集，编写者已经掌握了丰富的材料和信息。然而，并非所有的资料对案例撰写都是有用的。需要特别指出的是，如案例调查深度和时间不够，仅靠案例撰写者的想象来写作是不理想的，但如果案例素材和资料太多，可能会出现信息超载的现象。基于上述问题，案例撰写者首先要明确自己写作的案例中应包含哪些信息，确定资料的使用范围。无论是撰写简单案例，还是撰写复杂案例，都有必要从以下三个方面来考虑对素材和资料的筛选和加工：

一是本案例所要体现的管理主题及有关的关键问题是什么。这个问题本来在案例写作计划中已经明确，但经过实地调研，往往需要根据实际资料的情况进行适当的调整，一般体现为筛选案例写作的主要依据和内容的素材和资料。

二是案例中的当事人（主要是决策者）必须掌握的情况有哪些。这是撰写案例比较难处理的问题。为了使案例表述尽量符合实际和客观规律，一些相关细节的描述也应包括在案例中。这就要求案例撰写者从决策者的角度反躬自问：这些素材和资料是否可以做出有依据的决策。

这些供决策使用的信息，可以用各种不同的形式呈现出来。有一些是统计数据，如销售额、利润率、员工人数、产品种类、市场占有率、固定资产投资等。有一些则是非统计数据，如人物简历、人事与人际关系情况、营销能力、企业历史及经营战略等。在撰写案例的过程中，可以根据案例主题的要求，采用数据与非数据组合的形式来表现，紧紧围绕所选定的关键问题来汇集与提供资料。

三是案例分析者需要哪些必要的信息。案例撰写者在撰写案例时，应该持中立的立场，这样才能对案例中的人物和事件进行客观描述。但案例读者不了解案例中的具体情况，故撰写者必须补充足够的背景材料（如企业的名称、地点、历史、产品、竞争对手以及组织结构，有时还需提供企业的发展前景与战略），以便把读者引入企业的情境中。不管案例主题多么具体和专门化，对企业基本情况的介绍都是必需的。如果案例使用者对该企业一无所知，他就很难对案例所描述的管理问题有建设性思考。这也是管理案例与一般实例的区别。

案例素材和资料的选择，对丰富案例所反映的主题和领域具有重要作用。另外，来自同一企业的实地调研资料的素材和信息，经过不同的筛选和加工，也可以创作不同的案例，满足不同教学目的的需要。

3. 案例的结构安排

案例的结构安排是对案例中相关信息和资料的编排，它建立在案例撰写大纲的基础上，是案例内容写作的"骨架"。在写作案例时，应先明确该案例的结构安排，有了这个结构做"骨架"，才可以将素材和资料这些"肉"添加上去，形成结构清楚、内容充实的案例正文。

案例的结构安排通常可以遵循两种顺序。一是时间顺序，即根据事件发生的先后顺序来逐次安排、交代事件的来龙去脉。时间顺序可以是顺叙、倒叙和插叙。二是逻辑顺序，即将大量杂乱的事实按照一定的逻辑关系，分门别类地组织起来，然后按照事物各部分内在性质的同异和横向关联的疏密来划分出不同的类别。比较有效的方法是采用设置小标题的手段，使层次与结构线条清晰。

固定的案例结构也有很大的缺陷。如果案例的结构渐渐形成了某种套路的话，就会使案例分析者对案例的故事情节产生一种把握感而妄加猜测，很容易忽视很多重要的细节。因此，现在有人主张结构松散的案例结构，即强调案例故事性和戏剧性的写作结构。

较为典型的写作结构是叙述结构和情节结构。所谓叙述结构，就是以时间顺序为基础，将时间与环境背景等因素相融合，用一种易于理解的方式进行叙述。所谓情节结构，也是一种力图将案例描述生活化的写作手法。为了使案例显得不那么呆板，变得生动有趣，淡化其人为"编造"的色彩，就有必要加强戏剧性，设置一些悬念。越加强这一点，就越能激发人们的兴趣或增加思想冲突，也越能使学生的注意力投入案例的情节之中。

总之，案例的创作不仅要考虑上述顺序与结构，好的案例还应当是这些顺序与结构以及结构之间的恰当融合。但是案例的写作毕竟不同于文学作品，由不得半点夸张，也不能掺进撰写者的个人主观情感。

4. 案例撰写应注意的问题

如何将案例内容表述清楚，是撰写案例的重难点之一。尽管收集的资料很丰富，案例的写作思路很好，内容也很充实，但如果不能用适当的语言将其有效地组织起来，为学生所理解，则整个案例的撰写同样会功亏一篑。

案例内容的表述涉及很多方面，主要包含以下几个要点：

第一，写好案例的开头和结尾。案例的开头和结尾是案例结构中的关键部分。写好这两部分，可以提升案例的总体可读性和对学习者的引导性，有助于案例教学的分析与讨论。案例的开场白对案例撰写也十分重要，对案例学习具有导入作用。开场白既要精炼，又应包含完整而恰当的必要信息，使读者知道应该站在案例中哪一个角色的立场上去设身处地地考虑和分析问题，明确决策问题的性质是什么。案例的结尾同样也具有不可轻视的作用，对案例结尾的撰写方式依据不同案例或情况而有所不同。

结尾的撰写大体有三种方式。一是对案例正文进行总结式的结尾。如：

王总大手一挥，似乎下定了决心。"这样的讨论会我们已经开了三次了，每一次大家都争吵不休，各讲各的道理。不能再这样议而不决了。我看应该请第三方咨询机构给我们出一个分析报告，帮助我们确定未来的战略方向选择。企管办立刻就去办这件事。"

这种写法适合描述型案例，具体需要面对的问题可以在思考题中出现。

二是采用留下问题的方式来结尾。这种写法适合大多数案例，特别适合分析判断型案例，因为这种案例就是要面对问题、解决问题。如：

王总望着窗外街上不断穿梭的车辆，陷入了沉思……讨论会上大家争论的一幕不断地在他的脑海中闪现，销售总监坚持进入新领域开拓市场，而坚持"强化原有主业、力争挤入第一阵营"的执行总裁的观点也不无道理。到底应该将有限的资源投入到哪个方面呢？这成了摆在王总面前的难题。

三是采用自然淡出的方式来结尾。这种方式令人意犹未尽，比较适合综合型案例。如：

刚才还是热火朝天的争论现场，随着会议的结束、参会高管们的陆续离开而安静下来。主持会议的公司总经理王××却没有马上走的意思。他需要整理一下思路，看来坚持进入新领域和强化原有主业，哪一派都不愿意妥协。一切都需要他来决定。……不过，从他离开会议室所迈出的坚定步伐中，不难看出他已经做出了选择。

第二，构建逻辑线索清晰的段落。在段落的写作上，应使段落能帮助学生跟上情节的发展及思路的变化，当内容或话题变化时就应另起一段。段落的划分应该能告诉学生已经完成了某一观点或某一方面问题的论述，而要转到另一观点或另一方面去了。有时为了使段落更加清晰，可以在每段里安排主题句，一般在首句，也可以在段尾或者段中。在句子的写作上，句子太长，句中的概念累积太多，都会影响句子的理解程度，甚至会产生误解。清楚的句子还应当特别注意语法和标点的正确使用，即使用广为人们所接受的"标准语言"。在措辞上，应当尽可能用词准确，使用那些不需要解释、不易产生歧义的词语，少用或者不用模棱两可的词语。还应该注意慎用行业术语、技术术语等。案例的文字越明白、越简练越好，只有这样，才有利于有效地进行交流和沟通。

第三，适当掩饰敏感信息。在案例基本完成时要进行案例的掩饰。掩饰就是要对案例中的敏感信息加以掩盖和装饰，也就是将案例中的一些资料来源匿名化。但无论怎样掩饰，都必须保留问题的核心部分。掩饰的内容主要包括以下几个方面：人物姓名、企业名称、经营和管理数据、某些产品信息、单位地点以及某些特殊的日期等。但无论对哪类项目进行掩饰，都必须从头到尾做得彻底，以保持案例上下文的一致性。对数据的掩饰，通常在原有的基础上进行适当的放大或者缩小，而产品或者服务的修改比较困难，有时会影响情景的真实性。因此，在案例写作过程中往往要制定一套掩饰策略。在进行案例"掩饰"时还要注意，尽量不要将机构的名称改为甲机关、乙公司、丙学校等，也不要使用甲产品、乙产品这样的虚假名称，容易给读者造成不真实的感觉，从而降低其学习的兴趣。使用机构或产品原有名字开头的第一个字母替代即可，如大连造船总公司可以写成 DZ 总公司或 DZ 企业。

另外，在案例内容表述的过程中，还应当注意时态的处理，以及保持案例提供情况的真实性，用好引语。最后一点，在表达案例内容时，不要形成明显的因果关系，也不能显示撰写者的主观立场。

（三）管理案例使用说明的撰写

从案例的完整性来讲，案例正文配上案例使用说明才是完整的教学案例。案例使用说明主要是供案例教学的指导教师使用，故案例使用说明需要对案例创作的教学目的、案例提出的问题、分析路径以及案例正文中未提及的背景信息及注意事项进行较为详尽的阐述。因此，案例使用说明的行文结构要与案例正文描述紧密结合，同时也是案例正文的补充。但案例使用说明主要还是对案例的理论、分析的逻辑路线、案例中所描述事件的结果等加以阐述。案例说明并无权威的约束力，仅供案例使用者备课时参考或教师之间在交流与沟通时使用。

案例使用说明的撰写也应当遵循真实客观的原则，规范的案例使用说明应该包括以下内容：

1. 教学目的与用途

教学目的与用途是指明案例适用于哪些课程、哪些章节的教学，适用于哪类学生等。如果有特定的要求，也要加以说明。

2. 启发性思考题

中小型案例的思考题一般是两个或三个，大型案例的思考题通常在五个以上。要指明案例中需要解决的主要问题和在此基础上概括出的一般性的问题，主要用于引导、启发学生思考。

3. 分析思路

建议遵循逻辑分析路线，点明案例中的主要问题和关键事项。这一部分比较重要，可以为指导教师提供明确的分析路径。

4. 理论依据

理论依据即管理案例分析时所需要的理论支持，也即管理学中的理论知识的再现，是指导学生运用理论进行实践的方法。

5. 背景信息

介绍案例中问题或者事件发生的相关信息，可以是企业信息、主要人物信息，以及案例问题的实际处理过程及后果。

6. 关键要点

关键要点是指从案例中概括出一些一般性规律，可以在案例讨论总结时参考。

7. 建议课堂计划

建议课堂计划即建议某案例使用的章节、学时、学习形式以及某些灵活处理的问题讨论等，为该案例的有效实施提供建议。

8. 参考文献及其他教学支持

参考文献指明了完成案例分析所应参考的相关资料，其他教学支持根据具体案例指定。

案例使用说明一般由案例撰写者完成，因为他们掌握的信息最多，并且有明确的写作意图和使用方法的构想。统一案例也可以根据需要有不止一种的案例使用说明。

第二篇
案 例 篇

第五章 组 织 结 构

学习目的和要求

通过本章专业知识复习和案例学习，更好地理解和掌握组织结构相关理论知识，如组织结构的基本要素及相互关系、了解组织结构的基本类型和特点及组织变革的发展趋势等。通过完成案例作业，思考组织结构变革对组织发展的影响。

一、本章知识点和学习内容

（一）组织结构设计的含义、原则和影响因素

组织概念及相关问题是组织设计的基本内容，包括组织、组织结构的含义以及组织结构设计的多重含义，要明确组织结构设计必须与组织目标相匹配；了解组织结构设计的原则及其影响因素，如战略、环境、技术和组织规模等，重点关注互联网发展对组织结构的影响。

（二）组织结构的形式

组织结构有多种形式，包括直线职能制组织结构、事业部制组织结构、矩阵型组织结构、网络型组织结构和控股型组织结构，要学习和掌握不同类型组织结构的特点和作用。多数中小企业实行的是直线职能制组织结构，而大型跨国公司多采用事业部制组织结构，研究机构和类似组织多采取矩阵型组织结构，网络型和控股型组织结构代表了组织结构的发展趋势。要清楚每种组织结构的特点，了解各种组织结构对组织发展所起的作用。

（三）组织变革与组织发展

在科技高速发展、互联网不断普及、全球贸易保护主义抬头的国际大环境中，组织变革与发展也呈现出许多新特点。应了解由于环境巨变和突变给组织发展带来的重大影响，学习、掌握组织发展与组织变革的辩证关系，重点了解组织变革的发展趋势及组织变革与组织文化的关联等。

二、示范案例

海尔的组织"蜕变"

（一）背景介绍

海尔集团 2018 年 1 月 6 日发布数据显示，2017 年海尔集团全球营业额实现 2 419 亿元，同比增长 20%，利税总额突破 300 亿元，全球经营利润增幅达 41%。海尔收购的美国通用电气家电达到过去十年来的最好业绩，海尔旗下的子品牌"日日顺"价值达到 242 亿元，位列同行业第一名。旗下的卡萨帝业务收入增长 40% 以上，增速是行业平均增速的四倍。卡萨帝万元以上价格链的市场份额 2017 年达到了 35%，比 2016 年提升近 10 个百分点。2017 年 1 月，海尔"DTMB 系统国际化和产业化的关键技术及应用"项目荣获国家科技进步一等奖，这是家电史上获得的唯一的科技进步一等奖。2018 年是样板全面复制的关键一年，也是海尔物联网全面引入的一年。2017 年 1 月 10 日，世界权威市场调查机构欧瑞国际正式签署发布的 2016 年全球大型家用电器调查数据显示，海尔大型家用电器品牌零售量占全球的 10.3%，海尔已经连续 9 年蝉联全球第一。海尔为什么能实现这样的高速发展，变革是海尔发展的主旋律，海尔人将其归结为"人单合一"的管理模式，这是海尔自 2005 年以来，从组织内部推动的深层次变革的结果。

（二）海尔组织的变革阶段

海尔的组织变革主要分为两大阶段：第一阶段是从 1984 年到 2005 年，海尔采用的还是传统的由职能制到事业部制的组织结构，第二阶段是从 2005 年至今，海尔的组织转型有了颠覆性的变革，由事业部制向网络平台组织转变。

1. 由职能制组织结构向事业部制组织结构转变

1984 年是海尔改革的元年，因为这时的企业已经濒临破产，一年之内换了三任厂长，张瑞敏是第四个到企业任职的领导，当时企业已经负债 147 万元。由于企业常年亏损，工厂无法给工人发出工资，员工甚至合伙盗窃厂里的物资，所以，海尔的最初管理是从"不准职工在车间大小便、不准在工作时间喝酒"等 13 条管理条例起步的。正是这种实用、有效的管理手段帮助企业确立了管理基础。这就是 OEC 管理。

OEC 是 Overall Every Control and Clear 的英文缩写，即"日事日毕、日清日高"的工作准则。OEC 管理方法的含义是全方位地对每人每天所做的每件事进行控制和清理，做到"日事日毕、日清日高"，每天的工作质量都要有一点提高。这体现了企业不断进步和持续改进的特点。OEC 管理模式是海尔管理体系的基石。

在此基础上，海尔提出了著名的"斜坡球体定律"。其核心是企业在市场上所处的位置，就如同斜坡上的一个球体，"它受到来自市场竞争和内部员工惰性形成的压力，如果没有止动力，就会下滑。为使海尔在斜坡（市场）上的位置保持不变，就需要止动力——基础管理。斜坡球体理论使 OEC 在管理上的深层含义体现在三个方面：一是管理是企业成功发展的必要条件；二是抓管理要持之以恒；三是管理是动态的。

在 OEC（日清控制）管理模式的具体运用中，海尔有"三个管理原则""九个控制要素"。三个管理原则的主要内容包括：①"闭环原则"。要求凡事要善始善终，以 PDCA 循环，依照 plan（计划）、do（执行）、check（检查）、action（调整）使管理水平螺旋上升。②比较分析原则。纵向与自己的过去比，横向与同行业国际先进水平比，没有比较就没有发展。③不断优化的原则。根据木桶理论，找出薄弱项，并及时整改，提高系统水平。九个控制要素可以概括为 5W3H1S。5W 是 what（何项工作发生了何问题）、where（问题发生在何地）、when（问题发生在何时）、who（问题由谁负责解决）、why（发生问题的原因）；3H 是指 how many（同类问题有多少）、how much cost（造成多大损失）、how（如何解决）；1S 是指 safety（安全）。

为确保海尔基础管理的实施和执行，海尔采取的是惩罚性的管理手段。例如，海尔的车间都设有 6S 型的印台，每天下班开班组总结会，更多的是有问题的员工站在里边，对其进行惩戒批评，或由员工自我检讨。《海尔报》有专门的版面介绍海尔在生产经营过程中的问题，如哪个部门出错，就直接点名批评这个部门的主要领导者。为确保产品生产过程顺畅，规定了许多细节的管理规则，如上班期间不准看报纸，包括《海尔报》。

与此相适应，海尔的组织结构还是传统的形式，由简单的职能制组织结构发展成为事业部制组织结构，管理决策权还是以指挥链的形式体现，但为确保管理执行到位，在监督控制机制和体系方面不断健全完善，甚至从组织文化建设的角度提升到战略层面。如"赛马相马理论""海豚式升迁"等都是旨在鼓励员工做出业绩。干部能不能干，不是领导说了算，而是制定规则，组织他们开展竞赛，采取"积分升级"的形式，同时，干部也不是终身制，而是像海豚一样，能上能下。由此促进了海尔的大发展：公司由 1984 年负债 147 万元，到 1997 年销售额超过 100 亿元，2002 年销售额超过了 700 亿元，再到 2004 年，销售额超过 1 000 亿元，发展成为国际家电市场的佼佼者。海尔也由一个地区品牌、中国品牌发展成为国际品牌。

2. 由事业部制组织结构向平台型组织结构转变

自 2005 年开始，海尔尝试进行组织结构的转型。组织变革的核心是要消除企业与客户间的距离，进而使企业适应互联网时代的发展，同时还要最大限度地调动员工的积极性和赋予其自主精神，这就是"人单合一"的管理模式。

《海尔转型：人人都是 CEO》的作者曹仰锋认为："人单合一"管理模式中，"人"是具有自我管理、自我创业精神的员工，"单"即用户价值。"人单合一"管理模式的目标是让每一位员工都在不同的自主经营体中为用户创造价值，从而实现自身价值，那么最终企业价值和股东价值都将得到体现。在这里，要领会"人""单"与"合"的含义。

首先是"人"，人是管理的起点，也是一切管理的前提。从海尔的"人单合一"演变过程来看，其核心就是变革"人"、发展"人"，挖掘每位员工的活力和潜力。这里的"人"已经不仅仅指海尔内部的员工，也包括海尔外部具有创业精神的人，即"全球创客"。"人单合一"的管理模式对"人"在管理中的角色和作用进行了重新定义，从传统的"被动执行者"转变为"自我管理和自我创业"，"让每个人都成为自己的CEO"是海尔变革的终极目标。

其次，是"单"。"单"就是用户价值，只有对用户有价值的，才能够称之为真正的"单"。衡量"单"的质量高低的唯一标准就是创造用户价值的大小，给用户创造的价值越大，"单"的质量就越高，"单"自身的价值也就越大。这里的用户，既包括海尔的外部用户，也包括海尔的内部用户。

最后，是"合"。在"人单合一"中，"合"有三种形式。一是把每位员工与其用户所需要的价值匹配起来，消除员工与用户之间的距离，与用户距离越近，就越能识别用户的需求，越能够创造出用户认可的价值；二是把"单"的大小，即目标大小，与资源匹配起来，承接的"单"越大，所获得的资源和支持就越多；三是把每位员工所创造的价值与自己的利益匹配起来，完成的"单"的价值越大，个人得到的报酬和利益就越多。

"人单合一"管理模式的实施需要实现三个转型。一是企业的转型。把原来"金字塔"式的科层组织结构变成一个网络型的组织结构，由自我为中心的封闭系统转变为互联网上的节点。二是员工的转型，员工由原来的雇佣者和执行者变成创业者和合伙人，鼓励员工自创业、自组织和自驱动。三是用户的转型。把企业面对的顾客转变为客户。因为顾客是一次交易即终结，而客户是企业的长期甚至是终生服务对象。企业从客户那里可以了解其对产品的需求、使用习惯和体验、感受，与客户一起设计产品、生产产品以及为客户消费产品提供再服务。

从海尔三十多年的成长过程来看，海尔的这种转变是有基础的。海尔一直在内部推行员工自主创业和创新，如早期的一线员工自主班组管理与SBU管理模式的事业部管理，而自2005年开始推行的自主经营体，将每一位员工都纳入创新体系中，每个人都要成为自己的CEO。

组织层级的减少使企业开始了"人事地震"。组织结构改革前，海尔中高层管理者的职位级别从7级开始，7级管理者达到5 681人，8级是1 141人，9级为320人。改革后，领导职位数量大幅度减少，大批的管理干部被"扁平化"到一线，直接面对用户，也有一些干部因不能适应组织变革而被淘汰。

在"管理无领导"模式下，海尔开始探索"自演进机制"，包括"高单自生成机制""人单自推动机制"和"单酬自优化机制"。到2012年年底，海尔共有2 233个自主经营体，海尔集团当时有员工8万多人，这样平均每个自主经营体的人数为30～40，也有更少的。自主经营体中包括"体长"和"成员"，"体长"类似团队经理，其内部结构也是倒三角组织，"成员"在上，"体长"在下。"体长"的主要职责是为"成员"提供支持和指导。

到2013年，在自主经营体的基础上又衍化成"小微"企业，有平台主、"小微"主和

"小微"成员三类角色。"小微"是为用户负责的独立运营主体，拥有决策权、用人权和分配权。"小微"和平台之间是"市场结算"关系，平台报酬源自"小微"，平台的作用是为"小微"提供资源的支撑。在海尔创业平台上，其孵化的小微企业获得 A 轮融资的比例达到 48%。

（三）平台型组织结构的特点

1. 打破传统的组织内部的管理层级，架构小微企业、供应商和创客的平台

海尔变革领导模式的前提是实行高度扁平化的组织结构，即从"正三角组织结构"变革为"倒三角组织结构"，再变革为"网络组织"，这样组织层级就不断被压缩，组织的"垂直边界"逐步被打破。海尔变革后的组织结构如图 5 - 1 所示。

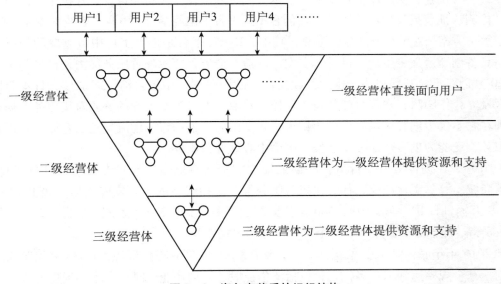

图 5 - 1　海尔变革后的组织结构

海尔的网络平台具体包括海尔的"1 + 7"平台架构：

"1"是"U +"智慧生活平台。它不仅将家庭生活中所用的产品连接起来，实现互联互通，还将接入相关内容和服务，最终目标就是为用户创造智慧生活体验。

"+1"是用户定制交互平台——众创汇。它能够实现用户参与设计、参与制造；在交互过程中，所有设计资源和模块商资源共享；可以实现可视化和用户的零距离交互。

"+2"是即时营销平台。这主要是指传统意义上的渠道向 O2O 模式的转型，通过这个模式转型获取用户流量，实现用户的流量转化和口碑的传播。

"+3"是开发创新平台——HOPE。全球的研发资源可以无障碍进入，直接满足用户的需求，实现用户需求的快速转化。

"+4"是模块化资源平台——海达源。海尔对原有供应商提出模块化升级的要求，具

备模块化能力的供应商才能进入海达源平台。供应商在平台上能够直接看到用户需求，根据自身能力和兴趣自抢单、自交易，围绕特定需求与海尔内部的"小微"共同组成一个开发用户体验解决方案的利益共同体。

"+5"是智能制造平台。这主要是指海尔智能互联工厂。

"+6"是智能物流平台。这里包括日日顺物流。

"+7"是智能服务平台。这里包括 17 000 多个社区服务中心。

上述平台模式随着海尔业务的发展，也在不断整合扩展。例如，成立于 2014 年 7 月的海创汇平台，就是将分属于"1+7"平台模式的许多业务模式进行整合。海创汇共有六大功能：创客服务、创客工厂、创客金融、创客空间、创客渠道和创客学院。到 2016 年，在海创汇为创客们搭建的在线服务平台上，已经聚集了成为资源服务商的 5 000 家企业。其中的创客工厂为创客提供产品器材采购、技术寻源、外形设计、功能设计、样机生产、小批量试制、检测认证、批量生产等服务。在创客工厂平台上已经整合了 6 000 名技术专家、8 000个技术解决方案、2.5 万个供应链资源，其中，HOPE 平台是创客工厂中最重要的资源整合平台，具备创新定义、生产、设计、研发、制造等全流程资源配置服务能力，已经与国内外超过 20 家创新平台开展战略合作，并在美国、欧洲各国、中国台湾、新加坡、日本等国家和地区设立合作团队，实现全球新技术监控、获取、引入等全流程的资源对接服务。创客渠道表现在它不仅为创客提供线上微店销售、线下门店渠道销售、物流配送、仓储、营销和品牌等服务，还能为创客产品提供维修、电话中心等外包服务。

2016 年，在创客渠道平台上，海创汇集合的资源有顺逛、海尔专卖店、日日顺物流、日日顺商城、海尔文化产业、社会化售后服务等，包括线下的 3 万家专卖店、线上 14 万家微商，9 万辆日日顺"车小微"，500 家县区配送服务公司，3 400 条配送线路，2 万名售后服务人员等，平台还开放了 1 000 个主流媒体的对接资源。

到 2016 年年底，海尔创客金融平台集聚了 3 600 家创业孵化资源，1 333 家风险投资机构，创投基金规模达到 120 多亿元，包括清华控股、同创伟业、凯杉资本、天创资本、达晨创投等。为了在融资上大力支持创客，海尔集团直接投资成立了"海融易"，于 2014 年 12 月上线，其定位是互联网金融科技平台。截至 2016 年 6 月底，交易额突破 123 亿元，每月交易额增速超过 70%，所有项目 100% 到期兑付，已经为超过 208 万用户提供了安全可靠的理财产品。

2. 打破海尔外部的协作体系，建设"无疆界"组织

网络平台的建立，打破了传统的上下游产业链的关系和协作体系，真正实现了海尔的开放式创新。截至 2016 年，海尔已经形成了数百个网络接口，通过 600 多个云交互网络入口，吸引用户深度参与产品前端个性化设计。每天有超过 100 万名活跃粉丝参与海尔产品的互动，通过大数据平台，平均每天产生有效创意 200 多项，全年产生 7 万多项有效创意。而创新平台则是与世界一流研发资源深度交互，做到并联快速产品开发。同时，这个平台也实现了与供应商的深度交互，采取模块化解决方案，平台端的日日顺物流就集聚了 9 万多辆车，

18 万名服务人员。

例如，2012 年 12 月，海尔推出婴儿家电解决方案。因为全国每年有 1 800 万新生儿，这吸引海尔进入了婴儿家电市场。按照企业改制的思路，海尔没有像过去那样，用事业部的形式，去做产品向市场推销，而是成立了海尔婴儿家电利益共同体，要为妈妈们提供一条龙的解决方案。他们决定和国内最大的母婴在线平台——宝宝树合作。宝宝树平台的精准用户超过 1 000 多万，每天的流量为 90 多万用户，海尔搭建了一个虚拟网络平台"优知妈咪汇"，和宝宝树实现了用户资源的共享。妈妈们在"优知妈咪汇"里提的问题，会同步传到宝宝树，在线互动活动每天吸引了几十万名妈妈来参与讨论。通过讨论，海尔婴儿家电利益共同体了解到妈妈们最关心的是孩子的健康和喂奶的方便，其中，对于调奶问题的反馈是最多的，如"调奶不方便""调奶器要有刻度""调奶需要恒温，不产生气泡"，等等。于是，一个恒温调奶器的创意便产生了，很快海尔就生产出了恒温调奶器。因为整个产品开发过程都是在网上公开的，该产品在讨论过程中就受到了 560 万用户的关注，产品还没上市，便有了 3 万用户的预约订单。

创客空间主要以员工交互为主，如电子损益表、电子人单酬表等。电子损益表主要是经营体战略目标和资源的协同，反映经营体目标完成情况，以及与第一竞争力目标的差距；电子人单酬表则以人为索引单位，全面展示每位员工的收入、费用、薪酬状况等，通过分析"预酬"和"结果酬"之间的差距，制定闭环优化措施。创客空间聚焦于每个人每天的工作任务完成情况，它以个人为分析单位，帮助员工找到战略和执行之间的差距，提出改进方案，实现日清日高。

3. 具有闭环的网状组织特征

海尔为了提高组织边界的穿透性，自 2006 年起在组织结构上进行了两次重大转型。第一次是从传统的"正三角组织结构"变为"倒三角组织结构"；第二次转型是从"倒三角组织结构"转型为"节点闭环的网状组织"，前者历时将近 7 年，后者于 2013 年启动。海尔网状组织包括两个基本的网络——外部资源网和内部节点网。"节点"是一个基本单位，是指自主经营体。

海尔网状组织有四个基本特征：平等、开放、分权和动态。

首先，在组织中，各个节点之间的位置是平等的，它不同于传统的部门由于职责和权力的不同而带有不平等的色彩。各个节点通过连线来连接，本质就是"单"，即目标和任务，节点之间彼此互为用户。和倒三角组织结构相比，网状组织更进一步打破了海尔内部的"水平边界"，增加了内部的协同性。

其次，海尔的外部边界是高度开放的。每一个节点都可以和外部的资源网发生关系，并产生合作，此时的组织边界已经高度模糊。

再次，各个节点类似一个"微型创业公司"，具有高度的决策权、分享权等。权力的极度分散使得管理层级和垂直边界几乎消失。

最后，内部的节点网络是高度动态的，类似一个蜘蛛网的模式，并具有自我修复能力。

【资料来源】

［1］王钦．人单合一管理学：新工业革命背景下的海尔转型．北京：经济管理出版社，2016.

［2］胡泳．张瑞敏如是说．杭州：浙江人民出版社，2004.

［3］曹仰锋．海尔转型：人人都是 CEO. 2 版．北京：中信出版社，2017.

【问题】

1. 海尔组织变革的每个阶段的特点是什么，其共性有哪些？

2. 海尔"人单合一"管理模式的本质是什么？对组织变革有哪些贡献？

3. 海尔平台型组织的基本特征是什么？

【案例分析】

1. 海尔组织变革的每个阶段的特点是什么，其共性有哪些？

在规模经济背景下，层级组织结构具有纪律性强、精准和高效的特点，符合大规模生产的要求。但在互联网时代，面对用户个性化、碎片化和快速变化的需求，用户信息层层上传和下达的组织管理模式已经无法适应市场需求，同时层层传递的信息损耗以及管理层级之间的博弈问题使科层组织的负面效应不断放大。

海尔自 1984 年开始进行组织变革，在当时是求生存，需要变革，但在组织结构设计上还是采用传统的科层组织结构模式，采用指挥链的职权体系，从上到下进行惩罚式管理，快速改变了当时企业的混乱状态，强有力的职权体系确保了政令畅通、执行到位，海尔在 20 世纪 90 年代推行的 OEC 管理、斜坡球体定律、海豚式升迁、赛马相马理论等，都是基于此，也因此，在当时许多企业之间还是通过价格战进行竞争时，海尔就已经开始了品牌化战略。在随后的发展中，海尔又开启多元化战略和国际化战略，为海尔在互联网时代转型为网络型企业奠定了基础。

进入 21 世纪，互联网的高速发展，特别是中国市场由于移动互联网的快速发展，为企业零距离接近客户提供了可能。在客户为王的时代，谁抓住了客户谁就争取到了主动，占有了市场先机。海尔自 2005 年开始推行"人单合一"的管理模式。

这两个阶段的组织变革虽然看起来大相径庭，但是，有一个核心点是共同的，那就是以客户为王，零距离接近客户。同时，这两次的组织变革又都能最大限度地调动员工的积极性和主动性，甚至达到今天的自我创业和自我管理。

2. 海尔"人单合一"管理模式的本质是什么？对组织变革有哪些贡献？

"人单合一"管理模式包括九个核心要素，分为三个层次，如图 5 - 2 所示。

第一层次为运营体系，主要包括四大要素：用户价值、全球创客、预实零差和用户付薪。

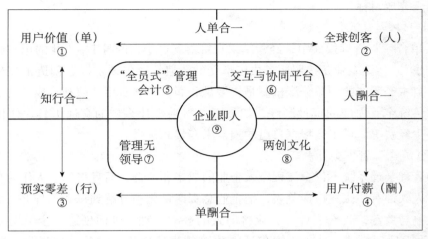

图 5 - 2 海尔"人单合一"管理模式

第二层次为支持平台和运营环境，即运营平台，它主要包括："全员式"管理会计、交互与协同平台、管理无领导、两创文化。

第三层次是经营哲学，包括企业即人，这是"人单合一"的灵魂。

以下主要介绍前几个要素：

（1）用户价值。

用户价值是双赢模式的首驱力，也是运营的出发点，同时也是每个自主经营体或小微企业的战略目标。对此，海尔开发出一系列步骤、措施与工具来指导目标制定和实现，这里涵盖了战略定位、战略机会、战略路径、战略目标、资源支持、"三预"（预算、预案和预酬）保障。

（2）全球创客。

海尔的企业孵化平台面向全球创客开放，"人"就是指全球创客。自主经营体或小微企业是海尔"人单合一"管理模式的核心和组织载体，也是基本创新单元。自主经营体拥有人权、分配权和决策权以及独立核算的报表。每位员工都必须进入自主经营体，而财务、人力等职能部门，他们要提供资源，把自己由后台变为前台。小微企业是自主经营体发展和演变的"升级版"，它是一家独立的企业，在海尔平台上共生发展。在 2012 年 6 月，海尔将 8 万名员工变成了 2 233 个自主经营体，改变了海尔原来的事业部制组织结构，打破了传统的层级结构，全员都面向市场。比如营销，原来有负责全国、省市和各县的层级，现在只有一层。

（3）预实零差。

预实零差是指预算和实际之间零差距，日清表是预实零差体系主要的管理工具。海尔通过建立信息化的日清平台，包括短信日清平台，帮助员工形成每天的预算并进行日清总结提升，每天产生的收益和差距会以短信的形式通知员工，并提供产生差距的原因分析和相关建议，帮助员工完成目标。

（4）用户付薪。

在"人单合一"管理模式中，经营结果直接落到每个人的身上，"我的用户我创造，我的增值我分享"。传统企业是按照职务决定享受的待遇，海尔则是根据创造了多少用户来决定开销。对自主经营体的利益分配机制是：缴足利润，挣够费用，超利分成，自负盈亏。这样就打破了传统企业内部的审批制度，如员工办事乘坐什么样的交通工具、住什么样的宾馆、花费多少经费等，员工会根据自己的损益来衡量和选择。

（5）"全员式"管理会计。

海尔的管理会计系统不仅全流程融入企业的战略和运营，而且将每个人作为自负盈亏的创新单元，人人都有一张战略损益表，把企业总资产量化和分解到每个人身上，员工以此衡量自身的收益与效益，改变了传统企业科层式的被动管理，进而创造了全员主动参与式的（财务）效益管理新模式。此外，海尔还强化财务管控模式、财务业务流程、财务组织结构、财务运营机制的创新，颠覆了传统事后算账的模式，通过提升财务分析和管控地位，实现管理创造价值。

（6）交互与协同平台。

交互与协同平台的核心功能包括：虚实交互平台、开放式创新平台和供应链信息平台。这些平台以用户为中心，聚焦于和用户深度交互并整合全球资源，如虚实交互平台聚焦于"与用户深度交互，丰富产品设计创意"。员工可以通过信息化平台与用户互动，及时识别和发现用户需求。同时，企业也能够通过信息化系统及时掌握每一个自主经营体的绩效和问题，通过提供资源和专业服务来帮助其达成目标。

（7）管理无领导。

在海尔人看来，传统的层级式和集权式领导模式限制了每个人的独立意志，压制了每个人的创业和创新精神，海尔要提倡和实施的"管理无领导"。这并不是要消灭一切领导者，而是要改变传统领导模式下"领导者和追随者"之间的关系，要创造一种适合网络组织的新型领导力模式。

与此同时，海尔还从职位称呼上消除领导者的痕迹。在海尔，除了以张瑞敏为核心的几位高级领导者，其他管理者都被取消了传统的称谓，代之以"体长""接口人"这样的称呼。海尔试图通过"去官衔化"建立一种平等文化，让每个人不再像传统的组织那样关注自己的官衔和地位，而要关注客户的需求，关注如何更好地响应客户需求。

3. 海尔平台型组织的基本特征是什么？

海尔打造的平台型组织具有六个基本特征：

（1）"节点"替代传统的部门和职位。

在海尔已经没有了科层组织中的部门，所有组织中的生产、营销、研发等一线部门以及人力资源、财务等职能部门，都是一个自主经营体或者节点。节点也不同于职位，节点是动态的，其存在的基础是"单"。因此，每个节点都需要明确自己的用户，把用户需求转化为自己的"单"，然后根据"单"的完成情况拿到自己的薪酬，所以被称为"人单酬"，职位是相对稳定的，和组织功能相关，而传统的组织是根据职位确定任职者的薪酬。

（2）"契约模式"替代传统的"命令—控制模式"。

在海尔，各个节点之间的关系是"契约关系"，消除了职位层级。在"节点机制"中，各个节点的关系是一种平等关系，相互服务和相互增值。

（3）"用户驱动"替代"领导驱动"。

在海尔，用户不仅包括购买者，还包括资源提供者。海尔的所有员工都是靠"单"的完成情况，由用户来发薪。财务、人力和战略等部门称为支持平台。企业最高层领导者从"正三角"的顶端颠覆到"倒三角"的底部，从发号施令者变为资源提供者。

（4）"双向权力链"替代"单权力通道"。

在科层组织中，用户和一线员工对决策者权力的影响微乎其微。权力集中在各级管理者手中，并随着职位层级的升高而越来越大。因此，企业的监督制衡机制对最高领导者的约束也十分有限。海尔的"人单合一"的平台型组织，建立了源于用户的"倒逼评价体系"，这主要体现为用户评价企业的权力，又通过用户倒逼一线经营体。

（5）目标重构，从"他驱动"到"自我驱动"。

在传统组织中，员工目标的制定过程就是管理者和员工之间博弈的过程。但在海尔"倒三角"管理体系中，建立了一种"自我驱动"机制，每个自主经营体都需要为自己制定"第一竞争力"目标，只有这样，他才可能得到一流的支撑和薪酬，否则，就有可能被其他自主经营体兼并甚至被淘汰。

（6）领导力重构，官兵互选。

在传统的组织中，领导者是由组织任命的，而且一旦占据某个位置就很难下来。在海尔"倒三角"组织中，只有平台主、体长和小微主、小微成员以及创客等，他们之间都不是传统意义上的领导和被领导的关系，相互之间完全靠契约或者网络的节点联系。

许多人认为"人单合一"管理模式是海尔独创的一个新概念，但实际上它已是互联网时代新型的组织模式，可以比肩"福特管理模式""通用管理模式"和"丰田管理模式"；它不仅有模式建立的哲学和管理学基础，还有其实用有效的操作工具和管理方法。

三、案例作业

产品质量问题频发——谁之过？

2017年5月12日，是SH精工公司品保部经理王浩刻骨铭心的一天。这一天不仅是中国汶川大地震九周年纪念日，也是公司产品品质问题集中爆发的一天，是让王浩心力交瘁、身心俱疲的一天。在这一整天中，王浩办公桌上的电话铃声和手里的手机铃声几乎就没有停歇过，有10位客户打电话过来投诉公司产品精密度不达标，有两位客户打电话过来反映公司产品的生产规格与他们的要求有出入。一家与SH精工公司保持了5年多良好合作关系的汽车生产企业的总经理甚至直接打电话给公司的刘总经理，质疑公司的生产能力和产品品质保障能力。刘总经理高度关注这一事件，亲自打电话给王浩，让王浩对这一情况做出翔实的书面说明，并即刻与这家汽车企业沟通，了解公司产品出现质量问题的具体原因。通过沟通与详细的了解，原来是该公司生产的一款螺丝产品出现了质量问题。

这家汽车配套企业生产组装用的各种汽车零部件，任何微小的品质问题都会造成无法预计的后果。SH 精工公司提供的这一批次螺丝，汽车企业在进行组装和试验的时候，总共组装了 1 个班大约 3 000 PCS 的产品。但在进行产品试验的时候，由于公司供货的螺丝被包胶，导致汽车企业进行组装的其他产品无法通电，3 000 PCS 的产品全部作报废处理。按照之前与汽车企业签订的相关合同，SH 精工公司必须按照 1 : 3 的比例进行赔偿，也就是按照原来产品单价 10.3 元的三倍即每件产品 30.9 元赔款，公司共计需要向汽车企业赔偿 92 700 元。更为严重的是，汽车企业直接把下一年度将近 80 万元人民币的订单撤单，这对于公司造成的损失是非常大的。当然，这还仅是短期的损失，在之后的几个月内，公司的其他国内客户通过各种途径了解到企业品质问题频发的消息，也相继撤单，金额超过 100 万元人民币。

（一）初创期的产品

SH 精工公司属于新加坡独资企业，成立于 2002 年，注册资金 150 万美元，主要从事 3C 连接器、汽车配件、工业电器、医疗配件等产品的注塑模具制造和产品加工。经过十多年的发展，公司生产工艺日趋成熟，凭借高质量的产品、良好的信誉，公司已成长为行业中的佼佼者，尤其是在产品质量方面，经过全体员工的不懈努力，公司在 2005 年就顺利通过了 BV（Bureau Veritas，必维国际检验集团）的 ISO 9001：2000 以及 ISO/TS 16949：2002 认证。公司现存客户很多都是诸如德国西门子公司、美国楼氏电子等世界 500 强企业。能够得到这些客户的订单，关键在于公司自成立之日起高层领导者就非常重视产品品质。为了提升产品品质，公司首先在全体员工当中开展一系列产品质量方面的培训，增强全员的产品品质意识。其次，在设备的更新换代方面，公司一直是舍得投入的。最后，公司成立了专门的品质部门，品质部门在每批产品出货之前，都会进行不少于 3 次的检验，以此达到 0 不良率出货。公司在产品品质方面付出了很多的努力，其效果渐显——十多年中积累了一批忠诚客户，每年这些客户的固定订单价值就达到了 6 000 万~7 000 万元。王浩是 2004 年进入公司的，入职时的岗位就是品保部经理，他在这一岗位上一干就是 13 年。原先公司规模不大的时候，王浩做得游刃有余，当公司发展到现在的规模时，王浩感到有些力不从心。

（二）公司产品品质问题持续发酵

在这之后的几个月中，针对公司产品品质问题频发这一现状，公司领导层给予了高度重视，专门召开会议，由各部门经理商讨解决这一问题的具体对策，之后也出台了相关的保证产品品质的一系列措施，新的管理举措在实施一段时间之后的确有效果，客户对产品品质的投诉率有所降低，这让忧心忡忡的王浩稍稍松了一口气。但没过多久，经过公司品保部检测后发到客户那边的一批产品，客户方的 IQC 检验的结果是不合格，不合格的原因竟然是产品发脆、易断，这样的产品是客户无法接受的，客户要求将这批次产品（将近 3 万个）全部报废。

面对这种状况，公司副总要求品保部尽快查找出具体的原因。王浩和品保部的同事经过几个日夜的努力后发现，是由于生产这个产品的原材料在生产过程中，配方中的一种原料少了 20% 的配比，但是，该原材料入库的时候，品保部以及技术部并没有注意到这批原材料的异样，加上产品在生产时操作人员没有认真检查，巡检人员也并未发现这个产品易脆、易断。这一结果让王浩大跌眼镜，感叹原先在员工身上的品质意识和责任意识都到哪儿去了。

找到原因之后，公司要求注塑车间进行保养磨具开机生产，先把客户短缺的这 3 万个产品补足，尽量做到让客户满意，避免由这批产品品质缺陷引起的客户不满导致客户的流失。但此事仍暴露了公司员工放松质量意识所导致的品质问题以及交货达成率不高的风险。

这个问题解决没多久，公司生产的电器连接器又出了质量问题。电器连接器是出口到菲律宾的一家汽车企业，每次出货 400 个，连续两个礼拜出现将近 100 多个不良品，这样的不良率简直令人咋舌。如果不报废，企业必须进行修理，这无疑是进行二次操作，会浪费公司的产能以及人工，而且进行修理会直接导致客户后续下单量减少 10 个百分点。

（三）产品品质问题频发的根源

在经历上述一系列的产品品质事故之后，公司高层已经意识到，如果再不解决产品品质问题，公司会在不久的将来陷入经营困境。因此，公司成立了以刘总经理为组长的产品品质调查小组，期望找寻到影响产品品质的具体原因。为此，调查小组展开了对公司项目部、生产部和品保部三个部门的调查和走访工作。

1. 对项目部的调查和走访

调查小组在对公司项目部的调查和走访中发现，在汽车车用无线耳机这个项目的开展过程中，项目部成员仅仅看到了汽车车用无线耳机这一项目能够给公司带来的利润，而对产品容易包胶的问题没有给予高度的重视。

2. 对生产部的调查和走访

调查小组同时对影响产品品质的另外一个部门——生产部做了深入细致的调查和走访。在调查过程中同样是问题重重，比如，生产部在生产有螺栓产品的时候，由于生产设备是半自动的，至少需要两名操作工，一个操作工放螺栓，另一个操作工对产品进行实时检验，并且在这些员工到岗之前必须对其进行系统的培训并有相应的配套考核标准，考核合格之后才具有正式上岗的资格，生产部在现有的质量管理文件中对这一产品的生产过程有非常明确的规定。调查小组发现，这一规定并没有真正落实下去。毕竟螺栓包胶这一问题应该会在螺栓一开始生产的时候就会出现，而不是等到螺栓产成品发送到客户那边才被发现包胶。这一产品品质事故的出现，除了机台员工，生产部专门配备的检验小组也负有不可推卸的责任。这些小组的成员以及小组长，都是在公司工作了将近7年的老员工，对所有产品的生产流程和品质标准都很熟悉。

3. 对品保部的调查和走访

质量调查小组还对王浩所在的品保部展开了详细的调查。在大部分公司，品保部对产品品质管理是有一定的权威性的。就像那个易脆的产品，品保部为什么没有检测到？就品保部目前的人员规模和人员结构来说，完全有能力避免以上质量事故的发生。品保部经理王浩每天都会安排相应的巡检人员对生产中的产品进行定时的检验，基本上做到了一个小时检验一次。除此之外，王浩还安排品保部人员对机台成品、半成品、产成品，包括废料等，都进行检验。

调查小组在对这三个涉及产品品质的主要部门展开调查之后，最终并没有找寻到公司产品品质问题的产生根源。品保部经理王浩依然每天在战战兢兢、如履薄冰的状态下工作着，有时甚至会冒出离职的想法。

【资料来源】

改编自国家开放大学2017年工商管理案例设计与分析大赛作品。

【问题】

1. 请分析产品品质问题对 SH 精工公司发展的影响。
2. 请结合案例，提炼该企业产品出现品质问题的具体原因。
3. 如果你是该公司的品保部经理，你会怎样做？

第六章 战略管理

学习目的和要求

通过本章专业知识复习和案例学习，更好地理解和掌握战略管理理论的重点内容，包括战略管理的含义、战略管理过程、战略发展类型及战略分析方法。通过完成案例作业，思考战略模式与企业成长的关系。

一、本章知识点和学习内容

（一）战略管理的概念

了解从资源控制论、环境影响论、组织控制论和产业决定论角度分析组织战略与战略管理的内涵和特点；掌握和了解组织战略的特征、战略构成要素和战略管理定位等相关概念与关系，提高对组织战略基本问题的认识。

（二）战略管理过程

学习和掌握战略管理过程的内容，包括明确组织的战略使命，进行组织战略分析，确定组织的战略选择，以及组织战略实施和战略控制。其中，战略分析部分是重点，需要学习和掌握影响组织战略发展的内外环境分析、产业分析和竞争对手分析等内容。

（三）组织发展战略类型

组织发展战略类型是本章研究的重点。组织发展战略有四种类型：一是职能层战略，如市场营销战略、财务战略、人力资源战略等；二是事业部层战略，如成本领先战略、差别化战略和集中化战略等；三是公司层战略，主要有稳定型战略、增长型战略和紧缩型战略；四是国际战略与全球战略，包括本土复制战略、多国本土化战略、全球战略和跨国战略等。

（四）战略分析方法

战略分析方法对于组织发展战略分析和研究十分重要。战略分析方法主要包括：SWOT

分析法；市场吸引力投资组合模型；波士顿矩阵法，又称业务组合模型；产品的生命周期分析法等。这些方法在案例分析中也很有价值，需要熟练掌握。

二、示范案例

万科的战略转型

（一）万科的概况

万科企业股份有限公司（简称"万科"）成立于1984年5月，由前任董事长王石创建，现任董事长为郁亮，是目前中国最大的专业住宅开发企业之一。万科1988年开始进入房地产行业，1991年在深圳证券交易所上市，经过20多年的发展，业务覆盖50多个城市，2017年实现销售额5 000多亿元，销售规模位于同行业第二位，也成为房地产行业和物业服务的知名品牌。

（二）万科的战略转型之路

万科自成立起发展至今的历程可以分为三个阶段，其间经历了两次大的战略转型。

1. 多元化战略（1984—1992年）

20世纪90年代中期，万科的主营业务包括工业生产、房地产、对外贸易、文化传播四大内容。万科在这个发展阶段实施的是多元化战略，当时的万科拥有24家子公司，经营的业务内容多种多样，涵盖饮料和食品加工、影视文化娱乐、商业咨询与贸易、广告（印刷）设计、物业管理、房地产开发与经营等。这一时期的万科在确立了多元化发展战略的同时，开始考虑做大做强房地产业务。一方面是由于房地产业回报率较高，二是由于中国房地产开始市场化，发展潜力巨大。经过几年的发展，1991年，万科在深圳证券交易所上市。到1992年，万科仅地产经营方面的业务种类就很多，既有工业厂房建设，又有民用住宅开发，同时也进入商业地产领域。业务不断扩大，却始终没找准自己的定位，还处于"哪有项目到哪干，哪有合作方就在哪开展业务"的模式。不过可以确定的是，其地产业务所取得的利润是所有业务类型中最高的，地产业务的营业收入占当时万科营业收入的5%，但其所贡献的利润占到了20%。而随着万科的发展，其在多个领域的业务并不稳定，利润也时高时低。多元化发展的不稳定和难以持续，让万科面临着第一次战略转型。

2. 专业化战略（1993—2013年）

在1993年，万科已经形成了以房地产为主导的业务架构，集团下属全资企业达29家，合资合作企业达25家，分布于全国各地，管理跨度不断增加。王石经过慎重思考，决定放弃发展综合商社的目标，确立了以城市住宅开发为主要业务的专业化经营战略。在万科的股东大会上，当万科管理层宣布将房地产业务作为公司的主营业务，要在合资公司中将非房地产业务卖掉时，遭到了其他股东的一致反对，因为他们更看中回报，但万科仍然坚持专业化的发展方向，并最终说服了股东。在随后的几年里，万科合并了贸易公司，并先后转卖了处于良好盈利状态的供电厂和印刷厂，将国内最大的怡宝蒸馏水生产厂转让给华润，盈利很好的万佳商业也转售他人。通过一系列的整合，万科回笼了大量资金，逐渐退出了与房地产不相关的产业。

这一期间，万科发展的战略重点是：在向房地产业转型的同时，大打品牌战略，力求成为中国一流的房地产开发商和物业服务商。1993 年，万科专注住宅项目后，在集团的公司年会上，王石就提出了"质量是万科地产的生命线"的口号，提出要在选项质量、建造质量、发展商和客户关系质量上实现全面提升，力争成为行业的佼佼者。

首先，塑造住宅产品开发品牌。在住宅产品开发方面，他们采取了以下战略方针：第一，注重城市住宅开发。万科的管理层认为，城市中产阶层消费群体不仅增长迅速，也是消费能力最强的群体，针对中产阶层开发的城市住宅是最有发展潜力的。万科牢牢地抓住了城市白领的消费需求，使其成为自己的核心客户。第二，加强规划设计。万科创新性地引入了国外的建筑设计思想，抛开老旧的兵营式房屋排列方式，一方面降低了容积率，另一方面也营造出大量的绿化空间。第三，持续创新。万科的产品一直都处于不断创新的状态。

其次，打造物业管理品牌。万科主要有以下几种物业管理模式：第一，住宅设施配套完善。万科深知，消费者购房看中的不仅是房屋结构，更注重生活设施的配套，万科为住宅提供的配套设施所花的心思，一点都不亚于住宅设计。比如，在小区周边投资建设幼儿园和学校。第二，服务专业化、人性化。万科以提供最安全、最干净、最舒适的小区环境为己任，针对用户关心的问题做了大量的工作，使业主能够享受到高品质的小区生活。第三，建立社区文化。良好的社区文化可以提升社区居民的素质，也可以使他们对于社区产生归属感和认同感。第四，规范运营。万科物业管理如同企业管理一样规范，拥有国际化的管理水平，这可以保证其提供专业、优质的客户服务。

最后，塑造企业品牌。经过多年的发展，万科已经成为房地产企业上市公司的龙头，其品牌形象深入人心。万科品牌定位在中高收入人群，主要是城市白领群体。另外，还有专门为富人推出的超高端住宅产品。前者为主，后者为辅。

这一时期，万科的战略调整包括三个方面：一是多元化经营向房地产的集中；二是多元化产品住宅向大众住宅集中；三是全国各地分布的公司向北京、上海、天津等大城市集中。但转型之初，在万科的房地产业务中，写字楼项目占比达到 75%，住宅仅占 25%。万科又下大力气，通过各种方式，将写字楼项目置换或者建成后转售，逐步向住宅主业集中。与此同时，为确保转型成功，万科利用上市公司的优势，将 1993 年发行股票和 1997 年、2000 年增资配股所募集的资金向住宅项目大力倾斜，2002 年，公司发行债券，又为当时的万科提供了充足的资本金。源源不断的资金，有效地保证了企业在房地产业务扩张时对资金的需求，为后期万科的快速扩张打下了基础。

3. 专业化与多元化相结合（2014 年至今）

由于长期在住宅市场开发领域保持了较高的专业化程度，万科在房地产市场上取得了巨大的成就。随着城镇化环境的进一步变化，万科意识到，随着城镇化发展速度的改变，住宅市场发展面临着相应的困难。与此同时，中国的人口环境和经济环境也在相应发生着变化，依旧传统地、单一地依靠住宅开发是否能立于市场不败之地，成为企业发展过程中必须思考的问题。因此，从 2014 年万科总裁郁亮正式宣布"打造城市配套服务商"开始，万科又进行了新一轮的转型。

转型前的万科专心做"住宅地产商"，而转型后的目标是"城市配套服务商"。过去关注房子的生产和销售，现在转移到对客户需求的满足，并通过跨界合作提升服务质量，从房地产转向产城融合方向。一方面，万科在住宅领域继续加深专业化的程度；另一方面，万科将加大物业服务、发展长租公寓，跟随城市发展脚步，针对养老、医疗、教育、度假等城市发展急需，为城市居民提供针对性的产品和服务。同时，万科也将业务拓展到产业地产、创业园区等领域，助力城市不同阶段的产业发展。

（1）转型定位："专注住宅"转向"城市配套服务商"。

在 2013 年，公司总裁郁亮首次谈及万科转型，并表示国内房地产每年巨额销量不可持续，万科在第四个 10 年一定会遇到行业天花板，所以万科转向"城市配套服务商"。

城市配套服务商包含三层含义。首先是"城市"。万科判断，中国的城镇化还远没有到顶。未来 10 年，万科的业务将全面围绕城镇化发展来做，为城市产业发展提供不同类型的房子。其次是"配套"，分小配套、大配套两种。小配套针对社区，如万科"五菜一汤"——包括街市（"汤"），银行、超市、洗衣店、药店、第五食堂（"五菜"）这些社区配套基本设施。第五食堂是指在家庭、单位、学校、街市之外的社区就餐空间，那里的菜品价格很亲民。大配套针对城市，如博物馆、购物中心、万科儿童医院等。最后是"服务"。目前，万科物业已累积 50 万客户，万科试图通过更多的增值服务挖掘商机，更好地服务客户，靠服务挣钱、轻资产、重运营，并考虑加强与金融平台的合作。

在万科的"城市配套服务商"战略中，分为住宅地产、产业地产、消费地产三块。

第一，住宅地产是万科的主导业务，转型后也保持在总业务量的一半以上。万科要继续发展自己提出的"三好"理念，即好房子、好服务、好邻居。

第二，万科进入产业地产领域，开发的房地产产品包括购物中心、写字楼、会展中心、物流地产等。万科将绝大多数的产业地产自行持有，以"只租不售"的方式运营。

第三，消费地产指开发社区商业、酒店、养老服务、旅游地产、餐饮文娱、学校、公园、垃圾处理厂等。这些项目多由万科自行营运，通过经营为万科创造新的收入来源。万科的消费（体验）地产，包括度假项目、养老地产，还包括众多与住宅项目配套的商场、餐饮、健康、教育、医疗、文娱等物业项目。万科在 2015 年年初正式开始营运吉林的万科·松山湖度假区。此外，三亚的万科·湖畔度假公园、万科·森林度假公园，深圳万科浪骑游艇会及清远万科白天鹅度假酒店等都已开始营运。

万科的转型结构可以用图 6-1 来表示。

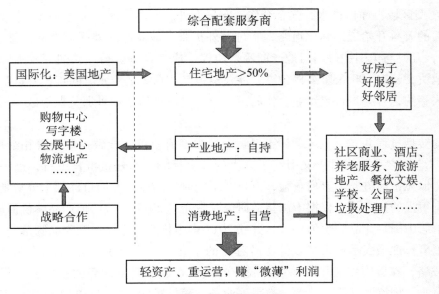

图6-1　万科的转型结构

（2）转型模式：轻资产，重运营。

上市的万科特别看重净资产收益率。净资产收益率是指净利润与股东权益的百分比，它反映股东权益的收益水平，指标值越高，说明投资带来的收益越高。万科采用小股操盘模式，进一步减少了项目开发对资金的占用，提高了资金的使用效率，从而提升了公司整体的净资产收益率。从图6-2可以看出万科在实行战略转型后净资产收益率的稳步上升，这有效缓解了商办、养老地产等业务带来的大额投资资金压力。万科在合作项目中不控股，但项目仍然由万科团队操盘，使用万科品牌和产品体系，共享万科的信用资源和采购资源，提高操盘一方的资金利用率。万科通过输出品牌和管理，提高自有资金的投资回报率。

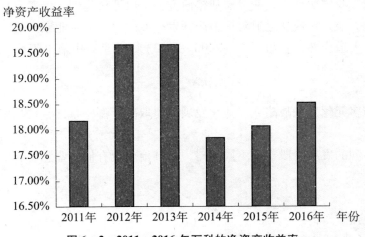

图6-2　2011—2016年万科的净资产收益率

（3）转型区域：谨慎试水，强企合作，布局海外。

转型后的万科开始走国际化道路，实行海外扩张，涉及的海外区域有新加坡、美国等。在 2013 年，万科与美国铁狮门房地产商签署协议，成立合资公司，共同开发美国旧金山富升街 201 地块，建造 600 余座高档公寓，涉及资金高达 6.2 亿美元。同年，万科与新加坡吉宝置业正式签约，万科与吉宝置业合作的第一个项目位于新加坡丹那美拉地区，属于共管公寓项目。

万科的转型过程并非一帆风顺，不仅管理层内部有争议，导致一些高管相继离开企业，2017 年的"宝万之争"事件，又引起了巨大的社会反响。前任董事长王石，也一直是漩涡中的人物。但无论前进路上有何艰险，万科在不同时期的战略发展目标都十分清晰，整个管理团队也有很强的执行力。根据中国指数研究院发布的 2017 中国房地产品牌价值研究成果，万科物业位居中国物业品牌价值榜首，并获 2017 中国物业服务品质领先品牌第一名。

现任董事长郁亮表示：未来万科将沿着党的十九大报告指引的方向，坚持"城市配套服务商"战略，在巩固住宅开发和物业服务两大核心业务竞争优势的基础上，积极发展长租公寓、商业、物流、度假、养老、教育等业务，满足居民日益增长的美好生活需要，成为无愧于这个伟大新时代的企业。

【资料来源】

［1］王石，缪川．道路与梦想 我与万科 20 年．北京：中信出版社，2006.

［2］陆新之．王石管理日志．北京：中信出版社，2009.

［3］华生．万科模式：控制权之争与公司治理．上海：东方出版社，2017.

［4］陈禹铭．万科 2017 年实现销售额 5298.8 亿．新京报．2018-01-03.

［5］刘照普．郁亮：房地产业危急关头，万科全方位转型．中国经济周刊，2017（47）.

［6］任骊帆．我国房地产企业发展战略研究——以万科为例．青春岁月，2017（35）.

［7］彭海龙．谈万科成功之道对房地产开发企业的启示．企业家天地，2012（7）.

［8］王石．大道当然：我与万科（2000～2013）．北京：中信出版社，2014.

【问题】

1. 企业实施多元化发展战略或专业化发展战略取决于哪些条件？（从内部、外部两个角度进行分析）

2. 万科在不同的发展阶段实施不同战略，对其他企业有何借鉴意义？

【案例分析】

（一）背景信息

王石，万科企业股份有限公司创始人，曾任万科集团董事会主席，兼任中国房地产协会常务理事、中国房地产协会城市住宅开发委员会副主任委员、深圳市房地产协会副会长、深圳市总商会副会长等职务。

1980年，王石参加某招聘考试，进入了广东省对外经济贸易委员会，负责招商引资工作；1983年到深圳经济特区发展公司工作；1984年组建"现代科教仪器展销中心"，任总经理。1988年，企业更名为"万科"，王石任董事长兼总经理，11月，万科参加了深圳威登别墅地块的土地拍卖。12月，万科发行中国大陆第一份《招股通函》，发行股票2 800万股，集资2 800万元，开始涉足房地产业。1989年年初，万科完成了股份制改造。

1991年1月29日，万科正式在深圳交易所挂牌上市。1999年，王石辞去公司总经理一职，任公司董事长，公司总经理由郁亮担任。同年，王石发起组织"中国城市房地产开发商协作网络"，并被推举为首任轮值主席，致力于重建行业秩序和公信力，推动中国城市住宅产业的良性发展。

2017年6月21日，万科发布公告，66岁的王石宣布退休。郁亮接过王石的接力棒，成为万科上市公司董事长。

（二）分析要点

1. 企业实施多元化发展战略或专业化发展战略取决于哪些条件？（从内部、外部两个角度进行分析）

专业化发展和多元化发展是中国改革开放以来在企业战略模式选择上最具代表性的两种发展模式。很多企业都面临着是多元化还是专业化战略选择的难题。根据战略管理理论，企业选择多元化和专业化的发展模式，不仅取决于企业自身的优劣势，还需要考虑企业的外部环境与行业特点。

企业在进行战略选择时，要进行外部宏观环境——PEST分析 [PEST分析是指宏观环境的分析，P是政治（Politics），E是经济（Economy），S是社会（Society），T是技术（Technology）]，还可以采用SWOT（Strengths、Weaknesses、Opportunities、Threats，优势、劣势、机遇、威胁）分析法进行分析。

（1）外部环境分析主要包括政治法律环境、社会经济环境、技术发展状况导致的产品换代等。

对于房地产行业来说，大环境分析中的政治法律环境分析涉及国家出台的相关政策；社会经济环境分析涉及人口增长情况，特别是有购买力的消费群体特点和人群结构。

（2）行业特点分析。

在参考行业因素对公司战略选择的影响时，应该从行业技术结构特点、行业发展趋势、行业竞争特点这三个方面出发。一是行业技术结构特点：若公司所属行业的技术结构呈收敛型，适合专注在某一领域，则应争取成为该技术领域的领头羊，即优先考虑专业化；若公司技术结构呈发散型，则应考虑多元化发展，采取多元化战略。二是行业发展趋势：若行业发展整体趋势是专业化或专业化程度呈上升态势，则应优先考虑专业化。三是行业竞争特点：若市场进入门槛低，市场竞争不激烈（如市场空间很大或已经形成相对垄断格局），企业主业的经营压力就不大，可以进行多元化发展；若市场竞争激烈（有很多同类企业并已经开始正面交锋），则需要集中精力和资源以应对竞争，进行专业化发展。

（3）企业优劣势分析。

企业优劣势分析的内容主要包括：①企业发展目标。若企业发展目标是发散型，比如学习经验、不计营收，则多元化是允许的；若企业发展目标是内敛型，比如金融危机下的节约成本、裁减冗员，则专业化比较合适。②企业竞争能力。企业竞争能力高，有竞争优势，在行业地位高，可以考虑多元化扩张；企业在行业中的地位不稳固，竞争力弱，则要集中精力专业化。③企业可用资源。企业可用资源比较多，有闲置，可以尝试多元化；如资源不足，进行多元化发展就会有很大的压力。

万科在创业初期，企业生存能力差，用创始人王石的话来讲，就是什么赚钱干什么，一方面是由于企业并没有核心优势，做什么都是自己闯市场，失败了负担也不大，大不了从头再来。结果，由于王石的胆量和辛勤付出，带起了一个非常有执行力的团队，企业发展得很快，在万科进入的领域中都能盈利。另一方面是由于中国处于改革开放的初期，市场百废待兴，成长性很好，做什么都赚钱。因此，万科早期的多元化，不是企业发展战略有序的多元化，而是为生存进行的无意识多元化。

但当环境变化了，企业规模不断扩大时，企业就需要认真思考，甚至做审慎的战略研究——企业究竟应该怎样发展。万科在香港上市时，咨询公司给万科管理层提出问题：你们进入了十几个领域，看起来都不错，都赚钱，但是没有哪个领域你们具有核心优势，一旦市场发生变化，很可能全军覆没。这让王石开始警醒。因此，自1993年起，王石坚持实施专业化的发展战略。到后来，万科已经非常自律，不仅不进入非地产行业，就连房地产行业中利润高于25%的项目也不做。认认真真、踏踏实实做好高品质的住宅产品，成就了今天的中国房地产龙头企业。

当然，随着中国城市化进程发展到高级阶段，中国人口老龄化的来临，房地产业增速在下降，在企业间竞争加剧的同时，企业发展的空间也越来越小。万达由商业地产商开始向轻资产转型，碧桂园大举向东南亚进军，万科的选择是城市服务商，既不离开房地产主业，又能够利用原有的资源优势，细分市场，打造城市发展生态圈，如果说这是多元化，那也不是一般意义上的多元化。

此外，万科发展顺利的重要原因就是不论是成立贸易公司，还是后来进入房地产成立股份公司到最后成为上市公司，万科在企业治理结构建设上一直走在前面，产权问题解决得很好。当然，由于企业股权过于分散，也出现了后来的野蛮人事件。

采用SWOT分析法，是指通过对组织所处的外部环境的分析和组织内部优劣势的判断评估组织战略地位，确定组织未来发展思路的方法。

① 企业优势。

第一，万科作为中国房地产龙头企业，主营住宅物业发展，竞争优势明显。万科综合竞争力、市场占有率和品牌价值排名第一，其品牌知名度高，顾客和潜在顾客对万科品牌的评价都较高。第二，万科在制度和流程管理上有不少创新，把很多具体事务性工作上升到制度和流程层面，这都标志着企业系统的健全和成熟。第三，万科集中采购装修产品，凸显规模效应——降低采购成本约10%，技术、环保指标高于行业标准。第四，万科强大的竞争力不仅体现在其强大的销售规模和跨区域运营能力上，还体现在其稳健的商业模式、强大的融资能力以及快速应变的营销策略等方面。

② 企业劣势。

第一，土地储备不足，低于行业平均水平，可能会影响其效益增长并增加土地购置成本。第二，万科的产品质量和服务也不尽相同。在国内所有城市中，北京市的万科用户对万科的评价最低，而深圳市的万科用户则给予万科最高的评价。第三，万科在获取建筑用地以及公关方面都有不足，万科获得的可开发土地多是来自二级市场，甚至因为受公开拍卖市场土地资源来源渠道的限制，万科只能采取城乡接合部开发的策略。第四，财务压力过大。因为万科一直坚持快速开发的战略模式，以至于它每年的资金投入量都非常大，从而导致资金缺口也非常大。另外，万科的存货周转率、流动比率之类的财务指标几年来一直处于下降状态。

③ 发展机遇。

第一，世界经济已经在逐步复苏并走向良好，我国经济发展态势坚挺，GDP增幅保持在6.5%以上，给房地产市场带来了很大的发展潜力。第二，政府宏观调控攻策频繁出台，资本不断流入地产业，将加速行业整合，有利于优势企业快速扩张。第三，中国房地产行业集中度仍较低，万科将通过整合行业资源提高市场占有率。第四，中国城镇化进程不断加快，人口基数庞大，加之计划生育政策放开，社会各阶层消费群体的购房意愿将愈加强烈。

④ 发展威胁。

第一，政府管制的力度正在逐步加强。房地产开发企业所受到的政策制约产生的影响越来越大，而且持续的行业政策变动的影响还需要企业在今后或者更长一段时间内消化。第二，政府金融政策趋紧，既提高了对房地产商资金实力的要求，又在一定程度上增加了土地获取的难度。政府对土地供给的调控以及土地招、拍、挂的市场运作方式，增加了房地产开发企业获取土地的难度，加大了房地产开发企业的资金需求。第三，市场竞争加剧，万科的直接竞争对手——碧桂园、绿城、恒大等民营房地产公司的高速扩张，对万科的未来增长构成了有力威胁。来自境外的房地产企业则通过各种方式，试图加入战局，使得原本激烈的竞争更趋白热化。

2. 万科在不同的发展阶段实施不同战略，对其他企业有何借鉴意义？

（1）根据环境变化进行战略选择。

万科在企业发展过程中有三个阶段的战略转型，每一步变革都是顺应当时市场环境的变化而做出的战略判断和战略选择。万科的战略转型、股权结构调整——万科的管理层几乎在企业发展的每一个紧要关头都很好地把握了时代脉搏，甚至大大超前。这主要得益于创始人的高瞻远瞩和超强的领导能力。

（2）战略转型要有取舍。

企业成长到一定阶段，在有选择地进行战略定位时，需要舍弃一些东西，放弃一些利益，甚至失去一定的市场。但舍弃什么，抓住什么，不是随机选择，而是反复考量、系统分析，有着清晰明确的判断。尤其是万科公开宣布不进入暴利行业，这不仅需要勇气，还要克服人性的贪婪。对行业、对企业自身都要有清醒的认识，并能够克服各种阻力，实现既定目标。

（3）塑造一个有执行力的专业团队。

战略目标的实现要依靠一个强有力的管理团队和专业团队。万科堪称房地产行业的黄埔军校。万科的管理人员都是其他房地产企业争抢的对象。这么多年来，万科一直是我国房地产行业的领军企业，整个管理团队功不可没。特别是在 2017 年面临野蛮人入侵时，大股东提出要更换所有董事的严峻关头，万科的高管团队表现出了惊人的团结一致，展示出了职业经理人的高素质和专业精神。正因为如此，"宝万之争"对万科在股票市场的业绩影响也降到了最小。

三、案例作业

深圳万润科技有限公司发展的战略选择

（一）专注 LED 领域

1. 企业发展历程

深圳万润科技股份有限公司（以下简称"万润科技"）成立于 2002 年，注册资本 1.76 亿元，主要生产 LED 光源器件和 LED 照明产品。其中，LED 光源器件分为直插式 LED 和贴片式 LED 产品；LED 照明产品分为通用照明产品和景观照明产品。2007 年，公司进军海外市场，9 月，光源产品取得美国 UL 认证；12 月，在香港设立全资子公司——万润光电股份有限公司。2008 年开始，公司进行股份制改革，12 月被认定为第一批"国家级高新技术企业"。

2009 年开始，万润科技步入快速成长期，5 月公司发起成立深圳市 LED 产业联合会；6 月公司高效节能大功率 LED 路灯技术通过深圳市科技成果鉴定，公司同时发起设立深圳市 LED 产业标准联盟；8 月，公司成为国家半导体照明工程研发及产业联盟会员单位；10 月，公司被评为"2009 年深圳市成长型中小工业企业 500 强"企业（排名 272 位）。

2010 年，万润科技向技术创新战略全面迈进，1 月，LED 路灯通过国家灯具质量监督检验中心权威检测，灯具整体光效达到 87.93 lm/W，在同行业居领先地位；3 月，LED 路面节能照明灯具、LED 室内节能照明灯具均获得深圳市自主创新产品认定；10 月，获批承建深圳功率型 LED 封装及照明工程技术研究开发中心，同月，"大功率、高亮度 LED 光源器件产业化"项目被国家发改委（发展和改革委员会）、工信部（工业和信息化部）列入"2010 年中央预算内投资计划"。

2011 年 8 月，万润科技自主研发的"高效节能大功率 LED 路灯"被列入 2011 年度国家重点新产品计划。2012 年 2 月，万润科技在深圳证券交易所成功上市，6 月，公司被评为"2011 年度十大创新性品牌"。2013 年，公司名列"广东 LED 行业综合实力 10 强"榜单。

根据万润科技年报披露，2018 年上半年，公司实现营业收入 2 155 631 690.42 元，同比增长 68.32%；其中，LED 业务营业收入 766 231 125.48 元，占比 35.55%，同比增长 51.13%；广告传媒业务营业收入 1 389 400 564.94 万元，占比 64.45%，同比增长 79.58%。

2. 企业主要业务

万润科技主要产品分为 LED 光源器件和 LED 照明产品。LED 光源器件根据封装形式的不同可以分为直插式 LED 和贴片式 LED，主要应用领域为照明、背光及显示指示。

LED 照明产品根据具体应用领域的不同可以细分为 LED 通用照明产品和 LED 景观照明产品，LED 通用照明产品主要有灯管、路灯、筒灯，LED 景观照明产品主要有灯条。

2015 年以前，公司主营业务主要是 LED 产品的生产、销售，其占总营业收入的比例也基本平稳。2012—2014 年度万润科技利润情况见表 6 - 1。

表 6 - 1　2012—2014 年度万润科技利润情况　　　　　　　　单位：元

项目	2012 年度	2013 年度	2014 年度
营业收入	388 506 524.08	436 386 460.98	523 260 023.69
营业利润	39 167 356.06	39 247 875.97	39 928 700.43
利润总额	44 611 919.37	50 420 235.72	44 791 820.96
净利润	38 485 550.70	43 784 456.16	39 152 637.60

2012 年到 2014 年，万润科技的营业收入从 388 506 524.08 元增长到 523 260 023.69 元，平均每年增长 16.12%；净利润上，2012 年至 2013 年，增加了 13.77%，而 2013 年至 2014 年，受到市场大环境及各项成本上升的影响，净利润下降了 10.58%。

（1）业务方面。

2012 年，公司的中高端照明、背光源产品占有 20% 的市场份额。2013 年，公司主动淘汰了部分低端直插式 LED 产品，以贴片式产品为经营重点，大力发展电视背光、手机闪光灯等中高端产品。产品组件成为公司的后继主打产品，进入全国第一梯队，市场由国内扩展到国外。2014 年，公司针对中高端市场开发的 LED 连接器、刹车灯等产品开始进入市场，销量在全国同行业中处于领先地位。

（2）市场客户。

2013 年，公司全力推行大客户、强客户营销策略，与现有的大客户欧曼科技、康佳集团、LICHTLIN 关系稳固，销售额实现大幅提升。同时，公司成功进入佛山照明、三雄极光等大客户供应体系。2014 年，公司力推的大客户营销策略进展顺利，与三雄极光、欧普照明、清华同方等大客户合作势头良好。

（3）工程项目。

2012年，公司完成了江西赣州、洛阳开元大道等多个路灯改造项目，以及岁宝百货、沈阳商业城等照明工程，其中深圳岁宝百货东莞虎门的店面改造，共采用灯具5 000多套。2013年，为京客隆、日照百货、万达百货等多家商超连锁提供EMC照明节能改造，其中北京京客隆共改造店面12个，采用该公司灯管30 000多套；另完成四川万元县LED路灯改造。2014年，完成了通过招投标方式获得的深圳市市政照明工程，涉及南山区留仙大道、南山大道、大新路等116条道路。

（4）国外市场。

2013年，公司在美国注册了MASONLED商标。2014年，公司获得了欧美等主要海外市场的产品质量、环保等方面的认证，在海外挖掘欧洲传统照明存量替换市场，有了巨大的市场发展空间。

万润科技于2014年8月推出非公开发行A股股票预案，募集资金7.1亿元，部分资金用于收购日上光电100%股权。日上光电系LED广告标识照明领域的领军企业，公司收购日上光电，可快速切入LED广告标识照明细分市场，扩大LED照明应用业务规模，提升规模效益，提高公司综合竞争实力。募集资金还用于补充流动资金，为业务规模的扩大提供资金支持。

（二）企业的快速发展

1. 行业发展背景

20世纪环保意识较强的欧洲在全球率先提出淘汰白炽灯，积极推广LED照明，照明行业的巨头欧司朗在1999年就开始对LED在照明上的应用投入大量财力。中国在2006年之后，节能减排逐步成为政府工作关注的重点，LED行业得到政府在政策和资金上的扶持，同时得益于国内经济的高速增长，LED产业近些年在中国一直呈现高速增长模式。虽然2008年全球经济低迷，中国经济受到一定的影响，但LED产品由于具有节能环保等多方面的优势，仍保持年均20%~30%的增长速度。2009年金融危机之后，随着各国低碳环保措施的逐渐落地，LED产品需求量快速增长。虽然2011年和2012年行业经受了国内产能大量释放、行业格局重整的影响，但产业产值还是达到了约1 560亿元和1 920亿元。

2013年，在全球应用需求回暖和国内节能环保政策密集出台的双重利好下，LED行业整体市场规模达到了2 576亿元，2014年更是实现3 507亿元，产业增长速度分别达到34%和36%。与此同时，全球特别是中国的LED产能急剧扩大，各省市都将光伏产业作为核心支柱产业，予以大力扶持和发展，中国光伏产业的产能曾经达到全球产能的70%。盲目扩张导致企业之间开始了恶性竞争。根据《中国半导体照明行业发展研究报告》的数据，2013年我国LED产业总规模达到2 576亿元。其中，LED芯片企业90多家，实现总产值105亿元；LED封装企业1 000家左右，产值为403亿元，销售千万元以上的企业约有200家；LED应用企业3 000家，实现产值2 068亿元。可以看出，目前我国照明行业比重最大的仍然是技术门槛低的下游应用市场。

进入 2018 年，"技术创新＋5G 建设"推动了新型电子产品应用场景建设和需求的提升：智能手表、手环等可穿戴设备，智能音箱、智能电视等智能家居在消费市场的出货量迎来较大提升，新型电子产品空间巨大。随着信息服务基础建设的加快，消费电子产业将迎来"互联网——移动互联网——物联网"引领趋势，5G 信息基础建设的完善将有效推动物联网应用在消费级和工业级场景落地，应用场景的逐渐成熟将提升可穿戴设备、消费级无人机、智能服务机器人等新型电子产品市场需求，新型电子产品的出货量有望出现数量级的增长，为产业链带来新的机遇。

2. 实现资本运作

在这样的大背景下，万润科技在深化主业竞争力的同时，也开始不断发力，进入新的领域；在战略发展方向上，也在完善上下游产业链的同时，开始横向扩展，积极通过多种渠道寻找新的并购整合机会。通过外延扩张做大做强成为公司发展战略的重要组成部分。

公司在 2014 年开始的募投项目工程建设已完成，以自有资金投资的恒润光电工程项目也已完成；2015 年 5 月，万润科技以 3.90 亿元完成对深圳日上光电有限公司（广告标识照明）100% 股权收购，同时通过外延式并购进入了互联网广告传媒领域。2016 年 5 月，公司以 4.15 亿元资金完成了对北京鼎盛意轩网络营销策划有限公司（房产家居营销）100% 股权收购，同年公司又以 3.24 亿元资金完成了对北京亿万无线信息技术有限公司（移动营销）100% 股权收购；2017 年 1 月，公司以 5.6 亿元资金完成了对北京万象新动移动科技有限公司（移动精准营销）100% 股权收购。公司于 2018 年开始启动对杭州信立传媒（电视广告）的收购。杭州信立传媒作为一家广告传媒公司，专注于为客户提供全方位、多媒介的整合营销服务，其核心业务是提供电视媒介代理与内容营销相结合的电视媒体广告服务。截至 2018 年 10 月，公司已收购日上光电、鼎盛意轩、亿万无线、万象新动、信立传媒等企业，进一步巩固了自己的市场地位。

万润科技以 7.65 亿元的价格收购杭州信立传媒 100% 股权，该次收购的顺利达成，使万润科技在人才、资源、业务等方面进一步形成优势互补，产生了较强的协同效应。与杭州信立传媒进行过合作的电视台超过 20 家，在 60 多个电视频道实现广告投放。其中，媒介购买规模较大的电视频道主要包括浙江卫视、湖南卫视、江苏卫视和东方卫视等一线卫视，主要代理《我是歌手》《奔跑吧兄弟》《中国好声音》《非诚勿扰》等知名综艺栏目的部分时段，并在 2012—2016 年连续五年获得浙江广播电视集团颁发的"年度十佳广告代理公司"。与此同时，万润科技获取了杭州信立传媒拥有的优质广告客户资源及丰富的媒体渠道资源，这有利于拓宽上市公司的广告传媒业务领域，提升万润科技在广告传媒行业的综合竞争实力。通过这一系列的收购，万润科技的资产规模有了较大幅度的增长。到 2017 年 6 月末，公司总资产规模已经达到 41.03 亿元。

（三）公司未来的发展

万润科技 LED 业务与广告传媒业务并驾齐驱，盈利能力和综合竞争力稳步上升，已形成"LED+广告传媒"双主业双轮驱动的发展格局。在互联网领域并购连续取得突破后，万润科技总裁郝军在2018年年初接受媒体采访时表示，虽然目前从业绩贡献来看，公司互联网板块占比比较大，但公司不会放弃LED业务。万润科技在LED领域深耕多年，已经积累了一定的资质技术，同时沉淀了丰富的市场资源，公司LED业务的营业收入年复合增长率也超过30%。他表示，未来公司仍将定位"双主业战略"，即万润科技将借助自身产品品质中高端定位的优势，在巩固自身LED封装产品行业领先地位的同时，大力开拓市政公共照明及景观亮化市场，通过资本运营为公司带来更广阔的发展空间。

【资料来源】

改编自东北财经大学EMBA 2013级春季班李志江撰写的论文《深圳万润科技股份有限公司发展战略研究》，指导教师李品媛。同时，录用了该公司年报资料。公司股票名称为：万润科技，股票代码002654。

【问题】

1. 万润科技"双主业"的战略发展模式有什么特点？
2. 未来LED领域发展态势如何？万润科技通过资本运营能保持其在LED领域的领先地位吗？

第七章　决　　策

通过本章专业知识复习和案例学习，更好地理解和掌握决策的相关理论，包括决策的一般程序、类型、个体决策和集体决策的异同点以及决策的一般方法。通过完成案例作业，思考不同领导者决策的特点及其对企业发展的影响。

一、本章知识点和学习内容

（一）决策的概念与决策过程

在了解和掌握决策基本含义的基础上，对决策过程有基本的把握，包括：明确决策目标；确定决策标准和分配权重；确定备选方案；评价备选方案；选择备选方案；实施方案和评价决策结果。在这一分析过程中，应注重学习一些与决策相关的知觉理论。

（二）决策类型与特点

学习和掌握决策的不同类型及特点，包括决策的性质、决策的程序、决策的风险性和因人们决策的偏好角度不同所形成的各种不同类型的决策形式，以对决策有较为全面的了解。在决策类型中，差异最大而且影响比较大的是个体决策与群体决策，要求学生对个体决策与群体决策的优缺点、心理效应和风险模式等进行全面的学习和掌握。

（三）决策理论和模型

在决策模式中，学习和了解经典的决策理论或模型。一是建立在古典经济学基础上的理性决策模式，也称科学决策模式；二是由美国卡内基—梅隆大学计算机科学和心理学教授赫伯特·西蒙提出的有限理性决策模式；三是由美国著名的经济学家和政治学家林德布洛姆提出的渐进决策模式。了解这三种决策模式的特点及其形成的理论基础。

（四）定性和定量决策方法

决策方法分为定性和定量两个方面。比较有影响的决策方法包括德尔菲法、头脑风暴法、电子会议、决策树法和优选理论。学生在进行案例学习时，既可以用这些方法分析和研究决策模式，也可以用这些方法分析企业的情况，但要搞清楚这些方法确立的基础和实施的条件。

二、示范案例

娃哈哈宗庆后的"一言堂"

1987 年，42 岁的宗庆后靠借款创办了娃哈哈公司的前身——杭州市上城区校办企业经销部。2017 年，娃哈哈创建 30 周年，当年靠着 3 个员工、14 万元贷款起步的娃哈哈，开始进入而立之年。截至 2017 年，经过 30 年的发展，娃哈哈在全国 29 个省市建有 58 个基地、150 余家分公司，拥有的总资产超过了 300 亿元，员工 3 万多人，成为国内最大、产量排名世界第五的现代大型饮料企业，名列中国民营企业 500 强。

（一）创始人宗庆后简介

宗庆后，杭州娃哈哈集团公司董事长兼总经理，也是娃哈哈集团的创始人。他先后担任中国工业经济协会常务理事、中国保健食品协会副会长、浙江省饮料工业协会会长、浙江省食品学会第三届理事会副理事长等职务，同时，宗庆后也是美国 IFT（Institute of Food Technologists，美国食品科学学会）会员。

宗庆后从年少家贫到资产近百亿，他筑起了一个以饮料为基石的商业王国，让"娃哈哈"品牌驰骋全国。而宗庆后"一言堂"的决策模式也为大众所熟知。

1. 强势而开明

宗庆后曾公开表示：中国成功的大企业，都是有一个强势的领导，都是大权独揽，而且是专制的。他认为，在中国现阶段要搞好企业，必须专制，但要开明。在公开场合，宗庆后从不忌讳专制思维，"一个卓越的领导者，必须是一个'开明的独裁者'"。

而强势和开明的界限在哪里呢？宗庆后认为上级下命令，下属就必须坚决执行，这是他的强势之处。而开明则体现在领导者需要多思考，要求下属做的事情，领导者首先要能做到，否则自己都做不了怎能要求别人来做？同时，宗庆后认为做什么事情都要考虑对方的感受。领导者要关心、爱护员工，不要根据个人的好恶来管理，而应该从整体利益出发，这也相当于从领导者自身的利益角度来考虑问题。

2. 坚持不裁员

宗庆后认为管理者首先要保证员工能体面地生活，员工收入高，才会安心并努力工作。此时管理严格一些，他们才能够接受。员工还要有精神文化生活。现在的员工管理跟过去不一样，企业需要给员工提供丰富的业余文化生活。为解决管理员工的后顾之忧，宗庆后还会帮他们解决住房问题及孩子的教育问题。

娃哈哈的知识员工只要干满一年，就有机会持股，而工人只要干满 5 年，也有机会持股，所以他们既是员工也是老板，利益跟个人挂钩，员工工作积极性高涨。因此，在娃哈哈与法国达能合作发生冲突时，所有娃哈哈的管理员工都一边倒地支持宗庆后。

（二）宗庆后"一言堂"决策模式及其演变过程

娃哈哈集团下设150多个分公司，拥有3万多名员工，但集团只设一个董事长和一个总经理，这两个头衔都由宗庆后一人担任，高管也只有他的"秘书"，业内都盛传——在娃哈哈"甚至买一把扫帚都要他亲自批条"。宗庆后的"独裁"，也来自他的勤奋。从开始创业到今天，在娃哈哈发展的三十几年里，宗庆后从来没有离开过一线市场。娃哈哈没有副总经理，总经理之下直接就是"中层干部"，这种"扁平、集权"的管理模式不仅成就了娃哈哈，也引起了业内外的广泛关注。

营销方面的任何决策，任何产品的包装、价格、广告等，都是宗庆后一人来决定。即便是设备的引进、生产线的安装、厂房的设计，许多时候也是宗庆后亲自过问并定夺。如果宗庆后出差在外，就由办公室工作人员每天晚上给他发送关于营销、生产、采购等方方面面的几十份传真，他再用电话遥控，做出指示或签字后回传。

宗庆后这样做决策的理由是其对中国人性的假设：中国人比较难于管理，因为中国人比较聪明。团队必须要有高度集中的意志，坚决反对集体自由主义；决策由最高领导者做出，并承担最终的责任。公司一旦做出决策，员工就应无条件地立即执行。在封建社会，人人都想当皇帝；在现代企业，人人都想当老板。

对于宗庆后来讲，其领导决策模式的发展经历了如下过程：

1. 初创期的集权（1987—1990年）

1992年之前，在企业创立之初，规模还比较小，主要生产儿童营养液，只有140多名员工。宗庆后就在办公室或食堂吃饭。这个总经理除工作时间比一般员工长一些以外，其他方面都不特殊。员工有问题了，可以随时向他汇报，他也直接下令怎样做、由谁来做。他一边指导员工工作，一边帮助员工分析问题，甚至以后可能会碰到什么问题他都会一一指出。在娃哈哈创业阶段，宗庆后管得非常细，试图掌握每一个细节，一个人将企业的方方面面管得井井有条。

2. 发展期的集权（1991—1993年）

娃哈哈兼并杭州罐头食品厂（简称"罐头厂"）之后，员工迅速增长到2 000多人，但并没有形成上下一条心，内部生产也困难重重。罐头厂的干部都悠闲惯了，工人也都处于散漫状态，与娃哈哈本身的作风和效率严重不匹配。比如，订单来了，准备开工，罐头厂的工人却不愿上娃哈哈流水线，理由是"情绪紧张"；生产定额下来了，工人却拒绝接受，理由是"生产标准太高，人又不是机器"；需要赶货的时候，工人却不愿加班，着急回家，理由更是离谱——"回家晚了，妻子有意见"……

针对这种情况，宗庆后采取了强硬而有效的改革措施，彻底扭转了不利局面。他通过自己的魄力和勇气，推行强势变革，使企业做到号令统一、令行禁止、纪律严明，结束了混乱的管理状态。

在这个阶段，宗庆后采用"黑板干部"等一系列管理制度，树立权威。为了震慑员工和不服从命令的干部，宗庆后一声令下，让"罐头厂"原厂长和副厂长等41名干部集体"下课"。"黑板干部"是宗庆后在特殊背景下提出的一种干部任命制——任命和免掉都很容易，在办公室外面的走廊上挂块黑板，所有职位任免无须走任何手续，而是直接在黑板上写下"任命某某为某某职务"或"撤销某某的某某职务"，即完成了职位的任免。"黑板干部"赋予了宗庆后巨大的权威性。他还出台了"奖勤罚懒""论功、论绩行赏""唯德、唯才是举"等一系列制度，来建立他在娃哈哈内部的威望。除此之外，宗庆后还对外招聘贤才，对内实施机构改革，避免内部矛盾。在41名干部集体下岗后，宗庆后大规模引进管理人才，在各个领域——生产、销售、管理、营销、办公室都安排了精兵强将，让他们担任部长和主任，直接听命于他。宗庆后不设立副总经理的位置，是为了避免公司中出现钩心斗角现象。

他说："我有我的优势。娃哈哈只有我一个'头儿'。'头儿'一多的话，企业就不行，争斗太多。书记、厂长各一条线，副厂长又有自己的线，各自的班底钩心斗角，这样企业能搞得好吗？"在谈到自己的"管理真经"时，宗庆后说："第一，我不大愿意听员工打小报告。第二，我要求员工都要讲真话，不允许他们钩心斗角。所以，应该说，我们公司的氛围还可以，人际关系还是比较简单的。"

3. 变革期的集权（1994年至今）

（1）总部集权。

很多公司发展到比较大的规模时，就容易出现管理失控，但娃哈哈绝对不会出现这样的问题。在娃哈哈的运营模式中，各地的分公司都是总部直接投资建设的，核心干部是从总部的后备干部中选拔出来的，分公司与总部思想一致、方法一致、标准一致，并且分公司类似于"生产基地"，不是独立的市场营销主体，没有独立的采购、财务和人事权力。

娃哈哈杭州母公司所属的销售总公司、企业管理办公室、供应部三个运作中心曾是娃哈哈集团的核心机构。销售总公司负责娃哈哈所有产品的销售及与经销商的对接，并将所有的销售目标和计划传递给总经理办公室（简称总经办）。总经办根据销售目标，将分解的产品生产计划下达给片区生产基地，将分解的原料和零部件采购目标下达给供应部。

供应部负责全公司集团和各个分公司所有原料和部件的采购。宗庆后是这种模式背后的最高指挥，各个部长或厂长就是宗庆后的各级"指挥棒"，总经办构成了他的幕僚团队，总经办主任则成了他的"首席幕僚"。

娃哈哈在有关营销方面的任何一项决策，包括产品的广告、包装、价格等，宗庆后都拥有一言九鼎的权力；大多数时候，就连厂房的选址与设计、设备的引进与试用、生产线的组合和安装，他也要亲自定夺。目前，娃哈哈公司旗下已经有300多种类型的产品了，尽管种类纷繁复杂，但宗庆后对每一项产品的包装和相关规格参数都了如指掌，每次模具研发时，他都会参加论证。

（2）分级授权。

随着企业规模的扩大，在进入跨国竞争和全面竞争时代之后，宗庆后给出应对新时期的解决方案是企业流程再造。这里所说的"企业流程再造"，相比于以通路为平台的"组织流程再造"，区别主要是：宗庆后开始从企业结构的层面扩展到企业信息整合的层面。流程再造可以使企业通过信息化提高整体运作水平，从而使管理层日常工作中的随意决策变成科学化决策。在经过多方面的考虑之后，宗庆后聘请美国埃森哲公司为娃哈哈实施企业流程再造的"外脑"。企业流程再造的主要内容包括：实施应用数据处理软件（Systems Applications and Products in Data Processing，SAP）、供应链优化系统（Advanced Planning and Optimizer，APO）、企业资源计划（Enterprise Resource Planning，ERP），建立企业科学的分级授权体制。

同时宗庆后主动收缩了自己的管理半径，他不再试图掌控每个细节，而是设置了很多职能部门并配备了部门领导，如销售部长、市场拓展部长、策划部长、企业管理办公室主任、生产部长、财务部长等，将很多事情交给他们去做。娃哈哈在高度集权的基础上实施分级授权制度，总部给予分公司一定的人、财、物的授权，总部再审批。

娃哈哈的一位管理人员说："以前集团公司的工资、奖金每个月都需要宗总审批，但现在，公司的工资、奖金只要是在制度范围内的，由相关负责人审批就可以，不再需要宗总审批。这个分级授权批出来的钱其实不是个小数目。外界传言的50元、500元的审批权，可能是媒体为了讲故事吧。"

娃哈哈管理中心的主任说："比如在人事权方面，一个分公司要提拔一个质检科长，就由总部授权给分公司去选拔，通过片区管理中心和集团人力资源部两层的审批来完成。"

（3）扁平化管理。

娃哈哈的管理构架是一套扁平而又绝对集权的模式：公司不设副总经理，总经理之下直接为"中层干部"，即各职能部门部长、各分公司总经理或工厂厂长等。娃哈哈没有设置副总经理职位，并不代表没有人行使副总经理的职权。宗庆后只是把副总经理的职能分散到具体职能部门、不同环节上。不同领域的分管部长在某种程度上就是行使着副总经理的职能，相对于其他公司，少了副总经理这样一个中间环节，反而使得沟通和决策的效率大大提高。

扁平化的公司结构的最大特点就是对应的直接下属太多。宗庆后说："我的直接下属有一百多个人。"这样大的管理幅度让"总指挥"如何吃得消？对于这个疑问，宗庆后这样回答："这些人都是我一步步培养起来的，我很清楚他们的个性和能力，这样安排和布局，可以使我在决策之后一声令下，直接连到前线。"因此娃哈哈才有这样高的效率和执行力。

（4）360度考评。

宗庆后很早就开始对各职能部门部长和分公司总经理、副厂级干部进行360度评价，这种考评方法一直延续到现在。公司对分公司总经理和副厂级干部的评价包括年度目标完成情况、各职能部门部长的现场检查及员工的民主评议。对于一部分落后的分公司，有的干部会被免职，重新任命。

【资料来源】

[1] 张志伟．宗庆后：从一把抓到学会放手．中国品牌，2016（4）．

[2] 宗庆后．中国首富宗庆后首谈创业人生路．法律与生活，2016（5）．

[3] 楠乡．娃哈哈的管理故事．光彩，2016（7）．

[4] 牛金霞．娃哈哈集团有限公司董事长兼总经理宗庆后：三十而立，打好传统文化牌＋科技牌．浙商，2017（3）．

[5] 王国章．宗庆后的非常经营．资本市场，2015（12）．

[6] 燕儿．宗庆后：开明集权．当代工人（A 版），2015（13）．

[7] 李韵．宗庆后 "独裁者" 的多元化．中国经济和信息化，2014（Z1）

[8] 钟时．顺应市场 创新发展——娃哈哈集团董事长兼总经理宗庆后．中国经贸，2016（15）．

[9] 李韵．宗庆后老马迷途．中国经济和信息化，2013（22）．

[10] 毕夫． "王者" 宗庆后．沪港经济，2013（3）．

[11] 贺文，单启宁．娃哈哈集团董事长宗庆后告别 "一个人" 的娃哈哈．数字商业时代，2012（4）．

[12] 姚佳文．浮生若茶 一切不忘初心——访娃哈哈集团董事长宗庆后．茶博览，2014（6）．

【问题】

1. 如何评价宗庆后的 "一言堂" 决策模式？这种模式可以在其他企业推广吗？

2. 个人决策和群体决策两种模式有何差异？假如你是企业的管理者，你倾向于选择哪种决策模式？

【案例分析】

（一）背景信息

宗庆后是浙江杭州人。1963—1964 年在浙江舟山马目农场（现东海农场）支农；1964—1978 年在浙江绍兴茶厂负责生产技术调度工作；1978—1979 年在杭州工农校办纸箱厂任业务员；1979—1980 年在杭州光明电器仪表厂负责生产销售管理工作；1981—1982 年在杭州胜利电器仪表厂负责生产销售管理工作；1982—1986 年在杭州工农校办厂担任业务员；1986—1987 年，在杭州市上城区校办企业担任经销部经理；1987—1991 年，担任杭州娃哈哈营养食品厂厂长；1991 年起担任杭州娃哈哈集团公司董事长兼总经理。

（二）分析要点

1. 如何评价宗庆后的 "一言堂" 决策模式？这种模式可以在其他企业推广吗？

首先，娃哈哈能有今天的成绩，其创始人宗庆后功不可没。因此，宗庆后的 "一言堂" 模式在总体上来说是可行并有效的，但其缺点也是显而易见的。

（1）领导"一言堂"的优点。

一是有利于扁平化管理，速度制胜。创始人担任企业最高领导者，在管理层面上不设副手，直接将指令下达到中层管理者并能让下属快速实施。扁平化管理模式是前提条件。娃哈哈通过信息化建设、内部竞争上岗机制、稳定核心管理团队等方式降低管理层级，减少企业政治内耗，提高执行效率。通过扁平化管理、快速决策、快速研发、快速生产、快速销售以及企业的信息化和智能化建设来提高企业反应速度，形成基于时间的竞争优势。

二是集中决策，高效执行。领导者通过树德、立威、施恩来建立组织的威望。宗庆后认为，领导者必须极富主见，团队必须有高度集中的意志，坚决反对集体自由主义；决策由最高领导者做出，并承担最终的责任。公司一旦做出决策，员工必须无条件地立即执行。宗庆后非常强调员工的执行力，要求"拉得出、打得响、过得硬"——令行禁止、能力卓越、吃苦耐劳。

（2）领导"一言堂"的缺点。

著名的营销专家罗建幸认为，"自负是许多企业家的通病，如果你不屑于充电学习，如果你身边没有意见相左的人，如果你觉得别人都是笨蛋而只有自己聪明，如果你很少请教一些专家、学者并对咨询顾问公司不屑一顾，那说明你太自负了。""一言堂"这种决策模式的效果取决于决策者本身，采用这种决策模式的领导者很容易自负，如果决策者做出了错误的判断，则后果往往不堪设想。

"一言堂"决策模式不利于管理层民主决策，比如宗庆后在娃哈哈具有一票否决权，他一方面鼓励管理人员积极思考，为公司的发展献计献策，但当大家通过激烈的思维碰撞拿出方案之后，宗庆后又一票否决，按自己的意愿重新定夺。随着类似事件发生的频率不断增加，大家也渐渐地麻木，从活跃的"思考者"变为听话的"明白人"。

2. 个人决策和群体决策两种模式有何差异？假如你是企业的管理者，你倾向于选择哪种决策模式？

决策是指决定的策略或办法。按决策主体的不同，决策分为个人决策和集体决策。个人决策，即决策由个人做出。在一个团体或团队中，往往需要一个领导者，这个领导者所做的决定就是个人决策。个人决策是一种单一性的决策，决策主体为一人，决策方向为一个。这就决定了决策与领导者的素质之间有着直接的联系。群体决策，即决策由群体做出。在一个团体或团队中，人与人不同，做决策时需要考虑到每个人的想法，故群体决策越来越被当今社会所认可。

（1）个人决策的优点。

个人决策的优点包括：①个人决策相当于权力的集中，因此这就使其具备了对事物认识的直观性和决策的迅速、有效性；②个人决策是领导者的决策代替团体的决策，因此这就体现了团队的凝聚力和决心；③个人决策是依靠个人的思维和阅历来做决定，因而具备应对突发状况的变化性和灵活性。

（2）群体决策的优点。

群体决策的优点包括：①群体决策是群体中的许多人参与并决定，汇集的信息量比较大，进而使决策考虑的因素更为周全与合理，决策的准确性得到提高；②群体决策是群体讨论和决定的，这就说明群体中的每个人都熟知决策的内容并认可决策，利于决策的实施；③群体中每个人的观点和思维意识不同，会使群体决策具有一定的创新性；④群体决策中由于多数人参与，或者多人表决，会使决策的内容和过程具有一定的包容性。

通过对个人决策和群体决策的介绍和分析可见，个人决策与群体决策的不同点主要体现在以下几个方面：

（1）决策的科学性。

个人决策是依靠个人的经验和阅历来进行决策的，这就会导致一种极端性和片面性，个人往往容易犯错误，故在科学性方面，个人决策缺少科学性；群体决策是由群体做出决策，正所谓"三个臭皮匠顶个诸葛亮"，因此，群体决策中的集思广益为决策提供了科学性。

（2）决策的创新性和合理性。

个人决策中，决策与领导者素质之间有着密切的联系，说明领导者的素质决定了决策的创新性和合理性，而其他群体成员的意见则是辅助性的，这就容易导致决策不合理；群体决策中，决策与群体中的每个成员有关，这样，通过讨论和探究也就容易激励成员的创造力，群体决策就会突显出合理性和创新性。

（3）决策的速度与准确性。

个人决策，决策权在个人手里，决策只在一念之间，因此决策迅速并灵活，但是个人的局限性又决定了决策的准确性不高；群体决策，决策权在多数人手中，人员的聚集和问题的讨论需要大量的时间，因此也决定了决策具有较高的准确性和缓慢的决策速度。

（4）决策的风险性。

个人决策时，决策是由个人做出的，因此其具有冒险性和风险性，但是"富贵险中求"，个人决策也意味着高回报。群体决策中，每一个成员都参与，会提高成员的积极性，但也会有盲目从众的人，因为风险由群体承担会导致群体成员懈怠。此外，群体决策还容易出现"多数人的暴政"。

比较个人决策和群体决策，使我们对决策有了进一步的认识，然而就当今社会而言，越来越多的人倾向于群体决策。那么，如何做好群体决策？我们需要关注这些问题：首先，作为一个团体或者组织，需要一个共同的目标和方向，这样才能促使成员向一个目标努力，共同的方向和目标会激发人的动力和潜能。其次，好的群体需要好的理念和文化，需要成员摒弃自我，服务于集体或群体，并推进集体的发展。再次，群体的决策想要符合每个成员的利益就必然要有成员妥协，并合理地整合各方利益。最后，群体决策是多数人的决策，需要的是每个成员的认可和努力。

西进涪陵、布局全国市场后，娃哈哈在全国建立了100多个分公司，规模急剧扩大，为了有效管理遍布全国的分公司，宗庆后采用了总部集权、分级授权、联合考评的管理决策模式。这种模式的特点如下：

"快"和"变"是饮料行业的最大特点。娃哈哈的运营模式体现出"计划式"的高度统一，能够快速做出决策，通过集权，高效整合资源，进而带来高效的执行力，从而避免了因争论而导致的决策缓慢和因权力分散而导致的执行受阻，这使得娃哈哈在进行企业变革或扩张时比其他公司更果断、更迅捷。

高度集权的弊端是对最高决策者的素质要求非常高，因为一旦出现致命失误，公司会陷入万劫不复的深渊。"开明的专制"需要的是"老板不犯错误"，需要最高决策者能根据快速变化的市场信息做出准确的判断和决策。宗庆后说，娃哈哈曾犯过错误，但是犯错很快，改正也很快。如果设置很多副总经理，犯错的概率是会下降，但是企业对市场的敏感度也会降低，犯了错之后，快速更新的灵活性也没了，若是出了大事，只有死路一条。

娃哈哈掌门人宗庆后具有非凡的市场洞察力和决策能力，因此，尽管娃哈哈的决策模式是领导者"一言堂"，但企业还能保持对市场的敏感，实现了快速发展。由于企业的管理跨距比较大，所以，中层管理者习惯了听从指挥，团队也很有执行力，企业也实现了对市场的快速反应。但是，这种决策模式并不一定适合于其他企业，也容易产生由于主要决策人不在或者由于其他原因导致主要决策人不能决策时所出现的管理真空。

三、案例作业

张董事长是否应该换总裁

（一）董事长的思考

2010 年前后，张董事长发现国际市场中的一个服务项目比较好，也由此成为该行业的第一个进入者，成立了长城技术咨询服务公司，专门针对以美国为代表的国际市场推出软件设计、信息服务产品研发、广告代理和信息数据处理业务，从而占据市场先机。企业发展规模不断扩大，这又进一步促使他把原来的企业逐渐收缩了规模，花了更多的精力投入这个企业，期望以此拓展更多的国际业务，进而在国际市场站稳脚跟。

然而，企业的高层人事变动让他十分烦心。在近五年的时间里，公司有三任总裁先后离开，而现在第四任总裁的一些做法，也让他越来越不满意了。对这个已经干了快一年的总裁，张董事长该怎么办呢？考虑到频繁地更换总裁对公司的稳定会有一定的影响，张董事长与第四任总裁多次谈话，却怎么也不见其改进。免去其总裁职务，架空他的权力，不让他实际经营管理企业，给他一个虚位，又会被中高层经理们认为是上一次撤换总裁事件的翻版。而且第三任总裁带领一批企业骨干集体离职还不到一年，如果这个总裁也带着一批骨干离开，肯定又会造成很大的负面影响，经营管理团队的稳定性和信心也会被破坏。

"应该怎么处理？有没有最佳方案呢？在处理第三任总裁的事情时，我是不是过于着急和草率了呢？"张董事长近日来日夜难寐，几年来的事情历历在目……

（二）第三任总裁

创业初期，创业者为了追求销售收入和盈利，使公司在竞争中站稳脚跟，公司的用人政策往往是只要能拉来项目、拓展市场，就"用人不疑"，制度管理都放在其次了。结果出现了企业管理层对业务人员的一些不规范的做法，比如制作仿冒产品，甚至以次充好、搪塞客户等，都睁一只眼闭一只眼，管理制度的执行也很不规范。

张董事长在商海摸爬滚打了十几年，经验丰富，对市场判断准确，决策果断，在企业员工中有比较高的威望，但他也比较专权，很少信任下属。长城技术咨询服务公司是针对国际市场开展业务，所以，公司的管理相对比较规范，基本采取了日常事务放权给管理层的做法，但是总部的工作人员都处在张董事长的眼皮子底下，财务、人事等控制还是很严格的。

与此同时，张董事长先后从外部招聘了一些高层管理者，第三任总裁和第四任总裁是同时被张董事长招聘进入企业的。两人原来都在知名的商业信息服务企业工作，过来后都曾经担任中层管理职务，年龄都在35岁左右，而且相互之间比较了解。第三任总裁在任时，第四任总裁先是做规划发展部经理，再做总裁助理，一年后被提升为副总裁。第三任总裁从他原来所在的企业带过来几个销售管理的能手，又带领产品开发人员开发出了一个新的服务产品，还改善了客户服务体系，加强了销售人员的培训和指导，完善了电话销售体系。副总裁也引进了一家美国战略合作伙伴，共同开发出另一款新产品。公司的销售收入迅速提高。在新企业创办的两年后，公司不但收回了原来的投资，还开始盈利了。这时候，看起来一切都很顺利——企业发展开始步入正轨。

但没有想到的是，张董事长自认为一次正常的人事安排导致了第三任总裁的出走，就此多了一个强有力的竞争对手。

第三任总裁为了使企业未来有更大的发展，获得更多资本市场的青睐，以及考虑提升企业形象和知名度的需要，极力建议将企业的运营总部搬迁到上海，张董事长也觉得到大城市会有更好的市场机会，于是，公司将销售部、市场部和商务部都设在了上海。而张董事长和原有公司业务都留在原地。在这种安排下，张董事长需要经常飞往上海，而总裁等高层管理团队经常要飞到原总部所在地，不但产生了大量的差旅费支出，而且很费时间。张董事长对此越来越不满意，他认为第三任总裁是故意使他不能够对企业的运营管理进行监督和管理，有些决策和经营行为违背了他的意愿，而且接近一半的分公司总经理都是第三任总裁带来或培养起来的，企业的长期运营和控制面临着巨大的风险。他感觉自己有点被架空了。他认为不应该太信任第三任总裁和过于放权。现在他必须扭转这种局面。

张董事长觉得不能辞退第三任总裁，因为第三任总裁的业绩和声誉一直很好，在公司管理层有较高的威信。于是，在一次长谈中，张董事长向第三任总裁提出，提升其为执行董事，负责公司战略计划制订、高级商务合作等事务，但公司的主营业务由另外一个人分管。没想到，第三任总裁对这种安排非常不满，认为这是剥夺了其总裁职权，有明升暗降的嫌疑。此时，张董事长越来越感到第三任总裁对企业有着太大的野心，恰巧这时候第四任总裁

（当时的副总裁）在职权划分、人事问题上和第三任总裁产生了一些矛盾。张董事长认为这是第三任总裁压制能人、独断专权。于是，张董事长一改上次谈话的做法，非常严肃地找第三任总裁谈话，明确要求其必须按照他的意思执行。

第三任总裁原本希望能够较长时间在企业担任总裁，并且希望张董事长能够给予股权分红，从而提高个人收入。而张董事长架空其权力的举动使他非常担心未来会被赶走，权衡再三，与其被赶走不如自己主动离开，然后创业。第二次谈话一个月后，第三任总裁离开了，内部通报是离开企业去商学院进修学习。可令张董事长没想到的是，好几位分公司总经理也提出了辞职申请，张董事长得到的消息是，刚从企业辞职的第三任总裁居然成立了一家与企业从事相同业务的公司，销售的产品和企业雷同，辞职的分公司总经理也计划加入第三任总裁新成立的公司。原来，由于中高层经理们都知道第三任总裁是个能力很强的人，对张董事长逼其离开纷纷不解，于是很多人跟随第三任总裁也离开了企业。企业没有保密制度和排他制度，这使得第三任总裁和跟随他离开的人很轻松地开办起了竞争企业。这对企业中留下来的中高层经理们是一种震动，又是一种诱惑，相互争斗和对奖金收入的不满开始浮现出来。

张董事长异常愤怒，他立刻在公司内部宣布要采取市场措施制止第三任总裁创办企业的不正当行为。可是，这并没能阻止住三个分公司经理的离职，而且分公司经理离开时也或多或少带走了一些销售骨干和研发人员。

（三）第四任总裁

这样一来，长城技术咨询服务公司的士气受到了很大影响，人心涣散，业绩不断下滑。张董事长十分着急，他感觉企业已处于危急时刻，必须尽快稳定企业中高层管理团队，要让员工增强信心，并维护企业客户，特别是不能因为业务骨干的离开而损失客户。显然，总裁的位置是不能空缺的，必须尽快确定人选。内部提拔显然比外部招聘更能救急。于是，张董事长把目光放到了公司现任副总裁王明刚身上。王明刚的优点和缺点都很鲜明。王明刚的优点是他对张董事长十分忠诚，做事情十分积极，对自己分管的业务层面也十分熟悉。在这次总裁离职危机中，身为副总裁的王明刚显示出了较强的稳定局面的能力以及对张董事长的忠心。但张董事长对他的缺点也比较担忧，王明刚不善于与他人合作，喜欢批评别人，常常炫耀个人的能力和业绩，与下属的关系比较紧张。可是眼下公司在第三任总裁离开后没有更合适的总裁人选，最终张董事长任命了副总裁王明刚为公司第四任总裁。

第四任总裁一上任，即快速地展开了自己的工作：通过外部招聘人员、强化公司管理体系、推出市场促销活动等手段，使销售收入终于在三个月后有了增长，半年下来，月度销售收入和净利润突破了三年前的最高值，同比增长了近50%。张董事长悬着的心放了下来，庆幸自己的企业还是没有受到太大的影响。他认为，自己多年的苦心经营终于收到成效，在管理上也没有出什么大的差错，目前的企业已经形成了"即使高管离职、业绩也不受影响"的局面。

然而好景不长，随着公司业务的逐渐稳定，新的矛盾又产生了。首先是一些跟随张董事长创业的老员工，如分公司经理、部门负责人等开始向张董事长诉苦，反映王总裁的一些做法，如在一些公开场合直接批评这些"老臣"们工作开展不利，甚至发出让他们中的一些人让出位置的暗示，这让跟了董事长多年的人认为自己的利益受到了侵犯。另外，他们也认为新总裁开始飞扬跋扈了，认为自己劳苦功高，到处宣扬是自己的能力和业绩才使得企业有了现在的良好局面。在企业的中高层管理会议上，总裁也流露出了居功自傲的心态。这些分公司经理和总部中层经理因总裁的压制而产生的不满情绪也传导到了员工层面。还有，张董事长为了加强高层团队的力量，使企业经营管理的基础更稳固，新引入了一位负责销售的副总裁，而总裁和这位副总裁之间的合作也出现了一些问题。总裁经常在公众场合批评这位副总裁。

种种的议论和是是非非的传言，让张董事长不得不对王明刚的言行举止格外留意起来，而且他越观察越觉得有些人的反映是对的。比如，在星期五的班子例会上，他对王总裁强调，公司现在的客户需要走访，特别是新任总裁要带队出差到外地，对重要的国际客商进行拜访，并确定 2016 年的主要客户订单。但王明刚没有呼应他的要求，而是重点布置自己向下属分配的任务和事情，只有在研发经费投入时，才转向张董事长，提出他们两个要商量一下 2016 年在研发方面的经费投入的安排。"这不是我决定的事吗，为什么还要和他商量呢？"，张董事长很生气。

于是，张董事长嘱托办公室刘主任私下注意一下王明刚的言行，有问题立即向他汇报。这样一来，对王明刚不利的言论又更多地传到张董事长那里。比如，王明刚在一些场合表露出对张董事长过于细致的监督管理不满，有些中高层经理反映，总裁在和他们谈话时询问关于企业高层管理权利分配的问题，流露出"董事长不应该日常管理那么多事情，应该更放权"的意思。张董事长认为，第四任总裁心胸狭隘，表里不一，控制他人欲望强烈，没当上总裁时表现得特别忠诚，一旦翅膀硬了，就开始挑战权威，这让张董事长很不满意，而且，他认为王明刚的言行在某些方面已经影响到了一些中高层经理的工作情绪，他必须要解决，但又不能马上换掉他。张董事长准备重申总裁的任务和责任，限制王明刚的权限；他准备强化销售副总的权力，让他制衡王明刚；他还想找王明刚好好谈谈，让他摆正自己的位置……总之，张董事长觉得他要解决的问题很多，当然，他的苦恼还在继续着。张董事长应该怎样走出困境呢？

【资料来源】

改编自东北财经大学 MBA 2014 级春季在职班王小燕撰写的案例《D 企业总裁人选风波》，指导教师李品媛。

【问题】

1. 长城技术咨询服务公司的第四任总裁在任职方面有什么问题，张董事长该如何解决？
2. 张董事长是怎样的领导者，其决策风格有什么特点？

第八章　营销管理

通过本章专业知识复习和案例学习，更好地理解和掌握营销管理的基本理论，包括市场细分、消费者行为特点、产品定价模型等。学会运用市场定位等理论以及产品定价、销售渠道、促销手段等营销组合。通过完成案例作业，思考营销模式与企业成长的关系。

一、本章知识点和学习内容

（一）营销观念与营销组合

营销是一种个人或组织的行为或职能，它建立在满足社会及个人需要和欲望的基础之上；营销是一个社会交换过程，其预期效果是增加企业自身的长期收益。

营销观念发展的五个历史阶段分别为生产导向阶段、产品导向阶段、销售导向阶段、消费者导向阶段和社会营销导向阶段。由此，营销管理的发展过程分为萌芽时期、功能研究时期、营销管理导向时期以及分化扩展时期。营销组合是实现营销目标的一种策略性工具，理解营销组合模型对企业发展有重要的意义。

（二）消费者行为分析与目标市场定位

学习和了解消费者行为研究的意义和假定前提；了解消费者分类的方法；理解个人与团体消费行为影响因素和决策过程，学习并熟悉各个消费者行为研究的理论流派。

理解细分市场、目标市场和市场定位的概念及关系；了解市场细分的作用和特点；掌握市场细分的方法、评价标准及目标市场覆盖策略的类型；掌握市场定位的方法、策略及其效果的评价。

（三）营销策略组合

营销策略组合包括产品策略、定价策略、促销策略和分销渠道策略。这些策略对企业针对不同目标顾客群体，推出不同的产品和服务，销往不同地域市场，它们之间有着极大的差别，这不仅需要我们认真学习并掌握相关理论和模型，更重要的是结合企业运营实际进行分析和设计，采用不同的策略组合。

（四）营销策略组合管理

学习和了解整合营销传播的管理，包括确定受众目标、设计信息、选择传播渠道、编制销售预算、选择决策、评价促销结果等。了解广告销售促进和公共关系的管理；学习和了解销售人员的管理；了解直接营销和网上营销的管理等。另外，还要了解企业如何组织、执行、评价和控制企业营销活动。

二、示范案例

小米公司的"饥饿营销"

自苹果手机饥饿营销引发求购狂潮以来，饥饿营销成为一个流行"热词"并被企业广泛运用。苹果公司的饥饿营销策略不是通过控制产量来调控供求关系，而是利用信息封锁，营造了一种高大上的神秘感。在每一款新产品上市发布会之前，苹果公司有关该产品的所有信息全部封锁，吊足了消费者的胃口，直到在新品发布会上，再由苹果公司的董事长揭开产品的神秘面纱。不得不承认的是，一直到现在，苹果产品的技术和质感仍是世界一流的，粉丝们为能第一时间拥有它而自豪，都认为花一晚上的时间来排队抢购是值得的。而中国的一家独角兽企业——小米公司，成功地借鉴了此种营销方法，凭借自身不断开发的"黑科技"，逐步成为手机市场上的佼佼者。

（一）小米公司概况

小米科技有限责任公司（简称"小米公司"）成立于 2010 年 4 月 6 日，总公司设立在北京中关村的银谷大厦，是一家专注于高端智能手机、互联网电视以及智能家居生态链建设的创新型科技企业。小米公司创造了用互联网模式开发手机操作系统、发烧友参与开发改进以及互联网销售的模式。

小米公司的主要业务有：硬件产品，如小米手机；软件产品，主要是 MIUI 系统、米聊等。小米公司的口号是"探索黑科技，小米为发烧而生"。小米公司崇尚创新、快速的互联网文化，抛弃冗长的会议和流程，让每位员工在轻松的伙伴式工作氛围中充分发挥自己的创意。

小米公司自成立以来，发展迅速。小米公司在 2012 年全年售出手机 719 万台，2013 年售出手机 1 870 万台，2014 年售出手机 6 112 万台，2015 年售出手机超过 7 000 万台，2017年第二季度的出货量为 2 316 万台。从 2011 年 9 月 5 日首批预订到 2012 年 1 月 11 日的第三轮购买，小米手机的销售量不断攀升。首轮购买开放 180 分钟 10 万台小米手机全部售空，次轮 210 分钟销售 10 万台，第三轮 9 小时销售 30 万台；2013 年 8 月，小米公司完成新一轮融资，成为中国仅次于阿里、腾讯、百度的第四大互联网公司，估值达 100 亿美元；2014 年 10 月，小米公司已经超过联想公司和 LG 公司，一跃成为全球第三大智能手机制造商，仅次于三星公司和苹果公司；2017 年"双十一"小米公司夺取销售额五连冠，以 24.64 亿元的支付额刷新了历史纪录。小米手机销售采用的饥饿营销模式，使其一跃成为国产手机的领路者。

（二）饥饿营销的前提——圈"米粉"

小米公司有一个特别的群体，他们叫"米粉"，是一群手机发烧友。他们中绝大多数都使用过 10 台以上的手机，乐于体验市场上推出的新品，并在其朋友圈内分享使用心得。尤其当"发烧"成为一种身份，就具有强大的群聚力，无论是小米 2013 年的春晚广告片《嘿嘿》，还是 2014 年的春晚广告片《我们的时代》，结尾的时候都有一句广告语"小米手机为发烧而生"。手机发烧友，这便是"米粉"们最初凝结的一个点。

小米公司成立之时，雷军和其他几位公司创始人每天都泡在各大手机科技领域的贴吧或者论坛上，寻找最初的小米公司产品的支持者。随着 MIUI 的使用者逐渐增多，MIUI 论坛也有了一定的凝聚力和影响力，这里聚集了核心级发烧用户，他们有的是专业人士，有的是行业里的意见领袖。小米公司以极低的价格或者免费的方式向这些发烧友提供工程机，请他们对产品进行测试。第一次小米公司利用这样的方法找到了 100 名手机发烧友对产品进行测试，这些专业人士或者手机爱好者对小米公司产品提出意见和建议，再由小米公司的工程师进行修改和完善，继而反馈给用户，开始新一轮的公测，同时扩大测试人数，直到生产出稳定、优质、符合大部分用户需求的产品，就这样，形成了最初的"米粉"。

当普通消费者从朋友那里听说了此款产品，或者在论坛、微博上了解到此款产品，首次购买后，又大大超过了他的期望值，他便会向身边的朋友推荐此产品，并且继续购买小米公司的其他产品。就这样，像漩涡一样，小米公司产品的粉丝一点一点地扩散开来。为了维持和继续发展自己的核心客户，小米公司开展了一系列的活动，继续扩张属于自己的"米粉"。

1. 小米公司官方活动——"爆米花"

"爆米花"，是小米公司官方组织的大型线下活动，规模相对较大，少则几百人，多则上千人，每个月会举办两场。在举办之前，小米公司会对后台不同城市的用户数量进行分析，以此来确定举办活动的顺序，确定之后，小米公司会在论坛上发布宣传帖，用户便可以报名参加。2012 年，"爆米花"共举办了 23 场，2013 年举办了 18 场，2014 年也举办了 18 场，并首次在海外——新加坡举办。此外，到年底会迎来一年一度的"爆米花年度盛典"，这是小米公司表彰粉丝的大型年度颁奖盛典活动，旨在鼓励更多优秀的粉丝加入，同时为粉丝颁发最高荣誉——"年度爆米花之星奖"。

2. 粉丝民间活动——"同城会"

"同城会"是线上小米手机用户在线下的交流活动，规模通常在 50 人左右。每个"同城会"在小米论坛上都有一个独立的板块，小米公司会对论坛上的粉丝活动"发起帖"进行审核，若活动主题符合要求，则会用小米手环、手机壳等附赠产品予以支持。

3. "米粉节"

2011 年 4 月 6 日是小米公司成立一周年的日子，为了回馈粉丝及广大用户，小米公司将这一天定为"米粉节"，每年都会在这一天举办粉丝的盛大狂欢与答谢活动。通过"米粉节"与粉丝一起狂欢，强化了粉丝的身份认同感，将品牌与用户的沟通上升到情感的层次。此外，在"米粉节"期间，小米公司还会进行大力度的产品优惠促销，增加产品的发售节点，发放大量的折扣券，还会有部分手机免单等活动，同时，全国的"小米之家"也会为用户提供一些免费维修等服务。2017 年的"米粉节"，线上参与人数超过了 5 740 万，总销售额突破 13.6 亿元，超越了小米公司 2016 年"双十一"期间的销售额；而线下"小米之家"也有 68 家门店同庆，销售总金额突破 7 500 万元，累计客流超过 50 万人次。

（三）饥饿营销的基础——高性价比

雷军之所以选择再创业，就是基于对手机的无限热爱。在卖掉金山软件公司后，雷军开始做投资人，但这远远不能满足他那颗躁动的心。做什么呢？雷军经过反复思考，认为未来人们随身最不可缺少的东西就是手机，手机可以替代人们做生活中的很多事，手机可以上网、缴费、支付、看电影、打游戏等。但做怎样的手机呢？于是，雷军整天包里背着五六十部手机，和他的好友商量、琢磨，一旦方案成熟，雷军就注册了小米公司，召集各路高手，与人合作开发和制造手机，结果"一飞冲天"。小米公司有一套成熟的新产品定价策略。雷军认为价格的高低对消费者的购买行为有重要的影响，但手机产品有其特殊性，那就是良好的使用性和超前的功能。手机作为移动通信与移动互联网终端产品，最能代表当今年轻人喜欢的流行时尚。小米手机将目标用户定位为对互联网较为熟悉、追求新鲜事物、有个性化需求同时又具有极强接受能力的人群，要让这些人成为手机的发烧友，而发烧友对手机不是简单的喜爱，而是基于对手机高配置、新工艺的充分了解，那种深入到骨髓中的挚爱。苹果的粉丝就是这样的消费人群，手机拿在手里一掂量就能感知其与众不同，使用手机的润滑感会让粉丝们感到极其舒适，至于使用苹果机带来的荣耀感更是不言自明。小米就是要做成中国的"苹果"，就是要"米粉"们持续不断地使用小米手机。

2011 年 7 月 12 日，小米手机进入市场，新款手机售价 1 999 元。小米公司开发第一代手机产品时，就立志打造"让用户尖叫"的产品：国内首发双核 1.5 G 手机，四英寸屏幕，待机时间 450 小时，800 万像素后置摄像头。当时，和小米手机相似配置的手机定价都在 3 000 元至 4 000 元，公司在价格策略上，的确采取的是高配低价策略，使产品实现了超高的性价比。

2012 年 5 月 15 日，小米手机 1 青春版发布，售价 1 499 元。2012 年 8 月 16 日，小米手机 1S 和小米手机 2 两款新品发布，售价分别是 1 499 元和 1 999 元。2012 年 10 月 17 日，小米手机 1S 青春版发布，售价 1 299 元。

2013 年 4 月 9 日，小米手机 2S、小米手机 2 青春版发布，售价分别是 1 999 元和 1 499 元。2013 年 7 月 31 日，小米公司千元双卡双待手机——红米手机 1 正式发布，售价 799 元。

2013 年 9 月 5 日，小米手机 3 发布，售价 1 999 元。

2014 年 2 月 14 日，红米手机 1S 发布，售价 699 元。2014 年 3 月 26 日，红米 Note 手机发布，售价 799 元。2014 年 7 月 22 日，小米手机 4 发布，售价 1 999 元。

2015 年 1 月 4 日，红米手机 2 发布，售价 699 元。2015 年 1 月 15 日，小米 Note 系列发布，售价 2 299 元起。2017 年 4 月，小米手机 6 系列发布，成为中国大陆首部搭载高通骁龙 835 处理器的手机，售价 2 499 元起。

2017 年 5 月，小米公司发布小米 Max 2，这是一款屏幕为 6.44 英寸（1 英寸 = 2.54 厘米），电池容量达 5 300 毫安的手机，该款手机主打大屏大电量，售价 1 699 元起。在小米手机已推出的机型中，价格大部分在 1 999 元以内，主要通过小米公司官网发售。

为实现小米手机的超高性价比，雷军既当消费者，又做企业决策人。他先会提出一个价格，然后仔细观察每一位与会者使用手机时表情的变化。例如，小米手机最初的定价为 3 999 元，大部分员工都觉得这个功能和这个价位是匹配的，消费者是乐于接受的，但是雷军觉得这个价位还不够"让用户尖叫"，最终又降价 1 000 元。降价不降功能，还要更酷炫，真是要把合作商"逼疯"了。众所周知，苹果手机的创始人乔布斯就是这样做的，正是乔布斯的决不妥协成就了苹果手机与苹果公司的今天。

（四）饥饿营销的手段——多点开花

小米手机开发完全不同于海尔、联想和华为的战略，这些公司，尤其是华为公司，经过多年研发、自主制造，已经形成了庞大的手机产业链。而小米，从公司注册起，手机生产几乎是一张白纸，是通过委托代理商加工的形式生产的。如果市场需求量大，则供货紧张可能是常态。手机属于技术含量高的产品，研发制作环节十分复杂，涉及大量专利和许可，哪一个环节出现问题，都会导致生产延迟。这也是小米公司采用饥饿营销的客观原因。

1. 营销模式

小米公司自身专注于营销和渠道。既然小米手机想成为像苹果手机那样让消费者渴求的产品，小米公司的营销也就充分借鉴了苹果公司的模式。苹果公司的饥饿营销传播路线大致为"信息控制—发布会—上市日期公布—等待—全方位新闻报道—通宵排队—正式开卖—全线缺货—热卖—黄牛涨价"。小米公司在本质上学习了苹果公司的饥饿营销，在实际运用中比对方更胜一筹，其轨迹大致为"宣传造势—产品发布—等待—抢购—全线缺货"。

小米公司在对外发布信息时总是神神秘秘或者半遮半露，吊足了媒体和"米粉"的胃口。利用人们的猎奇心理，小米公司始终将自己置于舆论的风口浪尖，在信息或话题的不断"发酵"中，小米品牌知名度越来越高，消费者的期待也越来越高。此外，小米手机通过提高预定价格，实施高门槛策略，让消费者感觉小米产品珍贵，这大大提升了消费者的购买欲望。

2. 网络注册

小米公司的销售渠道打破了传统手机的门店模式，实行单人单号、网络直销渠道。首先，即开始阶段，购买者需要在小米公司官网注册自己的小米账号，并且每个身份证号码只能注册一个小米账号，每个"米粉"都用自己的小米账号进行手机预订，做到真正的单人单号。其次，小米手机增设秒杀活动，要求预定的资格是满足100积分，让消费者有钱也买不到。再次，小米手机采取间断性少量发货，每轮发货量在20万台左右，让消费者产生一种感觉，认为产品总是供不应求，如果买到便有一种自豪感，于是"米粉"们纷纷排队预订。

在销售策略方面，小米手机采用的是优先制，只有论坛用户才能优先购买。后来采用报名制，购买者在小米公司官网进行排号，这样才能拥有购买权。此外还有一个特殊的渠道，即凭F码购买。F码是小米在新品发布前给特殊用户的邀请码，只有拥有F码的用户才能优先购买小米公司的新品。如今，小米推出"开放购买"，每周二中午12点整举办，消费者要在上一周的周五之前提前在网上预约，以便获得购买资格。

每一个想购买小米手机的用户，都必须提前在小米公司官网上预约，再加上抢购当天和此后一周内，用户至少要登录两次小米公司官网，这就为小米公司官网积累了很大的访问量。雷军强调，小米公司卖出一部手机，不是生意的结束，而是一个生意的开始，要把每一位用户都好好伺候成"米粉"，从手机开始，再通过其他途径赚钱。饥饿营销的前提是超预期，让用户确信，其漫长的等待是值得的。

3. 媒体宣传

为了增强与用户的互动，强调用户的参与感，小米公司在营销环节中也加强了与用户的互动——主要采用两种形式：一是话题营销，二是活动营销。小米团队将各种社会化媒体的功能进行了分类，认为论坛是一个方便呈现品牌的场所，微博适合做品牌影响力的拉升，QQ空间适合做活动，而把微信当成一个客户平台在使用。小米公司的社会化营销让原本单向、线性的电商交流模式变得更具多向、网状、互动属性，充分发挥了依靠口碑和社交圈进行品牌扩散和营销的特点。

4. 微博、微信、QQ空间、论坛营销

微博最适用于话题营销，2012年小米手机青春版借助微博，成功吸引大众的关注。2012年，在青春版手机发布前大概一个半月到两个月的时候，小米团队开始在微博预热了一个名为"150克青春"的话题，放了一系列的插画，大致是大学时代的经典场景，有男生版、女生版的各种象征青春的物品（比如男生的游戏机、照相机，女生的体重计），但就是不公布这"150克"到底指的是什么。这个话题大概"发酵"了一个半月，其间掀起了一股年轻人怀旧的浪潮。

青春版手机的首发也是在微博进行的。小米同时还拍了一部青春微电影——《我们的150克青春》并上传至优酷网，影片的后半段，雷军和其他几位公司联合创始人重回大学宿舍，演绎了他们的大学生活。首发当日终于揭晓谜底：这150克是小米手机青春版的重量。当日的小米微博转发创下了2012年最高的微博转发量，共有200多万次的转发，100多万条评论。

2012年5月15日，小米公司通过微博平台，开启"转发微博送手机"的活动，计划在

3天内赠送36台小米青春版手机，开启了营销序幕。5月18日上午10点，小米手机青春版15万台手机开始正式发售，9点30分左右，小米公司官网便出现拥堵，10点开始，网页不时出现"人流拥挤"的字样，10点11分，网页显示："15万台小米手机青春版已经在10分52秒预订完毕。"

小米公司不断尝试用不同的社会化媒体来进行营销。2011年8月18日，雷军做客腾讯微论坛，在论坛上，为了证明小米公司对产品性能的严格测试，小米手机是货真价实的好手机，雷军冒着如果失败就是"身败名裂"的风险，当着众多媒体的面进行手机测试，直接将自己的小米手机从1.6米高摔下，结果手机摔在水泥地上，电池飞出，但是手机没有损坏，可以正常开机。2013年的"米粉节"发布会当天，小米公司在微信上举办了一个"大家看发布会直播"的抢答活动，具体规则是每10分钟一轮抢答，每轮送1台新品小米手机和50个F码（小米手机优先购买权），共13轮。活动开始后，两个小时内就有280万条的消息互动量，当天增加了18万名的微信粉丝。

2013年8月，小米公司又进行了一次新的尝试，将低端手机——红米手机的独家发布选择在QQ空间举行，并将其做成一个互动的预约活动，这也是QQ空间对社会化营销模式的一次新探索。此次活动最终有745万名用户预约，90秒的时间10万台手机售罄。在推广MIUI系统时，小米选择论坛作为始发地，这是因为论坛与其产品特征最为贴合。MIUI系统的使用，需要刷机和破解ROM权限，具有很高的门槛——这就很难通过微博来完成；而业内人士分析，选择QQ空间首发红米手机，是因为QQ空间面对的大部分是三四线城市的年轻群体，这个群体中有很多收入不高的人对于低价位高配置的手机非常感兴趣，红米799元超低的价格和较高的配置与此群体的需求是相匹配的。

【资料来源】

［1］萨日娜．"饥饿营销"在实践中的应用研究——以小米手机为例．科技经济导刊，2017（3）．

［2］鄢章华，刘蕾，白世贞，等．基于收益共享契约的"饥饿营销"模式供应链协调研究．管理评论，2017，29（2）．

［3］方丹．解读"小米模式"．现代商业，2017（16）．

［4］翟佳．浅谈小米手机的新媒体广告营销策略．科技经济导刊，2015（34）．

［5］陈丽．浅析小米手机的营销策略．科技经济市场，2017（8）．

［6］徐甜．浅析小米手机饥饿营销的得与失．全国流通经济，2017（17）．

［7］刘畅．小米手机营销策略分析．中国电子商务，2014（13）．

［8］陈润．超预期：小米的产品设计及营销方法．北京：中国华侨出版社，2015．

【问题】

1. 企业营销有多种模式，小米公司为什么选择饥饿营销？

2. 请根据营销理论，分析小米手机能否像苹果手机那样成为世界知名品牌。

【案例分析】

（一）营销理论

1. 饥饿营销的基本特点

饥饿营销是指由企业调控商品的生产，以"吊胃口"的形式吸引消费者，造成由商家主导的产品"供不应求"的现象，以此达到增加商品单价、增强消费者购买欲望、提高企业销售额的目的。其关键点在于产品对消费者的吸引力，以及如何让消费者有供不应求的紧迫感。饥饿营销一般借助三类因素：一是把握市场节奏，推出适合市场、具备强大竞争力的产品；二是通过各种媒介宣传造势；三是产品本身具备核心竞争力，并且不容易被复制仿造。成功的饥饿营销能提高产品的售价和利润率，维护品牌形象，提高品牌附加值。

2. 饥饿营销的"效用理论"

在企业对商品进行一系列调控以后，消费者就会产生"买到了""是新产品""服务很好"等一系列满足感。根据马斯洛的需要层次理论，首先，饥饿营销抓住了消费者的购买动机中的"成长的需要"；其次，消费者能拿到一个限量版手机、能排队抢购到新颖的产品都是对自己能力的一种证明，这满足了消费者对产品的好奇心、对美的追求，属于"认知需要"和"审美需要"；最后，消费者可以证明自己很时尚、有品位，是有追求的人，同时也证明自己有社会地位，这满足了"自我实现的需要"。饥饿营销的"效用理论"就是运用消费者这样的满足感和自我实现的需要，人为操控市场商品供求关系，使消费者的心理得到充分满足，以此来提高企业经济效益。

（二）分析要点

1. 企业营销有多种模式，小米公司为什么选择饥饿营销？

所谓"饥饿营销"，是指供应商有意调低产量，以期达到调控供求关系、制造供不应求假象、维持商品价格和利润的目的。饥饿营销对消费者心理的激发机制，就是利用消费者越缺乏就越要购买的心理，有意制造商品短缺假象，让消费者感到紧张，激发消费者的购买欲望，让其感受到"独家占有"的快乐。

小米公司选择饥饿营销主要有以下三个方面的原因：

（1）不充分的市场竞争。

2011 年 8 月以前，国内尚无网站直销智能手机，小米公司首创官网直销，在国内率先开启了新的销售模式：借助市场短暂的空缺，迅速建立自己的饥饿营销模式，等其他品牌纷纷效仿时，小米公司已成功打响了自身的知名度。

（2）产品的综合竞争力和较强的不可替代性。

小米手机的定位是高性能的发烧级手机，核心卖点是高配置及 MIUI/Android 系统（使得小米手机成为运行速度最快的双核智能手机）。硬件配置方面，双核、大屏幕、大电池、信号好四个特点使小米手机拥有不弱于国际知名品牌手机的续航能力。包装方面，也特别注重体现小米手机的抗摔能力和承重能力。此外，产品的优良品质、新颖款式、可靠质量也是实施饥饿营销的关键点，是实现产品不可替代性的主要方面。只有质量过硬的产品才能吸引消费者，才能激发其购买欲望。小米手机的创始人雷军被冠以"中国乔布斯"的称号，具有一定的声誉和影响力。出于对雷军个人的崇拜，第一批"米粉"形成了。这群"米粉"不仅是小米手机的消费者，更是小米公司的义务宣传员，可以说，粉丝的坚强存在在一定程度上造就了今天的小米公司。而后，"高性价比"的口碑和强大的宣传造势让小米手机的粉丝人数滚雪球般地迅速增长。

（3）消费者的特定心理。

饥饿营销利用消费者购买动机中的成长需要，牢牢把握住了消费者的猎奇心理和购买动机。排队抢购产品不仅满足了消费者的好奇心和对时尚的追求，也满足了其内心认知渴望和与他人不同的需求。小米公司有意制造商品短缺的假象，让小米产品快速进入了大众的视线，吊足了"米粉"的胃口，也让小米的品牌知名度"一飞冲天"。从早期的优先制，即论坛用户可以购买，到后来的实名制，即购买者要在网上排号才可以购买，再到现在的开放式购买，即会在特定的时间开放销售，小米公司的"饥饿营销"增强了产品吸引力，激发了消费者的购买欲望，提升了品牌的价值。

饥饿营销模式对小米公司的有利之处体现在以下三个方面：

一是提高了产品附加值。众所周知，对于数码产品来说，科技更新速度的加快必会导致产品更新换代的加快，所以一直很难保值。因此，企业在进行新产品销售时，一般会采取撇脂定价策略，以降价促销的形式处理掉以前的存货。消费者要的不是便宜，而是感觉自己得到了便宜。因此，降价促销对于消费者来说会有很大的吸引力。

二是降低了仓储成本和压库风险。小米手机的饥饿营销策略在降低了库存成本的同时，也减少了小米公司的资金流压力。一方面，小米手机并没有大批量生产，若市场反响不好，可以立即采取措施应对，减少产量，从而降低风险。另外，正是由于小米手机没有大批量生产，仓库里也就不会出现大规模的压货现象，因而也可以降低库存成本，减少压库。另一方面，饥饿营销可以让小米公司加速资金回笼，缩短资金周转周期，从而减少了资金流压力。小米公司每周二中午12点整举办手机抢购活动，手机每次都能够销售一空，资金很快回笼，回笼的资金又可以马上投入生产中，小米公司可以高效率地利用资金。

三是减少了广告投入。互联网销售的模式降低了销售成本。一方面，小米手机采用互联网销售的模式大大减少了实体广告推广费用，节省了成本。另一方面，在创业初期，小米公司并没有线下实体店，减少了店面成本。但随着小米手机市场份额的不断上升，用户群体的不断扩大，小米公司慢慢开始注重用户体验。"小米之家"在一些大城市开始建立，然而"小米之家"并不卖手机，"小米之家"主要是给广大"米粉"提供一个亲身体验的场所，附带销售手机配件。但是比起一些大品牌，小米的实体店数量十分有限。

2. 请根据营销理论，分析小米手机能否像苹果手机那样成为世界知名品牌。

小米手机"中国第一部互联网手机"等响亮名头铺天盖地的时候，其实就是和论坛用户、工程机用户、发烧友进行用心交流的时候，互联网的软性也在督促小米根据用户的需求去改进手机的外观、功能、性能。

小米手机号称是性能最优的平价智能手机，其"为发烧而生"的口号路人皆知，它准确地抓住了目标消费人群——15~40 岁的中低收入年轻人群，因为这个年龄段的消费人群是伴随互联网成长的一代，比其他年龄段的消费者更容易接受新生事物，所以很快就成为小米产品的"发烧友"。小米公司对客户的精准定位使其能够牢牢地抓住买单人群，从而对开发潜在的消费者有巨大的帮助。这种独特的定位方式明显区别于大众手机的普通市场定位，能够让市场拥趸者也体会到自己是独特的消费群体，这样既让消费者有了"与众不同"的心理感受，又利于提高"米粉"们对小米产品的购买欲望，从而为小米产品后面的饥饿营销抓住了市场。饥饿营销在客观上延缓了新产品批量上市的风险，以免产品出现瑕疵，或者软件产生问题，至少在上市初期，试销数量带来的风险是完全可控的，不至于影响公司的品牌声望。小米手机的营销策略见表 8-1。

表 8-1　小米手机的营销策略

策略类型	营销组合
产品策略	硬件发烧，软件极致，优化系统
价格策略	高性价比
促销策略	限量抢购，饥饿营销
渠道策略	网络销售为主，多渠道销售

（1）产品策略。

小米手机致力于打造时尚潮流的手机品牌，采用的是目前世界上最强大、速度最快的处理芯片，也是我国第一部双核 1.5 G 的智能手机，并专门针对国人的手形设计了 4 英寸的屏幕，并不是小米公司不能做出屏幕更大的手机，而是更加注重了用户的把握舒适感。小米公司不仅仅推出了"高配置+低价格"的超性价比产品，而且考虑到智能手机的硬件配置更新速度快，价格下降快，高配低价的模式容易被模仿、被超越，小米公司同时还打造了基于安卓系统的 MIUI 操作系统以及米聊应用，以此形成了"硬件+软件"的品牌核心竞争力。

（2）价格策略。

与苹果手机始终保持高傲、特立独行、神秘，以彰显其地位的定位不同，小米公司主打"发烧"理念，激发人们惯有的"物美价廉"心理。通过前期市场分析，小米公司早早就找到了手机市场的主流价位，其定价一直稳定在 2 000 元左右，在保证一定毛利率空间的前提下，把手机的配置做到最高，这样，与同类手机产品相比，小米手机就拥有了价格优势。装配了双核处理器的小米手机，以 1 999 元的价格出售，不仅勾起了手机发烧友的好奇心，还吸引了媒体的关注，小米手机的形象迅速提升，堪称"性价比之王"。小米手机推出的产品大多定价为 1 999 元，部分在千元以内。在商品进入市场初期，低价容易使其迅速地被消费者接受，企业可以迅速地在市场上打开销路，且一进入市场便因价格在消费者心目中树立起良好的形象。同时，如果在使用了此商品一段时间之后，消费者获得了较好的用户体验，就会对这样"物美价廉"的商品产生好感并给予好评，留下此商品"值得购买"的良好印象。这样一来，消费者的品牌忠诚度就会提升，就更加容易再次购买，同时消费者也会乐于将此商品推荐给熟人。这正符合"以粉丝为核心和靠粉丝传播"的营销理念。

（3）促销策略。

小米公司善于利用多方媒体的影响力，用立体化的整合营销渠道进行产品推广，同时在发布前先引发公众热议。小米公司舍弃了传统的电视广告、户外广告等主要宣传渠道，采用了有效且不花钱的口碑营销方式提升品牌价值，通过互联网以及自媒体宣传，进一步实现口碑营销，使产品发布会聚集万众期待的高人气，形成了良好的品牌知名度。在小米手机的研发过程中不得不提到的就是小米社区，这个平台是小米公司营销策略的重要一环，一直为小米公司的发展默默地做着贡献。用户注册后可以在这里发帖、转帖、交流。小米社区会每周及时更新和发布最新的 MIUI 系统和相关应用，提高成员的参与度，并根据用户的意见和要求对 MIUI 系统进行更新改进，开放式的平台氛围激发了"米粉"们的创作热情。同时，小米社区还会不定期举办一些活动，吸引发烧友，使发烧友们对论坛产生依赖。微博营销具有高互动性、强针对性等优点，小米团队把微博营销也纳入了企业营销战略部署，努力实现品牌宣传、客户关系维护，以热点话题等形式揭秘小米手机的一些特性，使小米成为舆论的焦点。同时，小米公司 CEO 雷军还利用个人影响力吸引粉丝关注即将面市的小米手机，给小米产品的发布会预热。公司又将论坛与微博结合，快速地发布信息，实现了精准传播。最后，吸足了眼球的小米手机会举行发布会，现场会聚集大批媒体新闻记者与众多粉丝，从而形成了一道靓丽的"风景线"。

（4）渠道策略。

小米公司的销售渠道打破了传统手机的门店模式，实行单人单号和网络直销。在开始阶段，购买者需要在小米公司官网注册自己的小米账号，并且每个身份证号码只能注册一个小米账号，每个"米粉"都用自己的小米账号进行手机预订，做到了真正的单人单号。后来小米手机入驻各大电商平台，采用 B2C 销售手段，这不仅使小米减少了渠道费用，进一步节约了成本，还加快了资金回笼。30 万台小米手机的生产成本大约在 4 亿元，如果按照常规的渠道销售，资金回收时间较长，无疑会拖累小米。雷军说："小米采取线上售卖的方式，不仅仅是一种潮流，更是一种先进的销售模式，可将中间省下来的利润，直接回馈给广大受众，让'米粉'们买到更物美价廉的产品。"

小米的线上销售与饥饿营销相互配合，首先强力地进行宣传造势，利用电视、网络等媒体对产品进行大力宣传，制造出系列能够吸引消费者眼球的"卖点"，激发消费者立即拥有产品的欲望。B2C 电子商务模式为消费者预订、抢购提供了便利的渠道，避免了传统销售模式的劣势。但小米公司也深知，如果消费者使用产品的感觉不好，产品也很难在市场上立足，消费者也不会形成品牌忠诚。其次，小米公司运用互联网获得了巨大的用户群体的同时，也建立了属于自己的营销渠道，即在线销售、网上订购，也即消费者可以通过小米公司官网预订手机。另外，小米公司也借助互联网不断地提升自己的品牌形象，给消费者提供更好的使用体验，进而巩固自己的品牌地位。目前，小米手机虽然与苹果手机还不在一个档次上，但是，小米产品用户群体的快速增长，说明小米手机的品牌认知度不断得到提升。2018年7月，小米公司在香港上市，市值超过3 700亿港元。这为小米公司业务的后续发展提供了充足的资金，小米公司也会在手机的研发和产品换代上不断提升自己的能力，让中国手机品牌成为世界品牌。

三、案例作业

小企业大品牌 两根槌子打天下

（一）创业之路

H乐器公司（以下称H公司）的前身是一家于2006年在Z市城郊一个破旧的仓库里开张的小工厂。创立之初，工厂面积仅为300多平方米，员工不超过10人，专门代工生产打击乐产品——鼓槌。从小打小闹的手工作坊发展到如今拥有注册商标18个、发明专利2个、实用新型专利13个，从业人员近百人的企业。产品销往世界五大洲，在业界享有"小企业大品牌，两根槌子打天下"的美誉。H公司富有传奇色彩的发展过程很值得我们仔细品味。

改革开放以来，人们的生活观念发生了翻天覆地的变化。打击乐作为一种从国外舶来的艺术形式，在国内开始受到人们的推崇和喜爱。H公司沐浴着改革的春风，代工订单慢慢增加，生产规模逐步扩大，前景一片大好。然而，在2009年，一件惨痛的事件差点让公司陷入万劫不复的境地。那一年，公司接到法国著名乐器制造商GL的一个代工大单，价值约200多万元人民币，这相当于那时公司半年的产值。接到订单后，公司立马组织人员没日没夜地加班生产，并在要求的时间内完成了生产任务。然而，当客户代表来验货时，却发现了一个问题：整批产品的长度比客人的要求短了1.5毫米，经追查得知，是公司在多次样品确认后没有及时更改产品规格所致。当然，对于专业的演奏者来说，差1.5毫米根本不会影响产品的功能，如果进行销售，购买者照样能接受。但经过多次沟通，法国客户坚决不接收这批产品，并对公司不能及时出货提出索赔。最后的沟通结果是客户给出了"三不原则"，即不索赔、不接收、代工方也不能销售这批产品。公司最终只能咽下这个苦果，白白失去了200多万元。惨痛的经历差点让公司走上绝路，还好在得到银行的贷款后公司得以起死回生。这次经历也让公司的领导层彻底醒悟——没有自己的品牌，一切只能受制于人。于是，从那时起公司开始了品牌的发展之路。

（二）市场分析

对于鼓槌行业来说，它的主要生产流程就是木材的加工，技术含量不高，进入门槛低，想退出也不难。但是，为了保证产品的质量，H公司对鼓槌的选材非常苛刻，木材原料都是从美国原产地进口的山胡桃木，这种木材的密度和韧性比国内相同的木材好，能延长鼓槌的使用寿命。另外，木材变形是鼓槌最致命的威胁，为了提高木材的稳定性，公司对木材的除湿工作非常重视，每柜木材进来后都要在湿度 45 度左右的除湿室放置一年以上，并在生产过程的各个环节都对环境的温度、湿度进行严格的管控。产品出货后，头部打断和棒身变形的现象比例都非常低。这是其他同行所难以超越的。

H 公司国内外的竞争对手众多。国外最大的竞争对手是 VCF 公司和 BM 公司，因营销方向和价格定位问题，它们对 H 公司不构成威胁；而国内的竞争对手因规模小、产能低，有些产品的型号还要模仿 H 公司的产品，它们只能吸引一些对品质要求不高但对价位要求高的消费群体。

H 公司的主要供应商绝大多数分散在全国各地，供应商的规模小，产业集中度低，而且，H 公司的市场形象好，供应商跟 H 公司合作就相当于间接地在为自己做宣传，因此，他们也愿意跟 H 公司保持良好的合作关系。

H 公司的顾客大多数是职业鼓手和学生。公司以"质量是标配，服务是卖点"为营销核心。职业鼓手对产品的质量和服务要求较高，而学生对产品的款式、花样要求较高。

（三）品牌建设

对市场的调研结果给了 H 公司的领导极大的信心和鼓舞，打击乐大有可为！于是公司对品牌的发展战略进行了周密的规划和布局。

1. 注重研发

公司开始重视产品的设计研发并及时申请商标和专利。公司不惜重金聘请了一个出色的设计和创意团队，团队成员中不仅有乐器设计师，也有资深的乐手。经过一年的努力，公司的商标和专利从无到有，并且研发出多款备受消费者喜爱的产品。公司投入大量的资金用于研发，2017 年，公司已拥有注册商标 18 个和发明专利 1 个、实用新型专利 13 个、版权专利作品 2 个，并且商标和专利的开发一直在进行中。

5A 和 7A 是鼓槌市场上主打的两个型号，而 H 公司出品的 5A 和 7A 两个型号的鼓槌在产品的头型上因考虑到打击者的演奏手势和习惯而进行了改良，并且在产品涂膜上充分考虑到击打时的防滑需要而使用了特殊的防滑漆，专业而细腻的做工使产品备受消费者的推崇。在此基础上，公司还研发出了 2B 系列、3A 系列、5B 系列、签名系列 4 个系列 50 多种新型号，并可根据客人的需求量身定制。

2. 改进生产流程

有了独立的品牌和新研发的产品后，接下来最重要的是如何把样品转化成批量生产的产品以满足市场需求。公司是由手工作坊生产方式演变而来的，故生产管理基础较为薄弱，流程不畅，员工流动率高，从而导致生产成本高且常出现生产延误的现象。基于此，公司引进了一个职业经理人团队对企业整个管理机制进行改革，对生产车间进行流程再造，同时引入精益生产的管理方法、引进智能制造的自动化生产线，这使公司的生产管理水平有了一个质的飞跃，产能成倍增长。建厂前几年，公司鼓槌的月产能是 5 000 副左右，而在 2016 年，鼓槌的月产量已能达到 60 000 副以上。产能的提升有效地促进了销售，公司的业绩得到了很大的提升，产销达到平衡并稳步发展。

架子鼓的使用者分为两大类，即职业鼓手和架子鼓爱好者（含学生、学龄前儿童），两类使用者最早的比例大约是 8∶2。随着我国二孩政策的出台以及人们生活水平的提高，家长对孩子的教育越来越舍得投入，乐器行业已成为朝阳产业。学生和学龄前儿童中的乐器使用者急剧增加，职业鼓手和架子鼓爱好者的比例已由原来的 8∶2 变为 3∶7。鼓槌市场一直以来都是以本色产品为主，但 H 公司捕捉到市场消费受众已开始倾向学生和学龄前儿童，而这类消费群体最喜欢五颜六色的产品，所以及时推出了多款彩色系列产品，如五彩缤纷的靓彩系列、黑夜中会闪光的闪夜系列，深受学生和学龄前儿童喜爱。

3. 培育公司文化

随着公司的发展壮大，企业的文化建设被提上了日程。公司尊重员工个性的发展，为员工提供充分的发展空间，每一位员工都有机会成为公司的合伙人，比如，公司的股东之一当初就是公司的业务员。

公司有一套很有特色的企业文化。比如：公司的经营理念——充满正能量的乐器制造者；公司的宗旨——远见卓识、善于承担、勇于面对；公司的形象——坚毅、挺拔、微笑、前行；公司的责任——依靠自身能力与睿智，不断创新，为 H 品牌的使用者带来灵感，制造有性格、有尊严的中国品牌；公司的信仰——创新卓越，博世未来，提倡"正能量叛逆"。

在企业文化的引导下，通过全员的共同努力，公司发展正朝着质量、品牌、创新、超越的方向稳步前进，并融入社会文化产业发展的潮流之中。

4. 加大产品促销

产能提高了、品牌建立了，如何把公司的产品推广给国内外的使用者，这就涉及公司的营销能力。H 公司在对市场进行评估后，确定并把握住了营销的方向，销售部门从开始只有 1 个业务员发展到 5 人销售小组，再到 12 人的销售部。公司通过线上和线下的方式进行销售，在线上，通过淘宝、京东、阿里巴巴、跨境电商开展营销活动；在线下，与全国 400 多家经销商保持稳定的合作关系。

同时，H 公司紧紧抓住了产品的主要受众——学生，不惜重金全方位地进行了宣传。公司每年都会参加国内三大打击乐赛事，即上海全国青少年打击乐大赛以及全国 30 多个分赛区的比赛、全国打击乐大赛总决赛以及各分赛区的比赛、上海音乐学院 IPEA（International Percussion Education Association，国际打击乐教育协会）全国高校打击乐大赛以及各分赛区的比赛。通过各大赛事，鼓槌品牌深深地扎根在各不同年龄段的学生心里。

社会发展了，人们的消费理念也发生了根本的变化。营销不再只是为了卖出产品，而在于提供服务和体验。H 公司认识到市场需求的变化，形成了一套完整的、以"服务设计"为核心的用户体验与产品可用性研究的理论与方法体系，能及时、有效地根据市场和客户的要求，用最快的速度设计出客人心仪的产品；公司还为客户提供从产品策划到产品二维设计、三维设计及后期生产跟踪与产品视频动画展示，为客户提供产品推广环节的品牌形象设计、包装广告设计与互动媒体设计一条龙服务。

十年磨一剑！经过 10 年的沉淀，公司已一步步发展壮大，从一个单一的以代工为主的手工作坊逐步发展成为一家从研发到生产、再到销售，服务一条龙的规模企业。公司的年产值已从原来的 500 万元发展到 2016 年的 2 000 多万元，产品在国内市场的占有率达到 70% 以上，H 公司的鼓槌品牌也成为业界公认的国内第一品牌。

【资料来源】

改编自国家开放大学 2017 年工商管理案例设计与分析大赛作品。

【问题】

1. H 乐器公司如何实现了"两根槌子打天下"？请总结三点以上的原因。
2. H 乐器公司在产品推广上，还可以采取哪些行之有效的手段？

第九章 组织文化

通过本章专业知识复习和案例学习，更好地理解和掌握组织文化理论的基本内涵，包括组织文化的概念、作用与特点，显性文化与隐性文化的差异以及对组织发展所起的不同作用，组织文化的特定功能与作用机制，不同组织文化的类型以及组织文化建设的要点和基本方法。通过完成案例作业，思考组织文化的作用机制。

一、本章知识点和学习内容

（一）组织文化的内涵与结构层次

了解和辨析各种流派的组织文化的概念，知晓文化的适应性和组织文化管理的关系，理解组织文化的三个层次，即精神层、物质层和制度层。组织文化的内容包括显性内容和隐性内容两大部分。显性内容是指人们通过视听器官就能感受到的组织文化部分，它包括组织的标志、工作环境、规章制度和经营管理行为等。组织文化的显性内容是组织精神的外化，属于组织隐性文化的载体。以组织的隐性知识为主构成的文化属于隐性文化，是指存在于员工个体和各级组织（团队、部门、层次等）中难以规范化、难以表述、不易交流与共享、不易被复制或窃取、尚未编码和显性化的各种内隐性知识，还包括通过流动与共享等方式从企业外部有效获取的隐性知识，如组织哲学、价值观念、道德规范、组织精神、组织的美学意识、组织心理、组织的管理思维方式等内容。

（二）组织文化的功能与作用

组织文化的功能主要有导向功能、凝聚功能、约束功能、激励功能和辐射功能。这些功能的发挥决定了组织文化在组织成长中的作用。组织文化的形成机制：组织文化通常是在一定的生产经营环境中，为适应组织生存发展的需要，首先由少数人倡导和实践，经过较长时间的传播和规范管理而逐步形成的。组织文化是不断实践与规范管理的结果，组织文化建设是需要不断巩固和完善的系统工程。对于这些知识，我们要有基本的了解，以增强组织实践经验。

（三）组织文化的类型

组织文化的类型主要包括：杰弗里·索南菲尔德的文化类型，分为学院型、俱乐部型、棒球型和堡垒型；迪尔与肯尼迪的文化类型，分为硬汉型文化、享受型文化、赌徒型文化和过程型文化；丹尼森—达夫特的文化类型，分为适应型文化、使命型文化、小团体式文化和官僚制文化；威廉·大内的文化类型，分为 A 型文化、J 型文化和 Z 型文化。还有跨国组织的霍夫斯坦特模型，包括权力差距、不确定性规避、个人主义与集体主义、男性化与女性化等要素。

（四）组织文化建设

组织文化建设主要分三个层面。一是提出组织文化建设的基本程序，包括：发现并分析现存组织文化的关键问题；要对现有组织文化的核心价值观和管理哲学进行系统研究，按"组织文化定位的七大要素"梳理；要对组织核心价值观进行提炼；围绕核心价值观和管理哲学进行制度层面和物质层面的建设，构建"理念—典型案例—管理机制"的完整的文化建设流程。二是分析组织文化建设的强化要素，具体包括：树立组织的精神领袖人物，通过讲故事的形式使员工身受教育；开展一定的礼仪和仪式教育；印制出版物及建立网站。三是介绍组织文化建设的一般性方法，包括示范法、激励法、感染法和自我教育法。

二、示范案例

格力电器的企业文化

（一）企业发展简介

珠海格力电器股份有限公司（简称"格力电器"）成立于1991年，是一家集技术研发、生产、销售、服务于一体的国际化家电企业，旗下拥有格力、TOSOT、晶弘三大品牌，其中，"格力"品牌空调是中国空调业唯一的"世界品牌"产品，业务遍及全球100多个国家和地区。

截至 2017 年，公司在国内拥有珠海、重庆、合肥、郑州、武汉、石家庄、芜湖、长沙、杭州九大生产基地，在国外拥有巴西、巴基斯坦两大生产基地，共 8 万多名员工，至今已开发出包括家用空调、商用空调在内的 20 大类、400 个系列、10 000 多种规格的产品，能充分满足不同消费群体的各种需求；拥有技术专利 50 000 多项，其中发明专利 30 000 多项，是中国空调行业中拥有专利技术最多的企业，也是唯一不受制于外国技术的企业。自主研发的超低温数码多联机组、高效直流变频离心式冷水机组、多功能地暖户式中央空调、1 赫兹变频空调、R290 环保冷媒空调、超高效定速压缩机等一系列"国际领先"产品，填补了行业空白，成为从"中国制造"走向"中国创造"的典范，在国际舞台上赢得了广泛的知名度和影响力。

2017 年，格力电器实现营业总收入 1 483 亿元，同比增加 37%；净利润 224 亿元，同比增长 45%，纳税超过 150 亿元，连续多年位居中国家电行业纳税第一，累计纳税超过 900 亿元。连续 10 年上榜美国《财富》杂志"中国上市公司 100 强"。

格力电器经过 20 多年的发展，成为国内家电第一阵营的品牌，除源于其所拥有的核心技术、创新能力、管理能力以及人力资源外，更与其独特的企业文化息息相关。

（二）格力电器的企业文化内涵

1. 理念文化

格力电器以"实、信、廉、新、礼"为核心价值观，以"忠诚、友善、勤奋、进取"为企业精神，以"少说空话、多干实事"为工作态度。"实"体现在公司战略上是实事求是，求真务实，心无旁骛地坚持走专业化和稳健发展之路；"信"体现在公司精心打造优质产品，为人类提供舒适生活环境，遵从诚信经营，服务奉献全球客户；"廉"体现在廉洁奉公、严于律己，形成良好的企业精神风貌；"新"体现在公司鼓励技术创新、管理创新、文化创新；"礼"体现在公司以人为本，互相尊重，平等、友善、团结、协作。格力电器核心价值观的具体内容如下：

（1）企业使命：弘扬工业精神，追求完美质量，提供专业服务，创造舒适环境。

（2）企业愿景：缔造全球领先的空调企业，成就格力百年的世界品牌。

（3）经营理念：一个没有创新的企业是没有灵魂的企业；一个没有核心技术的企业是没有脊梁的企业；一个没有精品的企业是没有未来的企业。

（4）服务理念：您的每一件小事都是格力的大事。

（5）社会责任：责任让爱同行，多年来，格力电器胸怀天下，视社会民生为己任，积极参与社会公益活动。

2. 格力电器企业文化的构成

（1）强化"以人为本"的文化内核。

20 多年来，格力电器始终坚持"以人为本"的管理理念，在公平、公正的原则下，建立了一套与格力电器企业文化相匹配的"选、育、用、留"的人才培养体系。"以人为本"强调人是企业在持续创新中最基本的要素，要激发人的主观能动性。制造业的转型、突破必然要求人才队伍的升级发展。格力电器人才培训与培养工作以"全员学习，支持变革，智造传承，助力发展"为核心思路，推动各项业务的发展与创新。企业领导层越来越重视知识型员工的作用。格力电器的一位高管曾经说过：过去的人事管理是把人作为蜡烛，不停地燃烧直至告别工作舞台。而现在，把人才看作资源，人好比蓄电池，可以不断地充电、放电，现在的管理强调人和岗位适配，强调人才的一次开发，对人才的管理不仅是让他为企业创造财富，同时也要让他寻找到最适合自己的岗位，最大限度地发挥自身潜能，体现个人价值，实现自我成长。

格力电器充分利用各种平台和渠道激发员工的工作积极性。比如，利用微信平台对员工进行民主管理，提高了工会的工作效率，同时为员工提供了更便捷的沟通渠道；公司开展"工人先锋号"评选活动，充分发挥工人先进模范在生产攻坚中的模范带头作用，"表彰一个，带动一片"；开展各类员工利益保障工作，如员工阳光互助基金、困难员工救助、节假日慰问、满意度调查等。

（2）培育"创新引领"的文化基因。

打造学习型组织是企业面对知识经济挑战的必然选择。格力电器在企业成长过程中，坚持以自主创新为核心，"顺应市场需求、引领市场需求"去做产品，通过不断学习、强化科研来提高企业的竞争力。2016年，公司获批建设"空调设备及系统运行节能国家重点实验室"，加之原先建设的"国家节能环保制冷设备工程技术研究中心"和"国家认定企业技术中心"两个国家级技术研究中心，一个国家级工业设计中心，制冷技术研究院、机电技术研究院、家电技术研究院、智能装备技术研究院、新能源环境技术研究院、健康技术研究院、通信技术研究院七个研究院，一个机器人工程技术研究开发中心等，已经形成了以科研院所为核心的研发机构，成为企业不断研发出世界级专利的基础。多年来，公司在产品技术上开发出超低温数码多联机组、高效离心式冷水机组、1赫兹低频控制技术、变频空调关键技术、超高效定速压缩机、R290环保冷媒空调、多功能地暖户式中央空调、永磁同步变频离心式冷水机组、无稀土磁阻变频压缩机、双级变频压缩机、光伏直驱变频离心机系统、磁悬浮变频离心式制冷压缩机及冷水机组、高效永磁同步变频离心式冰蓄冷双工况机组、百万千瓦级核电风冷螺杆式冷水机组环境温度 −40℃ 工况制冷技术、三缸双级变容压缩机技术共15项"国际领先"级技术，截至2016年年底，公司累计总授权专利超过15 000件，位居全国发明专利排行榜第七位，在家电行业位列第一。

格力电器在技术、营销和管理上不断创新，这也是公司得以持续发展的源泉。在技术上，格力电器多年来十分重视对技术研发的投入，每年投在技术方面的资金占销售额的比例超过3%。一方面，通过引入、培养技术专家队伍，另一方面，通过不断投入巨资引进先进的技术研发设备，建设国际一流的空调实验室，使格力电器在空调产品的研发水平上始终处于行业领先地位。

（3）塑造"让世界爱上中国造"的管理文化。

第一，格力电器注重品牌优先策略，以高品质、高可靠性的产品和技术在消费者心目中树立了良好的形象，以实实在在的质量与服务赢得顾客。不拿消费者当实验品，在产品未成熟之前，不为抢市场而匆忙推广产品，只有在彻底解决所有问题后，新产品才可以正式上市。正是格力电器在销售市场的高标准让格力空调在众多品牌中脱颖而出。格力人认为，技术和质量是一个品牌的"桶底"，没有高品质产品就没有一流的高端市场占有，也就没有一流的品牌。比如，按国家标准，电容表面温度只要达到70℃，能正常运行600小时就可以判定为合格产品，但是在格力电器，电容必须在此条件下运行1 000小时才被认定是合格的。另外，在铜管的使用上，格力电器多年坚持采用全球最大的铜管制造商制造的铜管，其产品质量在行业内公认是最好的，当然价格也会比其他铜管厂高出 5% 以上。格力先后斥巨资建成了热平衡、噪声、可靠性、电磁兼容、全天候环境模拟等 400 多个专业实验室，确保格力空调出厂前都经过"千锤百炼"。

第二，格力产品一切以市场为导向，适应市场需要，同时又根据未来发展潮流创造市场。格力电器在产品的研发水平上处于行业领先地位，并坚持"以技术创新抢占制高点"的开发战略，生产一代、构思一代、研制一代，向市场推出了众多极具竞争力的空调产品。在适应市场需求方面，格力电器"思消费者之所思"，先后开发出："空调王"——制冷效果最好的空调器；"冷静王"——噪声最低的空调器；三匹窗机——最便宜的空调器。在创造市场方面，格力电器开发出：灯箱柜式空调——适用于酒吧、饭店，广告兼制冷；家用灯箱柜机——适用于三室一厅的家庭；三匹壁挂机、分体吊顶式空调、分体式天井空调——适用于黄金地段的商店。这些产品的开发，各有自己的特色和目标市场，又形成了较为完整的产品系列，充分显示出专业化经营战略的优势。

第三，格力电器希望通过高质量产品和诚信经营获得消费者、合作伙伴和社会的尊重与信任。其掌门人董明珠认为："一个好产品是不需要售后服务的，一个好企业是不依靠售后服务的，人要有这种精神和气魄。"格力电器曾向消费者承诺 6 年免费维修，当年买的空调如果坏了可以换新。"品质是制造出来的"，他们是这么说的，也是这么做的。在格力电器的产业链上，下游聚集着上万家经销商，上游则聚集着上千家供应商。能否与这些经销商和供应商"诚信"相待，关系到企业的成败及未来发展的潜力。格力电器还有一个非常独特的现象，从 1995 年起，没有一分钱应收款，这背后是厂商之间高度的相互信任。在董明珠看来，"诚信是各种商业活动的最佳竞争手段，是市场经济的灵魂，也是企业家的一张真正的金质名片。"

（4）培育"安全第一"的质量文化。

加强安全文化建设是企业生存发展的需要。当今企业处于激烈的市场竞争中，扩大生产规模、调整产品结构、占领市场及取得好的经济效益，都需要一个安全稳定的环境。

格力电器认真落实节能减排改造项目，努力降低生产空调能耗量、减少二氧化碳排放，取得很好的节能成效和社会效应。2016 年，格力电器通过节能管理和节能技术改造，实现生产空调单台能耗下降 2.19%，节约标准煤 825 吨，减少二氧化碳排放 1 409.92 吨。2017 年 2 月，经审核验收，格力电器被评为"广东省清洁生产企业"。

坚持绿色生态制造。2016 年再生资源板块重点完成了自建渠道、降成本项目和管理体系建设项目，长沙、郑州、芜湖、石家庄四个基地于 6 月通过认证机构通标标准技术服务有限公司（SGS）关于三合一体系（18000；14000；9000）的审核，并取得证书。

2018 年 1 月，经全球领先的检验、鉴定、测试和认证机构——SGS 正式授权，格力电器荣获 SGS 全球首张北美认证授权实验室资质证书。这是 SGS 北美认证客户测试计划中等级最高的 Stage 4 实验室认可证书，同时授予格力电器 11 位工程师由 SGS 颁发的全球最高等级

LEVEL 4 工程师资格认定证书。

3. 格力电器企业文化的塑造者

格力电器的创办人——第一任董事长朱江洪，为人低调谦和。2000 年，为格力电器默默奉献了十几年的朱江洪董事长被评为"全国劳动模范"，他的"少说空话，多干实事"的人生感悟在格力电器得到了完美的升华，成为今日格力精神的精髓，激励着一代又一代格力人奋发向上。朱江洪提出并创建了我国独一无二的"筛选工厂"，这个工厂不仅对国内原材料供应商的产品逐一进行"过筛子"式的全面检测，也对国外原材料供应商的产品进行检测，以使格力空调的零部件保持高可靠性和稳定性，并以"低返修率"著称于国内外空调市场。

格力电器的第二任董事长董明珠，更是坚持生产高技术和高质量的产品。为了生产好产品，她甚至独断专行，不允许出差错。近年来，董明珠利用一切机会为格力代言，在企业家高峰论坛上，她语出惊人，甚至不惜得罪同行。但她的目标就是"让世界爱上中国造"，让全球的消费者喜欢格力。

【资料来源】

［1］芬利. 2017 中国 10 大家电品牌排行榜. 互联网周刊，2017（10）.

［2］陈惟杉. 董明珠：变革时代中格力的"坚守". 中国品牌，2014（11）.

［3］甘开全. 董明珠：让世界爱上中国造. 企业研究，2016（11）.

［4］赵毅，朱晓雯. 组织文化构建过程中的女企业家领导力特征研究——以董明珠的创新型组织文化构建为例. 中国人力资源开发，2016（8）.

［5］齐爽. 格力：不只是产品创新. 现代企业文化，2014（9）.

［6］珠海格力电器股份有限公司 2016 年社会责任报告.

［7］珠海格力电器股份有限公司 2016 年年度报告.

［8］吴利萍. 一个好的领导在企业中的关键作用——以格力总裁为例. 企业文化，2016（2）.

【问题】

1. 格力电器企业文化的核心内涵是什么？其对格力电器的持续发展起到了怎样的作用？

2. 本案例中，"格力电器的企业文化"给其他中国企业文化建设带来何种启示？

【案例分析】

（一）理论依据

1. 关于组织文化的定义

企业文化属于组织文化。企业文化可以定义为在一定的社会经济条件下，通过企业经营活动实践所形成的并为全体成员遵循的共同意识、价值观念、职业道德、行为规划和准则的总和，其中，最核心的是价值观念。要很好地理解和建设组织文化，必须坚持以下几点：

第一，明确组织文化的定位，即文化的适应性。哈佛大学曾对207家美国公司进行过一项调查，证明了组织文化与外部环境之间是强相关。管理者对所处行业的状况和组织的特征应该有很好的把握，能够清晰地了解在组织的不断成长中需建立什么样的组织文化。因为如果企业文化定位与组织目标不一致，会导致价值体系混乱，严重影响组织中成员的忠诚和自律。同时，如果组织文化不能根据所处环境的变化不断地进行变革，就会严重制约企业的发展，甚至使企业走向衰败。

第二，组织文化的培育和建设是一个长期的过程。因为管理者能够影响组织内形成的价值观和规范的类型，而这些价值观和规范一旦形成，会成为员工的座右铭。管理者要经常对现有的组织文化进行评估，注重由制度管理向文化约束发展。有句流行语是：小型企业靠管理、中型企业靠制度、大型企业靠文化。多项研究表明，强有力的组织文化的一个特定效果是降低组织中员工的流动率。

第三，组织文化管理的问题既可能来自组织内部管理，也可能来自跨文化和跨行业的兼并发展。自20世纪90年代开始，全球掀起了跨国兼并的浪潮，资本运营的模式确实给企业的快速发展带来了前所未有的契机。但组织整合带来的较棘手的问题不仅包括机构调整、人员安排等，还包括组织文化的整合和制度的设计。

2. 组织文化内涵

一是精神层。精神层又称为组织的精神文化。它是组织文化的最深层结构，也是组织文化的源泉与核心。二是制度层。制度层是具有本组织文化特色的各种规章制度、道德规范和职工行为准则的总和。三是物质层。它是凝聚着本组织精神文化的生产经营过程和产品的总和。此外，组织文化还可以分为显性文化和隐性文化。

创新型企业文化具备一般企业文化的功能和作用。更重要的是，作为企业创新活动的重要导向性因素，创新型企业文化对企业内部激励机制的建设会产生重要的影响。有利于创新的企业文化，能使企业员工明确创新活动对企业发展的重要性，尊重创新者的创新活动，承认创新者的创新成果，因而也能赞同对创新成功者给予丰厚的精神和物质奖励，从而有利于在企业内部形成鼓励创新的激励机制。因此，企业持续创新文化会形成企业持续创新的巨大动力。

3. 组织文化的建设

一是组织文化发端于少数人的倡导与示范。二是组织文化建设是需要不断巩固和完善的系统工程。三是采取多种形式和方法进行组织文化培育，一方面，通过多样化的形式来丰富文化建设内涵，如树立企业精神领袖和员工榜样，或者善于讲故事，将许多员工的英雄事迹变为组织可以传颂并激励大家的经典，还可以推行各种仪式，通过心里震撼强化员工行为；另一方面通过各种手段和方法，如示范、激励、感染、自我教育法等，帮助组织成员确立组织文化理念和价值体系。

（二）分析要点

1. 格力电器企业文化的核心内涵是什么？其对格力电器的持续发展起到了怎样的作用？

案例从"以人为本"核心文化、创新文化、质量管理文化、安全文化等方面对格力电器的企业文化进行了概述，其中，企业的文化理念是最重要的，它属于组织文化的精神层面，也是隐性文化内涵，决定了企业制度文化的建设。企业的使命昭示了格力电器是做什么的，通过向市场提供什么样的产品来为消费者服务。而企业的愿景则昭示了企业未来发展的目标，即格力电器要成为"全球领先的空调企业，成就格力百年的世界品牌"。这两条为格力电器企业文化的内涵建设奠定了基础。格力电器要做的是空调产品，要成为全世界知名的品牌，要做百年老店。

格力电器管理经营的核心，即"一个没有创新的企业是没有灵魂的企业，一个没有核心技术的企业是没有脊梁的企业，一个没有精品的企业是没有未来的企业"，这是格力电器企业文化的核心部分。格力电器所有的制度建设和执行力塑造都围绕这一理念。企业要创新，要通过高技术创造高质量的好产品，并以此激励员工为了共同的价值观而不懈努力，从而保证企业目标的实现，这是确保格力电器不断发展的关键或者说是企业的灵魂。

格力电器提倡的这种文化理念得到了员工的广泛认同，并能在这种价值观的指导下，不断成功实践与验证。格力电器的文化理念使企业员工产生了使命感，使企业产生了积极因素，能使员工对企业产生深厚的感情。企业文化能使企业产生核心竞争力。

首先，"以人为本"的人才观。承认人是持续创新中最基本的要素。"以人为本"要以人的全面发展为核心，格力把人才划分为三个层面：一是能独立做好一摊事的人才，二是能带领一帮人做好事情的人才，三是能审时度势、具有一眼看到底的能力的人才。这三个层面的人才无论是管理系列还是技术系列，都能在格力电器寻找到施展才华和抱负的舞台，都能找到适合自己发展的道路。格力电器把每个员工都看作企业不可或缺的成员，承认每个人都有自身的潜力和优势，并不断为员工提供机会，提高其能力，挖掘其潜能。

正如案例中所描述的，20多年来，格力电器始终坚持"以人为本"的管理理念，在公平、公正的原则下，建立了一套行之有效的"选、育、用、留"的人才培养体系。在格力电器，工作不只是为员工提供一个谋生的岗位，更重要的是培养他们的学习能力和进取精神，成为对企业和社会有用的创新人才。为此，公司不仅在各个分厂设有培训基地，在总部还建有专门的培训中心，为员工进行文化知识和专业技能等再培训。新员工上岗第一天，就要进行岗前培训，认同格力价值观，培养客户意识和合作精神；普通员工都有机会接受职业技能培训，包括现代办公技能、交流能力的强化，员工也可以通过培训提高技术与质量、市场与服务等方面的知识水平；对管理干部，格力电器关注的是，他们不仅要成为部门的"领头羊"，还要成为成功的"牧羊人"。对中层领导，格力电器注重其带领团队，凝聚精神的能力。每个层次的格力人，都有机会在现有基础上得到进一步的提升。格力电器把员工的培训看作一种风险投资，是企业发展不可或缺的投入。

其次，格力文化提倡创新和研发，以此来推动企业发展。如果把创新比作企业的发动机，那么，学习就是发动机的油料，努力打造学习型企业是面对知识经济挑战的唯一选择。格力电器认为，人力资源的培养也是一种投资，注重的不应是短期的损失而是长远的效益，每个人的能力都得以提高会使企业受益无穷。小公司做事、大公司做人，在格力电器，做事的原则是对事不对人，允许有失败的经历，能力的提高只有建立在不断总结过去的基础上。因此，格力电器鼓励员工有创新的表现，只有创新才能体现自身特色，赢得更多机会，最终获得发展。

最后,追求卓越,追求企业持续发展。企业持续发展表现为企业永葆活力、长期生存,这是企业取得长远经济效益的保证,是国家经济持续发展的客观要求。同时,企业可持续发展可以促使企业整体寿命延长。因此,格力电器并没有追求短期利润最大化,而是在技术、营销和管理上不断创新,并积极借鉴欧美国家和日本公司的经营管理方法和经验,不断进行全方位的管理创新,把建百年品牌和企业持续发展当作企业的终极目标。

2. 本案例中,"格力电器的企业文化"给其他中国企业的文化建设带来何种启示?

(1)根据企业的发展定位设计企业的核心价值观。

现代企业的竞争,归根到底是企业文化的竞争。从这个角度看,企业不仅是一个经济组织,也是一个文化组织,企业的生产经营活动不仅是产品竞争,也是文化竞争。因此,企业竞争实际上也是隐含在企业形象展示、产品广告宣传及社会公关活动背后的文化竞争,建设企业文化就是要提高企业核心竞争力,追求良好的企业效益。企业必须重视文化战略,以文化决胜于市场,以企业文化推动企业发展,这是提高企业核心竞争力的关键因素。但建立企业文化不能照抄照搬,必须根据自身特点以及借鉴优秀企业的文化精髓,建立适合本企业的、有特色的企业文化。只有这样,企业文化才能真正引领企业发展,成为企业核心竞争力的精髓。

格力电器的发展经历了以质量创品牌、以专业化促创新、以国际化推动企业上档次的阶段,其企业文化的核心内涵也由质量、服务向创新和快速的市场反应、满足客户的个性化需求不断转变和调整。在这个过程中,格力电器根据企业实际情况,不断提出新的目标,使企业文化始终保持着活力,始终起着整合员工价值观的作用。

因此,真正的企业文化建设必然要切合企业的实际情况。任何企业都是独一无二的,即便是生产同样产品的企业,其发展现状和员工构成,以及领导者的价值理念也是不一样的,企业的生产经营方式也可能有种种差异。必须切合企业实际的文化功能定位和自身特质进行企业文化建设,这样才能依靠文化引导企业发展战略目标和奋斗方向。

(2)企业核心人物是塑造企业文化的灵魂。

优秀的领导者对企业文化建设和发展起决定性作用,从格力电器掌门人朱江洪强调"技术第一位"、严守产品质量到接班者董明珠的国企改革、自主创新、培养人才,他们的成功不仅在于创立了一个品牌,更在于创造了一种文化模式。从格力电器企业文化建设的成功案例来看,企业领导层对企业文化的深刻认识和培育企业文化的决心,是其企业文化建设能否成功的前提和关键。领导者是企业文化的倡导者,也是坚定的推行者,他们的态度和决心使格力电器在管理水平、经济效益不断提高的同时,形成了其独具特色的"格力文化"。

企业领导者在深刻理解企业文化的功能和意义的基础上,还必须有坚决施行和培育企业文化的决心和手段,必须身体力行。事实上,很多的企业领导并未做到这一点。有的企业领导只是口头上重视和宣传企业文化,似乎作为一种时髦,或者是特定时期的权宜之计,但他们实际上可能只将企业文化作为企业精神文明建设甚至职工文化生活的另一种说法而已,他们仅满足于提炼一句或几句响亮的话语来激励员工或者应付社会。在格力电器,董明珠始终坚信，掌握核心技术是企业发展的关键，并对自主创新驱动的制造业拥有坚定信心，格力电器从"中国制造"到"中国创造"再到"中国智造"，不靠喊口号，也不靠虚拟经济，而是靠持续的创新和高端人才实干的结果。

（3）文化内涵的持续创新是企业文化建设的重要因素。

企业文化建设不是一劳永逸的事情，随着企业的不断发展和成长，企业文化的内涵也要不断发展和创新。特别是对于许多在市场化基础上成长起来的中小企业，在企业创始阶段，其文化服务于企业生存，起到凝聚员工的作用；但当企业不断发展、不断上升时，企业文化的内涵也要不断提升。

正如案例中所介绍的，格力电器在前任董事长的时代，尽管也是坚持质量第一、产品至上，但是还没有明确提出打造百年格力，只是要做行业排头兵，成为中国的领军企业。但继任者董明珠就明确提出，格力电器要成为世界"领袖"，产品要冲出中国，冲出亚洲，走向全球。企业文化的内涵更加丰富，更具有战略视角、战略高度和战略胸怀，转变为专业化战略选择——"只将空调产业做成全球第一，不搞多元化"，掌握核心技术，坚持绿色生态制造。在保持专利申请居行业第一的同时，研发技术水平也要向世界一流企业看齐。

（4）员工认同度是企业文化建设成功与否的标志。

走进格力电器的工厂，整洁有序的生产现场，身着淡蓝色服装的员工全神贯注，生产线上的产品一台接一台，车间板报上张贴着各种精细的统计表格以及各种现场操作的剪影，让人感受到一种管理规范、充满活力的气氛。这就是格力文化的具体体现，它得到了每一个格力员工的认同，体现在格力人的一言一行中。

因此，企业文化能否发挥其功能，关键在于它能否得到全体员工的认同。而每个员工都应是企业文化的创造者、补充者、完善者和体现者，而不是一个被动的承受者。企业文化若仅仅停留在口头或者纸面上，仅仅依靠严格的规章制度来强制员工遵守，是不能称其为企业文化的。制度是一种强制力，而文化是一种更为强大的自然整合力。文化的根本标志在于它的自动整合功能，它强大得无须再强调或者强制，它不知不觉地影响着每个人的心理和精神，从而最终成为一种自觉的群体意识。只有达到这种程度，一个企业的价值理念体系才可能被称为企业文化。因此，企业文化建设必须摆脱形式主义，以达到员工认同为目标，只有这样才有实际意义。

三、案例作业

W 的功与过

2003 年，离北京市不远的河北省张家口市远郊的一个区域仍然是一片荒郊野地，方圆 2 公里（1 公里 = 1 千米）稀稀落落散布着几个村子，由于年轻人多数去外地打工了，所以，村里白天看到的都是老年人。有的老人在墙根晒着太阳，带孩子的村妇无聊地嗑着瓜子。这里既没有城市的喧嚣和热闹的人群，也没有许多城市郊区林立的工厂，更多的是鸡鸣狗叫。

谁也想不到，在这片一直以来杂草丛生的荒芜之地，一年之后竟然建立起了跨国汽车生产流水线。2004 年，C 汽车公司成为这个城市毫无争议的第一纳税大户。

（一）创业之初

W 出生于 20 世纪 50 年代末，那个时代的人经历了太多的磨难，他没有机会读书，就在家门口干活糊口，但他天生就胆子大，是一个敢想敢闯的人。1983 年，国家实行改革开放没几年，好多事还看不清，W 就与几个志同道合者建起了一家建筑设备厂。这是 W 家族的第一个企业。第二年，W 的叔叔创办了 C 工业公司，主要从事汽车维修和改装业务。这就是 C 汽车公司的前身。1989 年，W 的叔叔遇车祸身亡，随即 C 工业公司陷入困境，资产300 万元、亏损 200 万元。接手 C 工业公司的重任就落在了 W 的身上。然而此时刚刚 30 岁的 W，没有任何汽车生产、维修方面的经验。

当时的 C 工业公司以改装车为主要业务，1993 年尝试着推出了"C 汽车"。所谓的"C汽车"，就是用别人的底盘手工拼装的改装车。但是好景不长，"C 汽车"由于不符合 1994年国家出台的《汽车工业产业政策》，产品趋于流产。W 没有放弃，他依然在市场中不断寻找属于自己的机会。

机会来了。1995 年 W 在国外考察时发现，汽车制造企业都致力于生产轿车，竞争激烈，相比之下，生产皮卡的竞争对手实力较弱，并且 C 工业公司有现成的覆盖件。W 主张生产 C 皮卡产品后，带来的结果是惊人的。C 皮卡销售量一路飙升，1997 年销售 1 700 辆，1998 年销售 7 000 余辆，1999 年销量高达 1.3 万辆。

虽然有着良好的销售业绩，但是 W 很清晰地看到 C 皮卡产品所面临的短板——C 皮卡的发动机始终被对手所掌握。于是，1999 年 W 决定自己独立研发发动机。在研发发动机的过程中，W 于 2000 年成立了 C 内燃机公司，W 占 51% 股份。同年，C 汽车集团通过收购，拥有了 5 万辆汽车的生产能力。

1999 年，W 终于完成了 C 汽车集团控股股东的私有化，W 以个人的名义控股 46%。转而于 2001 年 W 家族完成了对 C 汽车集团的全面控股（56%）。2001 年 6 月，C 汽车股份有限公司成立，注册资本 1.7 亿元。2003 年，C 汽车股份有限公司通过发新股进行新一轮融资，C 汽车上市后，集资总额达到 17 亿元。

（二）扩张的帝国

虽然 C 皮卡车外观时尚、性价比高，自 1998 年以来，始终在全国保持了市场占有率第一、销量第一，但是上天似乎在不断考验着 W 及他的 C 汽车集团。北京、上海等诸多大城市出台了皮卡限行政策，这给 C 汽车集团的发展带来了新的难题。

在 2000 年，W 果断决定，将汽车集团的重点由皮卡过渡到 SUV（运动型多功能车）。经过仅仅两年的紧张筹备，2002 年，定价 8 万元的 SUV 即亮相各大中城市市场。相比之下，国内其他的 SUV 价位一般都在 20 万元以上。W 瞄准了 10 万元以下 SUV 这个市场空档。上市仅一年，其销量便超过了 3 万辆。

W 停不下来脚步。一方面提高国内产能。2011 年，C 汽车集团拥有 80 万辆整车及零部件生产能力，并具备了发动机、变速器等核心零部件的自主配套能力。2015 年，实现 180 万销量目标，200 万辆产能目标。另一方面，积极开拓国外市场。2009 年，C 汽车集团四款主力车型通过了欧盟整车型式认证，2011 年，C 汽车已出口到 100 多个国家，在全球 70 多个国家建立了营销网络，2015 年，海外 KD 组装厂年产能达 50 万辆。2017 年 C 汽车集团年报显示，2016 年公司实现营业收入 986.16 亿元，净利润为 105.51 亿元。

多年在汽车行业起起伏伏，W 带领的 C 汽车集团逐步形成了以"诚信、责任、发展、共享"为核心价值观，以"每天进步一点点"为主旨精神的企业文化。所有这一切都归结于对品质的要求。

2010 年初始，C 汽车品牌口号为"中国造，赤子心"，意思就是要做品质最好的中国汽车。稳健内敛、低调务实的 W，将对品质的追求形象地形容为"优生优育"——品牌的塑造首先是产品质量，在这一点上没有弯道超车的方法。

未来 C 汽车集团的目标是打造一个具有国际影响力、能够代表中国汽车最好水平的、优秀的自主汽车品牌。而这一切需要以真正高科技的技术研发和高品质的品质内涵作为基础，否则品牌无法实现向高端的迈进。

但，并不是每个人都能够理解他，更不是每个人都能够成为他。

（三）饱受争议

2000 年加入汽车国际知名品牌 B 汽车公司，P 实现了他职业生涯的一个重大转折。这期间，他负责设计了 B 汽车著名的 X5、X6 等车型。但他于 2014 年退出 B 汽车公司，来到了 C 汽车集团。在这里，P 的设计才华使 C 汽车如虎添翼。P 不仅完成了对 C 汽车主力车型的换代设计，还为新品牌的设计做了完整规划。如今，C 汽车有了自己家族独特的设计。

然而，2017 年，设计部门这样的灵魂人物却突然递交了辞呈。

一石激起千层浪。

尽管有人传言 P 的离开是由于 C 汽车集团所在的小城市缺乏设计资源，但是更多的猜测在于 C 汽车集团的军事化管理。设计师的离职引爆了 C 汽车集团内外对 C 汽车集团企业文化及管理方式的种种质疑。

首先，公司信奉"小慈是大慈之贼，小利是大利之贼"。为了杜绝腐化，W 明确规定，企业员工不得以任何理由与合资方私下用餐。有供应商爆料说，C 汽车集团的技术、质量和工程人员到他们单位洽谈业务时，每次都坐两个半小时的公交车（不允许接送，也不能打车），并且中午不允许在供应商那里吃饭，看着他们从包里拿出一个馒头、一包咸菜，着实令人心酸。

对于中国的人情世故，C 汽车集团也出台制度尽可能规避。例如，对于婚丧嫁娶，要求结婚随礼最多 50 元，丧礼随礼不得超过 20 元。

其次，通过"魔鬼训练"提升执行力。每位新入职的员工都要参加为期一个月的"魔鬼训练"。每天从早到晚，几乎不间断地进行体力和脑力训练。跑步动辄几十圈，无论男女，一视同仁。

据说，救护车在旁边随时待命。训练之余，还要穿插学习企业文化。除了入职军训，C汽车集团还规定了晋升军训、骨干军训等。

军训还远远不够。为了让员工时刻保持积极主动的学习姿态，提高对工作任务的执行力，公司还号召"人人要培训，天天必参与"。W为不同员工在不同的职业发展阶段安排了各种入职培训、通用培训、晋升培训、专项培训等。

另外，W对品质的追求让他无比关注细节。公司对员工的方方面面都有严苛的规定，甚至包括员工的坐姿和站姿。例如，不按规定做事者——罚；员工就餐有残留——罚（200元）；行走速度不足5秒7步——罚（500元）；厂内不按规定路线行走——罚（500元）；垃圾桶里垃圾容量超过1/3——罚；办公桌上的物品没有按照固定位置和标准距离摆放——罚；在家属区吵架——罚；电梯停错楼层——罚。这种以罚代管的模式确实对员工的规范化管理起到了立竿见影的作用，但也产生了直接的负面影响，许多员工表示难以接受，多数人表面服从，但背后发牢骚，也有个别人愤而离职。

一些员工对W制定的军训与培训产生了抵触情绪，大多数人则抱怨工资太低、福利太差，严苛的制度又给每个人造成了成百上千的罚单。在网络上有离职员工分享了对W的不满，百度贴吧里还流传出了一句话："C汽车要发展，基本靠罚款。"因难以忍受而离开C汽车集团的人越来越多。

日益严重的人才流失，终于随着P的离开达到了一个顶峰。而此时公司的设计团队已不足5人。但公司的掌门人W，还迫切需要高水平的设计师。许多人认为，对于这样的管理氛围，寻求好的设计师，那真是难上加难。

（四）未来有多远

W不为所动。

他说，大厂才是靠名气，咱们小厂玩的就是命。

他认为，艰苦的训练换来的是企业员工的军人素质，员工才真正明白什么是服从和执行。正是这种严格的纪律文化，才培养出员工严谨的办事风格，C汽车的品质才得到了保证。

W对自己，永远觉得还有余地——未来，C汽车要成为世界级、全球最大的专业SUV品牌；未来，W还有很多的路要走。

【资料来源】

改编自国家开放大学2017年工商管理案例设计与分析大赛作品。

【问题】

1. 案例中，C汽车集团的企业文化是怎样形成的？
2. 如何理解W掌门人倡导的军事管理式的企业文化？

第十章 人力资源管理

学习目的和要求

通过本章专业知识复习和案例学习，更好地理解和掌握人力资源管理的基本理论，包括人力资源管理过程和规划、工作分析、组织人员、组织绩效考核与薪酬结构等。通过完成案例作业，思考组织员工成长与组织发展的关系以及员工劳动奉献与报酬管理。

一、本章知识点和学习内容

（一）人力资源管理的概念、过程与规划

学习人力资源管理的含义，了解人力资源管理与传统的人事管理的差别。对人力资源管理的过程需要重点掌握，包括：招聘和选择组织需要的员工；提升与考核员工与组织要求相适应的专业技能；培养和塑造员工对组织的忠诚与奉献精神。这部分内容的重点之一是人力资源管理中的个人（职场）规划，一般掌握规划的主要内容和规划的方法。

（二）组织人员配备

本部分从组织人员配备的角度研究工作分析、组织员工招聘和甄选等问题。在工作分析中，应明确工作分析的内容，主要是职务说明和工作规范。在工作分析方法上，需要掌握观察法、访谈法、问卷法、关键事件法和工作日志法，这些都是实践中证明比较实用和有效的方法。组织员工招聘的内容主要包括：外部招聘和内部提升两种招聘形式，组织招聘的渠道与方法等。在甄选部分，重点学习信度和效度的内涵，掌握两者的关系以及在招聘中的作用。在甄选手段上，强调简历分析、笔试、面试、心理测验、个性测验和绩效模拟测试这些比较常用的测试方法，要熟悉并领会其具体内容。

（三）组织员工培训

在员工培训与开发部分，要了解岗前、岗位和转岗培训，脱产培训与非脱产培训，长期培训与短期培训，初级、中级和高级培训等各种培训形式以及员工培训的方法。重点关注职

业生涯规划，包括：具有代表性的职业规划理论观点；职业规划的基本内容；影响职业规划的个人要素和组织对员工职业规划的管理。

（四）组织绩效考评与薪酬管理

掌握组织绩效考评和薪酬管理等内容。在组织绩效考评中，有关绩效考评的意义、绩效考评的内容和绩效考评的方法都是重要内容。这在本章案例分析中也有较多的表述。因此，我们要结合实际理解绩效考评内容，深入理解工作业绩考评、工作态度考评和能力考评、未来发展潜力考评、适应性考评及其相互之间的关系。当然，这其中也包括薪酬管理的内容。薪酬管理应主要关注并掌握直接薪酬和间接薪酬的分类及作用。

二、示范案例

H 连锁药店由薪酬调整引发的风波

（一）背景信息

H 连锁药店的母公司 J 公司（全国连锁医药企业）创立于 1995 年。经过十年的艰苦创业，J 公司在全国拥有 1 000 多家药房，年营业额逾十亿元，员工 10 000 多人。2004 年，在高盛投资公司的帮助下，J 公司实现了历史性的跨越。以华南、华东经济发达地区为重点扩张领域，对局部市场进行深度开发，采取"步步为营、层层推进"的扩张策略，药店遍布全国十多个城市并建立了连锁经营门店，在全国医药零售企业排名第 4 位。J 公司是国内第一家引入"开架式"销售的连锁药店，通过与 Medicine Shoppe（美信医药国际连锁）的联盟引入标准化概念，即所有门店操作，包括员工用语、服装、收银、商品陈列、门店促销、药品管理等全部实现标准化，门店与门店之间没有质的差异。全国各分部开设新药店必须按照总部的统一标准运作，从而保证 J 公司以及下属各分部（包括 H 连锁药店）能够得到快速复制。

H 连锁药店于 2001 年进驻中国的滨城——大连市，是 J 公司的一个独立核算分部。经过十多年的发展，H 连锁药店的综合实力已排在大连地区业内前两名，员工超过 1 000 人。

（二）工资晋级考核方案的调整

1. 考评思路

随着 H 连锁药店规模的不断扩张和市场地位的提升，对人才的需求就显得十分重要，尤其是专业人才和导购人才，这两类人才的数量是构成医药零售业核心竞争力的一个因素，因此实现自身良好的"人才造血"机能是当务之急。H 连锁药店的管理层认为，单纯依靠提升工资的手段只能在短期内提升门店员工的工作积极性，并不能实现员工素质和水平的良性提升。而营造良好的企业环境与运营机制可以培养出大批的优秀店员与店长，这才是解决问题的根本途径。因此，总经理决定首先在公司内部强化考核，然后建立一个高效、有序的工资晋级考核方案来强化员工对公司长远发展的认可程度，达到从根本上吸引、留住和培养人才的目的。

同时，H连锁药店作为一家连锁零售企业，每天面对的都是购买其产品的最终用户，顾客的感受就是H连锁药店的立足之本和收益之源。而每天在门店与顾客接触最多、最紧密的就是门店的员工。如何提升他们的绩效，使他们时刻保持高度的工作热情和端正的工作态度，从而能够给每一位顾客留下良好的印象，能争取回头客，是该方案要考虑的首要问题。

H连锁药店营业额指标的达成，基本上由两个因素决定：首先是公司的经营策略（如商品结构、价格策略、营销策略等），它决定了公司在市场上的基本竞争力；其次是门店的标准作业（如门店基本礼仪规范、操作规范、标准化术语等），这些标准化的内容决定了门店在实际运作时的准确性和有效性。因此，只要门店扎实做到了上述标准作业的内容，那么顾客得到的服务将是同质化的服务。在这种情况下，营业额的增长或降低就不受某个员工的影响，而是来自门店整体，也就是说，门店的盈利或高营业额不是由一个人的努力决定的，而是由一个团队、一个互助的组织决定的。为此，总经理提出在工资晋级时不体现员工对门店营业额的贡献，只对其个人知识、上级认可度及日常工作规范进行考核。2014年年底，总经理责成程助理亲自负责此事，人事部曲经理主要负责具体操作，并制定了H连锁药店工资晋级考核方案。

工资晋级考核方案的主体思想是通过该方案实现如下目标：①建立门店员工"共荣共辱"的价值观；②建立门店员工互助的关系；③强化门店的执行力。为了保证该项方案的实施，程助理首先对组织架构做了调整，将门店督导由门店部划归到人事部，这样不仅避免了门店督导在实际操作时的舞弊现象，还进一步提高了人事部在考核时的便捷性。经过三周的反复讨论，最后确定了方案的主体内容。

2. 考评方案

为了加强对H连锁药店员工的激励效果，完善其内部工资体系，营造学习、上进、积极进取的工作氛围，奖励先进、淘汰落后，经过相关人员的反复研究，最后确定了工资晋级考核方案。工资晋级考核方案的内容分成三个部分，见表10-1。

表10-1 工资晋级考核方案的内容

部 分	权重	内 容		占 比	负责部门
第一部分	40%	笔试	基础专业知识	占笔试总分的80%	人事部考核专员
			企业文化与标准作业知识	占笔试总分的20%	
第二部分	40%	评价	员工自评	占评价总分的10%	人事部考核专员
			店长评价	占评价总分的50%	
			区域经理评价	占评价总分的40%	
第三部分	20%	管理评分	门店基础管理评分	占管理评分总分的60%	人事部门店督导
			门店形象管理评分	占管理评分总分的40%	

第一部分是笔试：基础专业知识得分占笔试总分的80%，企业文化与标准作业知识得

分占笔试总分的 20% 。笔试成绩低于 80 分者不得参与晋级。

第二部分是评价：门店员工评价采取逐级评价方式，最后由 H 连锁药店人事部考核专员负责汇总工作。

第三部分是管理评分：门店员工在当月门店基础管理中扣分超过 90 分的不得参与晋级，门店形象管理当月扣分超过 27 分的不得参与晋级。

门店员工能否晋级并不是取决于上述任何一部分的单一成绩，而是由综合成绩决定，即笔试占总成绩的 40% 、评价占总成绩的 40% 、管理评分占总成绩的 20% 。为了进一步体现门店整体的团队观念，考核方案还规定，如果一个门店参加工资晋级考核不合格的人数占该门店参加晋级人数的比例超过 30% ，那么该店参加本次工资晋级考核的人员将全部失去晋级机会。

H 连锁药店为了表彰年度内工作积极和表现出色的员工，同时也为了加大淘汰工作不负责任的员工的力度，还特别增加了综合成绩附加项，即工资晋级附加项目，见表 10 - 2 。

表 10 - 2　工资晋级附加项目

加扣分内容	季度全勤	季度受过通报表扬	季度专业培训达 100%	季度规范检核卡无扣分	季度受过通报批评	季度专业培训低于 60%	季度规范检核卡扣分
加扣分	+1	+2/次	+2	+2	不晋级	-2	-1（10 分）

为使方案起到激励作用，H 连锁药店研究决定，将晋级比例控制在总人数的 30% ；保持原级的比例控制在 60% ；降级比例控制在 8% ；淘汰比例不超过 2% 。如果综合成绩大于或等于 90 分，工资可有资格晋升 1 级；如果综合成绩大于或等于 75 分、小于 90 分，则保留原级；如果综合成绩大于或等于 60 分、小于 75 分，则降级；综合成绩排名倒数 2% 以下的，则予以淘汰。

每月人事部门进行上述内容的考核，每三个月进行汇总、平均，实施晋级。人事部提前 10 天下发参加工资晋级考核的人员名单，综合总成绩以及晋级名单均通过公司报表形式下发门店。

（三）大字报风波

2015 年年初，工资晋级考核方案出台，并于同年 3 月 1 日开始试行。三个月后，结果却不尽人意，也让员工大失所望。按照方案当初的设计要求，门店员工总体晋级比例要达到 30% ，可是实际上只有 10% 的员工实现了工资晋级。这个消息传出来后，在门店员工中产生了巨大的反响，员工开始有了诸多抱怨。消息传到人事部曲经理那里以后，她感到了前所未有的巨大压力。正当曲经理思考如何解决这件事时，门店员工采取了让她非常意外的举动。

6 月 8 日正是 H 连锁药店每月的会员日，就在公司上下为此而争相忙碌的时候，H 连锁药店公司门口突然张贴了一张大字报，内容主要是反映人事部做出的工资晋级考核方案中，部分评价标准设定得不合理，这些要求不是仅靠店员自己的努力就能够实现的，即使大家的工作做得不错，考核的结果也是督导把分数都扣在她们的身上，实在是说不过去，说什么也不服气，这件事一定要公司给出合理的解释。大家辛辛苦苦地工作，可是通过工资晋级考核换来的不是赞扬和奖励，而是一盆冷水，这个会员日谁都没有了干活的劲头。在大字报中用大号黑体字标明"这是大多数员工的心声"，并署名总经理亲收。消息很快传到了程助理的耳朵里。总经理刚出差，公司就出现这么严重的事件，程助理觉得这是工资晋级考核方案出台前没有预料到的，他立即找到人事部曲经理商议此事。

（四）刘洋的眼泪

一波未平，一波又起。在 H 连锁药店进行第二次工资晋级考核之后，人事部曲经理又接到了西安路店员工刘洋的投诉。

刘洋在西安路店工作了半年有余，虽说不算是最优秀的员工，但她也是兢兢业业，表现突出。不料，在第二次工资晋级考核的前几天发生了一件事情。当天是刘洋负责店内布置和环境，店内人来人往，刘洋也忙着摆放商品和赠品。晚上 7 点左右，天色渐渐暗了下来，也正是西安路店一天中最繁忙的时间，这时督导李波到店里来巡查。刚走到门口，她就看见一个人在门外欲进不进，抬头看着灯箱自言自语地说："怎么黑漆漆的，关门了吗？"李波忙上前告诉他："没有呢，我们营业到晚上 10 点，请进吧！"随后转头一看，店里也是光线很暗，李波就有些沉不住气了。顾客离开后，李波马上找到店长，查明了当天的负责人是刘洋。面对这种情况，店长也比较生气，把刘洋批评了一顿，告诉她督导会在考核中扣掉相应的基础管理分，并叮嘱她再也不能发生同样的事情，这违反公司的规定，不能再对公司造成不好的影响。

工资晋级考核的成绩一出来，刘洋看着自己的分数差点没哭出来——在工资晋级考核方案的第二部分，区域经理对评价表中的项目如责任感、协调合作、品德言行、服务意识的分数都只给了 1 分，工作态度项竟然被评了 0 分。刘洋冥思苦想，除了被批评的那一次，还有什么事情能够让领导扣掉这么多分？一次的错误真的足以证明她在这些方面的表现就这么差吗？这件事她非要弄清楚不可，于是她来到了曲经理的办公室，找领导申诉。"我那一次的确犯了错误，影响了公司的形象，但是只是那一次而已啊！难道一次错误要把所有的分都扣掉吗？那些平时工作不如我的人，专挑临近考核的时候在督导面前表现，最后比我的得分还要高，我不服气！"刘洋越说越生气，干脆放声大哭起来。

面对刘洋的质疑，曲经理也感到问题的严重性，于是她找督导李波、区域经理郑瑜来了解情况。李波重复了考核前的那天在店里发生的事情，并说当时的事件让她对刘洋留下了极差的印象。她在第二天就向郑瑜反映了这件事，郑瑜当时就拍了桌子：西安路店是一个重要的大店，店内的环境也代表了公司的形象，刘洋连灯箱都不记得打开，工作态度和服务意识太需要强化了，如果我们的员工都这样，门店还怎么经营？她犯的错误影响了公司的声誉，看似小事，其实是很严重的。所以手下也没留情，评分的时候就给了她一次教训。

但曲经理也感到这样做不够客观——员工犯一次错误就丢掉了所有的分数，这会导致破罐子破摔的后果。她打算在有关会议上对这次员工投诉给出一个说法，并与大家研究今后如何改进工作，避免类似问题的发生。

（五）员工集体辞职

H 连锁药店的晋级方案已经试行了六个多月，马上在 9 月要开始第三次工资晋级考核。就在程助理和人事部着手开始执行时，人事部小董急匆匆地来到他的办公室。

"程助理，刘家桥店员工向公司提出集体辞职，店长代表大家出面，现在就在曲经理的办公室，怎么办？"

突然听到这件事，程助理吃了一惊。刘家桥店是 H 连锁药店的一个大店，也是开业后做得比较成功的一个店，店内在编员工有 17 人。由于出色的经营状况和良好的管理水平，该店经常成为其他分店学习的榜样。刘家桥店的历任店长都是经过公司认真筛选和反复考量的。

刘家桥店店长张小娟诉说了门店员工要求集体辞职的原因，这样大家才知道了事情的原委。

第一次工资晋级考核时，大家都没有经历过，也没有什么经验，只是觉得考核的结果出来之后就没了下文，都不知道自己错在了哪里。到了第二次考核时，大家都想，既然不知道错在哪，干脆就按照公司的要求一条一条地做好。可是，营业场所客流云集，要真是按照规范和要求做，不仅烦琐，还很难做到。比如，上个月刘家桥店的基础管理分基本上是扣在卫生和商品陈列不规范项目上。刘家桥店每天客流量很大，而且主要是流动人口，形形色色什么人都有，再加上店门口有个出水管，所以每天都需要店员及时擦地，从 2010 年开业到现在，大家都一直这样做，但还是一不留神店门口就会被弄脏。督导每次看到店门口被弄脏就扣分。这使得刘家桥店的员工们身心疲惫、怨气越来越大，大家都想着，趁着行业人手紧缺，干脆跳槽算了。

店长张小娟也做了员工的工作，但无奈员工意见太大，她也很难平息。于是，她便跟程助理汇报说："我作为店长，应该将门店员工的情况反馈给你。其实，门店的员工真的很热爱这份工作，热爱这个公司，但六个多月的考核让我们的员工感到心寒。她们需要的是沟通、交流和理解，需要的是对不良业绩的指导，而不是自己胡乱地摸索和猜想。"程助理赶紧代表公司管理层和员工进行对话，又让部门主管分头做工作。事情最终平息了下来，员工一个也没有离职。

但此事让程助理感到问题的严重性，看来，工资晋级方案还有太多不完善的地方。例如，员工对晋级结果是否认同，是否通过扣罚非常清晰地知道自己在工作中的不足，需要改进的是什么，这些都应该有管理层的人员做出解释和反馈。门店部和人事部的具体配合问题还需要通过流程上的调整得到根本的解决。特别是如何将工资晋升与员工业绩及其实际表现相结合，并且能够合理操作、员工也能接受，这是一个大问题。根据现在的大趋势，有经验的店员越来越难找了，如果员工因为过度考核而大量离职，公司的损失是不是更大呢？这让程助理陷入了沉思……

【资料来源】

改编自东北财经大学 MBA 2013 级春季班程晓刚的论文《H 连锁药店公司的工资晋级方案》，指导教师金延平。

【问题】

1. 为什么 H 连锁药店精心设计的工资晋级方案在实施后，员工会产生很大的抵触情绪？企业应该怎样改进？

2. 刘洋在考评中是否受到了不公平的对待，原因是什么？企业应该怎样改进？

3. 工资晋级考核方案的实施为什么没有收到应有的效果？企业应该怎样改进？

【案例分析】

1. 为什么 H 连锁药店精心设计的工资晋级方案在实施后，员工会产生很大的抵触情绪？企业应该怎样改进？

研究表明，对于报酬分配，员工一般都会从以下两个维度对其公平性进行评价：结果的公平和程序的公平。公平理论认为，个人不仅关心自己经过努力所获得的报酬的绝对数量，也关心自己的报酬和其他人的报酬的关系。每个人都会对自己的投入产出和其他人的投入产出的关系做出判断。在一个人投入（如努力、经验、受教育水平和能力）的基础上，对产出（如工资水平、加薪、认可和其他因素）进行比较，当人们感到自己的产出—投入比和其他人的产出—投入比不平衡时，就会产生紧张感。这种紧张感又会成为他们追求公平和公正的激励基础。有证据显示，任期长的员工更多地与同事做比较；高层次的员工进行更多的外部比较。个人所做的对比会产生何种结果取决于他是否认为自己获得了公平的对待。如果他认为自己得到了公平对待，那么这个人的态度或者行为就不会发生什么变化。相反，如果他认为自己受到了不公平的对待，则此人就会想办法去恢复公平。而他为恢复公平采取的一些方法可能会对企业产生不利的影响，这些方法包括：①减少个人的投入（如工作不再那么努力）；②增加个人的收益（如弄虚作假）；③远离产生不公平的地方（如离开企业或者拒绝同自己认为所获报酬过高的雇员共事或进行合作）。而结果是一旦公平性问题产生，那么他就直接会采用上述方式使自己达到自认为的平衡状态。当然，还有一种可能，就是员工退出比较，求得心理平衡。

"结果性"公平问题在实际工作中主要体现在：实施人采用不同的方案考核同一个人，而在该人员对工作的投入没有变化的情况下，得出了不同的评价结果。"程序性"公平问题在实际工作中主要体现在：实施人采用同一个方案，而在操作中采取不同的过程，造成评价结果的不一致。

从案例中员工的反应来看，对于 H 连锁药店管理评分结果，员工并不认同，情绪波动较大。这是由于晋级方案考评标准和实施细节出了问题。工资晋级考核方案在公平性上的问题并不出在"结果性"公平问题上，而是出在"程序性"公平问题上。

公平理论发展的初期阶段着眼于分配的结果性公平，即个人可见的报酬的数量和分配的公平。但后来人们研究发现，公平理论存在着缺陷，即公平理论着重强调报酬分配结果而忽略了决定这些结果的方法。在此基础上有研究者提出了程序性公平的概念，认为报酬的结果和程序性因素交互作用决定了不公平感。

同时也有其他研究进行了佐证：一是人们对报酬的知觉比报酬的实际结果更加重要，人们对报酬的知觉决定了人们对一个既定结果的不满意感；二是在分配的结果不公平时，只有在程序不公平的情景下才会产生不满意感。

结果公平比程序公平对员工的满意感有更大的影响，而程序公平更容易影响员工的组织承诺、对上司的信任和流动意图。如果增加程序公平感，员工即使对工资、晋升和其他个人产出不满意，也可能以更积极的态度看待上司和组织。

作为工资晋级考核的组织者，H 连锁药店的管理者应该认识到以下几点：第一，方案实施可能涉及多少员工，多大比例的员工能晋升工资，多少人不变，多少员工薪资可能下浮，甚至可能出现员工离职，对这些情况要进行基本测算，这样就可以有效避免意外事件的发生。第二，在方案中规定具体的考核程序和流程是非常必要的，而且一定要做到详尽、全面，不能有所偏废。例如，案例中提到的考核次数和周期的问题，就应该马上在方案中进行规定，应对所有的门店公平对待，无论是优是劣，只有真正考核过才能评判。第三，在每次大的组织机构调整，特别是薪酬调整时，考评标准和内涵都会发生较大的变化，事前要向员工充分解释，特别是要注重指导员工如何改进工作，避免问题发生。许多组织在进行考评标准变动时，都会对员工进行培训，提高其技能，以适应新标准。

2. 刘洋在考评中是否受到不公平的对待，原因是什么？企业应该怎样改进？

理论研究表明，员工感受到的不公平不仅与制度设计有关，还与考评者的认知结构有关。比如，刘洋的问题就涉及评估者误差以及误差类型理论。

（1）误差理论。

一是晕轮误差。晕轮误差通常又被称为晕轮效应（Halo Effect），指考核者以对被考核者某一方面的印象来涵盖整个考核结果。也就是说，如果考核者对被考核者某一考核项目的评价较高或较低，则可能对此人所有考核项目的评价也较高或较低。

刘洋在平日工作中勤恳努力，说明她是一个工作比较认真负责，受到上级和同事肯定的员工。然而，由于刘洋在店内环境方面的一次工作失误，使得区域经理对刘洋的印象变差，将其工作态度等指标的分数几乎全部扣掉。这说明区域经理是在评分过程中受到了晕轮效应的影响，在认定了刘洋的工作态度、服务意识等方面有问题后，主观否定了刘洋其他好的工作表现，也否定了刘洋在其他方面的优点，甚至想"给她一次教训"。这样的评价结果就失去了客观性，是不具有参考价值的，也不能为未来的结果运用提供准确的依据，当然会引起员工的不满和抵制。

二是近因误差。近因误差也称近期效应误差，是评估者只凭员工的近期行为表现对其进行评估（一般在绩效评估最后阶段）。一般来说，人们对于最近发生的事情印象会比较深刻，而对于远期发生的事情印象会较为淡薄，这样就形成了评估者的"记忆衰退"现象。因此，在具体的考核工作开始前的较短时间内，员工的表现会对考核结果有较大的影响。

在本案例中，我们可以看到，对于那些考核前一段时间表现较为出色的员工，区域经理的评价较高，而对过去一直表现较好但在近期犯了较严重错误的员工，评价就比较低。由于员工往往会在考核之前的几天或几周里表现积极，工作效率明显高涨，这种情况就使区域经理做出了不恰当的评价。

（2）避免评估者误差的办法。

评估者误差通常难以完全避免，但只要评估者在实际工作中有意识地加以防范，就可以将评估者误差对绩效评估结果的影响减小到最小限度。这种误差都是主观上发生的错误，因此，通过使评估者了解误差来避免误差发生是最直接也是最有效的方法。

第一，对评估者进行如何避免评估误差的培训。企业通过培训评估者，使其充分认识各种评估误差的存在，从而使他们有意识地避免这些误差的发生。人事部在培训中，可考虑采用如下方式：主讲人先为评估者放映一部关于员工实际工作情况的影像资料，然后要求评估者对这些员工的工作绩效做出评估。接着，主讲人将不同评估者的评估结果予以展示，并且将在工作绩效评估中可能出现的问题逐一进行讲解，逐个分析，这样有助于提高评估者的主观意识。

第二，使绩效评估指标界定清晰。在评估指标界定清晰的情况下，评估者能够根据所需要的评估指标的含义有针对性地做出评价，从而避免因对被评估人某一方面绩效有看法而影响对其的客观评价。另外，还要界定各个评估指标之间的"关系"——要避免评估者凭主观臆断找到所谓的逻辑关系，影响评价的准确性。

第三，使评估者正确认识绩效评估的目的。评估者要认识到，考核评估作为人力资源管理系统的核心环节，对于各方面人事决策起了十分重要的作用，作为评估者，并不是要成为被评估者的对立面，也不是要凭借自身权力给予某些被评估者方便和好处。而是为了帮助企业在人力资源调配方面做出正确决策，并且，客观公正的评估能够帮助员工更好地认识自我，从而更好地发展自我。

第四，端正评估者评估的态度。H 连锁药店的人事部应该通过各种宣传和培训的方式，要求评估者从企业的发展大局出发，抛弃个人偏见，进行公正评估，避免误差产生。

另外，H 连锁药店还可以加强对被考核者平时工作中关键事件的观察和记录，尤其是表现出色的事例，必要时可以建立员工的个人档案。这种方法虽然要增加人员的管理成本，但能保证被考核者在考核周期内较为重要的表现能够在最后的考核中被关注，从而增强考核的公正性。

第五，提高评估者对绩效评估的信心。在评估中，往往由于评估者对被评估者缺乏足够的了解而使评估者对于评估结果缺乏信心，因而容易出现评价误差。解决这一问题的方法就是使评估者有足够的时间和渠道加强对被评估者的了解，在必要的时候甚至可以延期进行评估。

另外，评估者缺乏信心还可能源于对评估系统本身缺乏信心。为了提高评估者对整个评估系统的信心，最重要的手段是通过培训使他们了解评估系统的科学性和重要性。

3. 工资晋级考核方案的实施为什么没有收到应有的效果？企业应该怎样改进？

从本案例的内容来看，管理层的愿望是通过工资晋升拉开员工的收入差距，实现多劳多得，但是，在工资晋级考核方案的实施过程中，因流程设计不到位，员工并没有得到问题解决办法的反馈，进而影响了工资晋级考核方案的实施效果。

绩效反馈是考核的重要环节，绩效反馈工作如果没有做好，即企业未开展有效的绩效反馈沟通，那么所实施的考核服务与绩效改善的力度和可能性都将会十分有限。因此，绩效管理的实施人员务必要重视绩效反馈工作，持续地开展反馈沟通，积极同员工个体共同寻求改善今后绩效的良策，从而使实施的考核方案发挥其应有的效果和功能。面对考核，员工有可能对评价的结果产生怀疑，需要有申诉的机会和途径，也需要企业中高层管理人员针对其考核中显现出的问题提供帮助。

在本案例中，H连锁药店显然是忽视了将工资晋级考核结果向员工进行反馈，未能及时与员工进行正式有效的沟通，共同商讨存在的问题和制定相应的对策。其实，反馈沟通是一个增强组织人文关怀和凝聚力、实现企业目标的过程。绩效反馈面谈既可以表达组织对员工的关心，增强员工的组织归属感和工作满意度，又可以帮助员工查找绩效不佳的原因所在。

从案例来看，H连锁药店刘家桥店的员工集体辞职事件，就是由于在几次的考核之后，员工不知道怎样改进，没有管理层给予明确的指导，这是典型的缺乏沟通和反馈的表现。沟通应该贯穿于考核的整个过程，无论是平常的检查中，还是每个期末的评分过程中。

此外，考核者在制订考核计划时就应该与员工进行充分的协商，在整个考核流程中始终与被考核者保持联系。考核的结果要及时反馈，并指出不足以及改进意见，被考核者可以陈述意见，提出自己的困难以及需要上司解决的问题。

作为管理者要常下基层，置身于日常的工作中，有更多的机会和更大的空间去感受渠道中的各个细节，由此更准确地把握员工的工作状态，有针对性地为员工的绩效提升、个人发展提供必要的指导和信息。再者，通过现场的指导与沟通，甚至拿出一些时间与基层员工共同作业，加强员工对方案的把握程度，或者对方案做出及时调整。除正式的沟通之外，H连锁药店的管理人员可以定期到门店同员工一起工作，了解员工需求，听取员工的建议。

综观整个案例，我们可以看出H连锁药店的工资晋级考核存在指标设计问题、考核公平性缺失、评估者误差及不良的绩效沟通与反馈等问题。建议在H连锁药店成立总经理直接领导的、相关部门经理组成的绩效审计委员会，其主要职责为：按照考核管理的流程，对各环节负责人在考核管理工作中所担负的职责进行检查，并对检查结果进行分析，提供考核审计报告；向总经理汇报并对各部门经理进行反馈，表扬优点，指出不足；保证考核管理体系始终在预定的"轨道"上运行，即使出现偏离，也要及时做出调整，使之重新回到预定"轨道"。

三、案例作业

M 公司绩效考评的困惑

2015 年 1 月 12 日，对于 M 电力装备有限公司（以下简称 M 公司）来说是一个值得庆祝的日子，因为经过一个多月的艰苦谈判，终于和 C 供电公司一次性签订了 5 个 66 kV 大型移动变电站的生产合同，这意味着 800 万元销售收入的实现，但李总经理的心情不那么轻松。近两年来一直困扰他的绩效考评问题又浮现在他的眼前：奖金问题纠纷，骨干技术人员辞职等。夜已经很深了，李总经理还在冥思苦想，到底是什么原因导致了目前的混乱局面呢？

（一）公司概况

M 公司的前身是 C 供电公司下属的一个变压器修试所，成立于 1965 年。1992 年 5 月，变压器修试所更名为电力修造厂。2004 年，电力修造厂转变经营机制，实行股份制改造，成为现在的 M 电力装备有限公司，当年的李厂长也就是现任的李总经理。M 公司经过股份制改造以后，直接脱离了 C 供电公司的保护，所以要想生存下来，必须增强开发市场的能力，而 M 公司长期以来所形成的经营机制非常不利于公司的发展。M 公司不仅没有了"近水楼台先得月"的优势，也失去了原来一直处于"卖方市场"的地位。近几年来，行业内的竞争已经到了"白炽化"的程度，变压器方面的竞争尤其激烈。

M 公司现有员工 62 人，其中各级管理人员 19 人，营销客服人员 7 人，其余都是作业岗位的服务员工。公司具有大专以上文凭的员工占比 27%，其余都是中专以下学历，大部分作业员工都是初高中学历。员工平均年龄比较大，30 岁以下的占比 27%，45 岁以上的占比 50%。

（二）绩效考评的困惑

1. 考评表带来的混乱

2016 年年初，经过 M 公司全体中高层管理人员讨论决定：为了保证生产经营活动的有序进行，更好地调动全员的生产积极性，充分体现业绩与所得的关系，公司开始实施调整后的绩效考评制度。为此，公司还专门组建了绩效考评领导小组，领导小组的主要职责是对公司绩效考评工作进行检查、指导、协调，对与考评有关的重大事项进行决策。办公室负责考评工作的实施和组织、考核资料的汇总和整理。

M 公司的考核办法是：改变原来的工资结构，把相当于原员工月工资的 40% 作为浮动工资（见表 10-3），采用直属主管考核、二级主管评定的模式，将考核结果与员工月工资、年终奖挂钩。考核过程为直属主管按照预先规定的考核指标给下属打分，根据具体的得分情况确定员工的绩效工资等级（见表 10-4），交二级主管评定后，送财务部作为计算绩效工资的依据。考评的方法为强制分布法，不管部门的业务性质如何，部门主管在考评时都必须将员工分配到一种类似于正态分布的类型中。这一方法的理论依据是数理统计中的正态分布，认为员工业绩水平特别高的和特别低的都是少数，大部分员工处在中间位置，因此，部门主管要将本部门内员工的工作表现分为 A、B、C、D、E 五种情况，其中，"A" 和 "E" 的比例较少，其他几项比例较大。考核周期分为月考评和年终考评。M 公司实施绩效考评前后工资结构及权重对比、员工绩效考评等级与绩效工资分别见表 10-3、表 10-4。

表 10-3　实施绩效考评前后工资结构及权重对比

实施绩效考评前工资结构及权重		实施绩效考评后工资结构及权重	
工资结构	权重	工资结构	权重
基本工资	60%	固定工资	50%
岗位工资	20%	绩效工资	40%
技能工资	10%	福利、津贴	10%
福利、津贴	10%	—	—

表 10-4　员工绩效考评等级与绩效工资

完成情况	评定等级注释	评定等级	对应绩效工资（元/月）
出色完成	工作任务提前、高效完成	A	800
较好完成	工作任务按时、准确完成	B	600
一般完成	工作任务按时完成	C	400
基本完成	工作任务按时、基本完成	D	200
没有完成	工作任务没有按时、按要求完成	E	0

注：A 为 90~100 分，B 为 80~89 分，C 为 70~79 分，D 为 60~69 分，E 为 60 分以下。

公司每月月末向员工发放绩效考评表（见表 10-5），要求员工本人如实填写。但在实际考评过程中，因为员工不了解绩效考评的具体内容，同时对绩效考评的目的有些担心，所以，仅在工作内容一栏，将自己一个月中所做的事情做简要的小结，并将自己完成得不错的工作列在前面。部门主管也是千篇一律地同意员工本人的意见，然后就交给上级主管，上级主管基本不会重新评估，而是直接根据部门主管的意见对员工评定等级，根据考评结果确定其绩效工资标准。各级人员考核时仅凭印象打分，由打分、确定绩效等级而引发的问题和纠纷总是不断，有的甚至大打出手，多拿钱和少拿钱的人都说 "考核不公平"。这种适得其反的考核结果并非李总经理的初衷所在，让他更苦恼的是不知道怎样去改进。

表 10 - 5　员工绩效考评表

姓　名	李平		岗　位		工人
考评时间	2016 年 12 月		所在部门		开关柜车间配线班
工作内容	二次回路配线，二次电器元件安装				
完成情况	出色完成	较好完成	一般完成	基本完成	没有完成
一级主管评价			√		
二级主管评价			√		
未完成原因					
评定等级	C		是否调级		否
本月绩效考评奖金			400 元		

2. 王主任"辞职"

李总经理知道员工和个别管理层在抱怨公司调整后的绩效考评体系，其实，调整时也考虑到了这些问题，但抱怨人数之多，让他有些意想不到，特别是开关柜车间老主任都为此闹情绪，这让他感到十分意外。

老王是开关柜车间的主任，自参加工作以来，一直没离开过 M 公司，已经有近 30 年的工龄。老王为人忠厚老实，对待工作兢兢业业，很少出现差错，人们经常能够看到他和工人们奋战在生产一线的情景，新老员工都很敬佩他。这也正是他能够深得李总经理信任的原因。办事认真的老王虽然看上去有些愚钝，但大事小事都不糊涂，而且非常讲原则，生产技术部分派的任务从来都是无条件地执行，再艰巨的生产任务也难不倒他。可这次他却郑重其事地对李总经理说："如果不能给我一个合理的说法，那我宁愿回家看孙子……"李总经理感觉到了问题的严重性，心里暗暗着急，"看来，这次老王是认真的，考评办法如果不能针对他们车间出现的问题调整一下，说不定还会出现更大的乱子。"

M 公司的生产模式基本上是按照订单加工，这种模式的好处在于没有库存积压，同时避免占用大量的流动资金。而开关柜车间的工作尤其不同于其他车间，因为它的部分生产任务是临时分派来的"急活儿"，比如客户急需加工的端子箱、照明箱、楼宇防盗门等，这些工作经常追加在正常的生产任务以外，没有计划，没有订单，没有统一的设计标准和规格。这种小批量的生产任务，如果加上单独的设计费用和生产过程中所浪费的人工成本、材料损耗等，基本没有太大的利润可言，但是公司不能因为加工小件不赚钱而拒客户于门外，否则将有损于公司的信誉，也不利于稳定客户源。自从开始推行绩效考评以来，公司对各个生产车间都执行了相同的考核指标，即产量（50%）、质量（30%）、效率（10%）、消耗（10%），自从这个考核指标实施以来，王主任的开关柜车间每次在考核中的排名都是倒数第一，难怪他闹着要罢工。M 公司生产部门考核指标及权重、服务部门考核指标及权重、辅助部门考核指标及权重分别见表 10 - 6、表 10 - 7 和表 10 - 8。

表 10 - 6　生产部门考核指标及权重

生产部门	考核指标及权重			
	产量	质量	效率	消耗
生产技术部	50%	30%	10%	10%
质量检查部				
开关柜车间				
变压器车间				
金具车间				
电镀车间				

表 10 - 7　服务部门考核指标及权重

服务部门	考核指标及权重			
	岗位工作素质	工作能力	服务	业务
销售部	30%	30%	20%	20%
财务部				
市场开发部				
办公室				

表 10 - 8　辅助部门考核指标及权重

辅助部门	考核指标及权重			
	岗位工作素质	工作能力	服务	业务
仓库	30%	30%	20%	20%
车队				
食堂				

老王的要求很简单，修改对开关柜车间的考核指标和权重，否则，他就不干了。其实，老王的要求并不过分，因为开关柜车间的生产性质不同于其他车间，它的各项生产任务的完成都不是独立的，生产进度一直受另外几个车间的牵制，各个车间的工艺流程结束以后，才能轮到最后的成品组装和配线。哪怕只是加工一个简单的小箱子，也需要电镀车间的配合才能完成，如果电镀车间不能及时镀好壳体，开关柜车间就是有再多的人手也只能是耽误工期，所以开关柜车间的工作效率自然要受到影响。老王也曾经琢磨过，"毕竟效率的考核权重只占总绩效的 10%，姑且忍了。"但是对开关柜车间产量（50%）的考核指标是王主任不能再容忍的。因为开关柜车间产品的生产周期长，所以产量不如其他车间，但是 M 公司60% 的年利润是开关柜车间创造的，没有实施绩效考评之前，开关柜车间工人们的人均收入高于其他车间，这主要体现在加班费上。实施了绩效考评以后，工人们每月拿到的工资少了，班组长们也有怨言："活干得越来越多，拿到的钱却越来越少……"在这种指标体系下工作，开关柜车间的考评结果永远也赶不上其他车间，月绩效工资受到影响，年终奖金还会受到影响，这样下去哪能有出头之日？在上个月的考评结果中，开关柜车间又排在最后。渤

海大街的美式箱变工程中标以后，生产技术部下发了和上个月类似的生产任务，老王有了前几次的教训，所以这次非要找李总经理说理不可，没有合理的解决方案，老王坚决要求辞职。

【资料来源】

改编自国家开放大学 2017 年工商管理案例设计与分析大赛作品。

【问题】

1. M 公司绩效考评带来的困惑反映了什么问题？
2. M 公司的绩效考评办法应进行怎样的改进？

第十一章　管　理　沟　通

通过本章专业知识复习和案例学习，更好地理解和掌握管理沟通相关理论，包括沟通的概念、模式与特点，不同沟通形式的差异，人际沟通与组织沟通的异同点，沟通障碍以及沟通的方法。通过完成案例作业，思考如何在管理工作中提高沟通的有效性。

一、本章知识点和学习内容

（一）沟通概述

沟通是指两个或者两个以上的人交流并理解信息的过程，其目的是激励或者影响人的行为。沟通包括两个层次的含义：一是沟通包含了信息的传递，二是沟通包括对信息的了解。信息沟通过程分为六个环节：信息源、编码、沟通通道、解码、接受者和反馈。其关键点是信息沟通的三要素：信息源、要传递的信息和信息接收者。

沟通的分类有多种形式，按照功能划分，有工具式沟通和感情式沟通；按照沟通方式划分，有口头沟通、书面沟通和非语言沟通；按照组织系统划分，有正式沟通和非正式沟通。正式沟通的五种模式比较重要，包括链式沟通、环式沟通、"Y"式沟通、轮式沟通和全通道式沟通。这五种沟通模式各有其优缺点。链式沟通传递信息的速度最快；环式沟通能提高组织成员的士气，即大家都感到满意；轮式沟通和链式沟通解决简单问题的效率最高；在解决复杂问题时，环式沟通和全通道式沟通最为有效；"Y"式沟通兼有轮式沟通和链式沟通的优缺点，即沟通速度快，但成员的满意感较低。按照沟通方向划分，沟通有下行沟通、上行沟通和平行沟通。

（二）有效沟通的障碍及其克服

1. 沟通障碍

沟通障碍包括组织中的沟通障碍和个体沟通障碍两个方面。

组织中的沟通障碍包括地位差异和目标差异。地位差异是指沟通双方地位不平等造成的沟通障碍，如果沟通双方身份平等，沟通障碍就比较小；目标差异是指组织中不同部门之间的不同目标引起的沟通障碍。组织缺乏正式的沟通渠道以及协调不够等都会导致沟通障碍的产生。如果没有建立起正式的沟通渠道，如员工调查、时时通讯、备忘录、定期的沟通会议等，就会极大地影响组织的沟通效率。

而个体沟通障碍主要包括选择性知觉。选择性知觉包括选择性注意、选择性扭曲和选择性记忆。也就是说，人们只记忆经过自己的选择而愿意记忆的信息，这种认知过程容易产生沟通障碍。另外，信息操控会导致信息失真；情绪会影响人们的沟通效果；语言表达能力会影响沟通效果，这是指信息发送者能否清晰表达所要发送的信息对沟通的影响；非语言提示，即面部表情以及肢体语言对信息传递会产生影响；信息发送者的信誉对沟通有影响；沟通渠道选择不当会对沟通产生影响。

2. 克服沟通障碍

（1）采取组织行动。

一是营造一种坦诚和信任的组织气氛，这种气氛可以鼓励人们开诚布公地和他人沟通。下属可以像告诉好消息一样告诉上级坏消息，以求得积极的改善方案。不同部门的员工可以积极地交流思想，这有助于员工换位思考，达成共识。二是保证正式沟通渠道的畅通。三是鼓励使用多元沟通渠道。

（2）增强个人沟通技能。

一是做好充分的沟通准备，包括明确沟通内容，分析沟通对象，考虑环境背景以及如何增强沟通的反馈等。二是调整沟通心态。三是学会倾听等。

（三）冲突管理

1. 冲突及其分类

冲突是两个及两个以上的行为主体在特定问题上目标不一致或有分歧而产生的相互矛盾、排斥和对抗的一种态势。按照不同的标准，冲突可以分为不同的类型。冲突主要包括建设性冲突和破坏性冲突。如果按照冲突表现的状态，战斗、竞争和辩论也是冲突。冲突产生的原因主要是个体差异、目标不同、利益分配和沟通不畅等。

2. 管理冲突的对策

管理冲突的对策主要包括回避、强制解决、妥协、树立高目标与合作。此外，有人将激发冲突也列为冲突管理。

二、示范案例

"海底捞" 的沟通模式

在海底捞火锅店经常看到这样一种现象，在大厅中常常出现排队一两个小时等位的顾客，这些顾客并没有因长时间地排队等待而去选择其他的餐厅，相反，对大多数客人来说，海底捞最吸引顾客的地方就是它的候餐艺术和愉快的就餐体验。

（一）公司介绍

1994 年，海底捞由张勇和他的同学共同筹资创办，从最开始的四川县城的第一家海底捞火锅店逐渐扩展到西安、郑州，2004 年开始迈向一线城市，20 余年来，在全国很多城市开设有多家直营餐厅，在中国台湾和海外也拥有众多直营餐厅。2008—2015 年更是连续 8 年获"中国餐饮百强企业"荣誉称号。海底捞历经了市场和顾客的检验，打造出一个颇具四川火锅特色，融汇巴蜀餐饮文化，"蜀地，蜀风"浓郁的火锅品牌。

海底捞的发展历程可以分为四个阶段，1994—1998 年是单店创业阶段，这个阶段的海底捞通过例会分析问题、总结教训，提出了自身的核心经营理念——优质服务是海底捞的生存之道。提倡以人为本，实现了基本的规范化。1999—2005 年是连锁直营阶段，这个阶段制定出了规范的薪酬福利制度和绩效考核制度，积极打造直营模式，同时在员工培养上，实行师徒制与轮岗制。2006—2009 年是精细化运营阶段，员工超五星级的顾客服务流程和门店拓展制度进一步规范化，同时在管理系统和生产基地、物流配送中心这些软硬件上也加大了投资。2010 年至今，海底捞走向管理转型和经营创新多样化阶段，组织机构的变革使海底捞实现了企业扁平化经营，并开始拓展外卖业务、进入国外市场。

许多人将海底捞的红火归结为连锁的发展模式，还有人认为是海底捞独特的餐饮文化。本案例关注的是海底捞独特的沟通模式。海底捞向前的每一步都紧紧围绕着"服务高于一切"的经营理念，服务制胜的背后，也反映出海底捞从管理层到员工甚至到每一位顾客的独特的内部沟通渠道和外部沟通方式。

（二）规范内部沟通模式

1. 组织结构的变革——从垂直沟通到水平沟通

海底捞在 2010 年 10 月进行了大规模的组织结构变革。在变革之前，海底捞采用的是中国餐饮企业最常见的金字塔式管理架构。每个餐厅经理向所属的小区经理汇报工作，而小区经理又向全国 3 个大区经理汇报工作，大区经理最终向总经理张勇汇报工作。层层小区经理、大区经理为了保证自己所管辖的餐厅达到更高的客人满意度，经常到餐厅反复检查和监督工作，这导致餐厅经理管理能力的强弱往往无法及时暴露并加以解决。

2010 年 10 月，受到"阿米巴经营"理念的启发，张勇对公司整体架构进行了大刀阔斧的变革，希望剔除管理中个别管理者的人格和个人管理方式对下属的影响，锻炼餐厅经理的管理能力，并以更统一的标准进行考核。这次变革的最终目的是在保持直营连锁的经营模式下，形成可迅速复制的餐厅管理模式。原先公司的金字塔式层层监督的管理结构在很大程度上被扁平化，取消了原先的 3 个大区经理和每个大区经理下属的多个小区经理，餐厅经理直接向总部汇报。层层的检查和监督被取消后，总部成立了"教练组"，专门负责协助餐厅经理的工作。与原先的大区经理、小区经理的职能不同的是，教练组不会对餐厅的日常经营活动横加干涉，而是用设定绩效考核标准并进行绩效评价的办法进行原则上的指导和协助，也会协助餐厅经理解决一些日常运营之外的突发问题、收集餐厅上报的各项创新举措的信息并监督创新举措的执行、设立热线电话专门收集员工反映的负面意见和正面建议等。图 11-1和图 11-2 分别为海底捞变革前和变革后的组织结构。

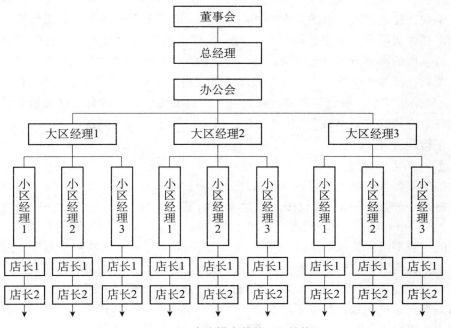

图 11-1　海底捞变革前组织结构

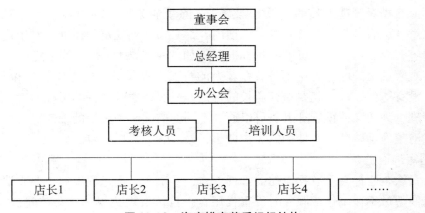

图 11-2　海底捞变革后组织结构

　　变革之后的组织结构给予了店长一级管理者更大的授权，这极大地激发了基层管理员工的积极性，因而顾客到海底捞就餐一个最深切的感受就是员工特别热情，工作情绪高涨。在处理很多现场突发事件上不推诿，而是积极承担责任，以各种形式给予顾客补偿和安慰，这与基层管理者有直接决定权是紧密相关的。

2. 建立有利于内部沟通的管理制度

（1）良好的晋升渠道。

餐饮行业是入行门槛较低的行业，一线的员工往往会一直在基层坚守，很难有所突破。即使有少量的管理岗位空缺，走上该岗位的人也需要长时间的磨炼。而且在大多数中国企业，这些空缺往往也会被所谓的关系户"占领"，一般员工晋升渺茫，而海底捞打破了这种传统。董事长张勇推崇"公平公正"和"双手改变命运"的价值观，海底捞的大多数管理者都是从最基层的服务员培养起来的。每个员工的起点都是一样的，入职以后都是从基层服务员、传菜员、择菜、洗碗等工作开始做起。海底捞的一位培训师曾这样说过，"海底捞"的"底"，就是指从基层做起。此外，海底捞所有员工要想得到晋升，就必须在其他岗位轮岗，得到各个岗位的"合格证"，并且要在目标岗位担任一段时间的"后备人员"，这样才有可能真正得到晋升。

（2）独特的考核制度。

海底捞的绩效考核制度为自评和上级评分结合，如一月份的工资，员工可以按照考核标准给自己打一个分数——A，店长按照你这个月的工作表现也打一个分数——B，A 和 B 进行比较，如果 A 和 B 在一个区间内（一个工资等级），说明员工和领导的意见一致，都认可这个月份的工资等级。如果 A 和 B 差距很大，是不同级别工资里的两个数字，这时，店长必须找员工进行沟通，直到双方都同意一个分数 C，那么 C 所属的工资等级就是这名员工的工资水平。如果经理和员工沟通失败，没有达成一致，那么更高一级的管理者会和这名员工继续沟通，直到意见一致，如果还没有达成一致，就以此类推，直到产生结果。显然，这种考核方式让员工也参与其中，更民主、更科学、更合理，给了员工更多自我肯定的机会，尊重员工，使员工地位有了更进一步的提高。

此外，海底捞对管理人员的考核非常严格，除了业务方面的内容，还有创新、员工激情、顾客满意度、后备干部的培养等，每项内容都必须达到规定的标准。对于这几项不易评价的考核内容，海底捞都有自己的衡量标准。例如"员工激情"，总部不定期会对各个分店进行检查，观察员工的注意力是不是放在客人的身上，观察员工的工作热情和服务的效率。如果有员工没有达到要求，就要追究店长的责任。海底捞通过独特的考核制度，既规范了管理人员的管理行为，又使得管理人员可以通过不同的措施激励员工的工作热情，加强内部沟通，让员工清楚地了解公司对他们的工作期望，最终达到目标一致。

（3）缩短沟通链条。

传统的餐饮企业都会采取程序化的管理方式，员工在工作过程中遇事要先请示上级，种种制度规定使得员工在工作或服务时畏首畏尾，一旦被发现违规，就会被问责。功在老板，过在员工。相反，海底捞的一线员工拥有比一般餐饮企业员工更高的自主权。他们可以参照制度规定中必须免单和建议免单的情况，自主决定对感觉不满意的客人采取抹零、赠送小菜和捞面、打折、免单等做法，或者以其他方式处理突发事件，不需要事先询问各级管理人员，只需要在事后填表解释原因并让领班签字确认即可。如果员工处理方法不当，海底捞明文规定不得处罚，但事后必须参加培训。各级管理人员负责判断员工使用权力是否得当。这种高度授权的管理风格并非只体现在海底捞的某一家餐厅中，而是体现在全公司各个部门中。海底捞对每一位员工是基于信任而授权，海底捞提拔干部，有一个重要的原则，就是看这个人是不是"与人为善"。

为了保持管理层和员工的工作效率，海底捞采取了"首问负责制"和"八小时复命制度"。"首问负责制"指的是每个员工在接到外部客人或公司内部各部门和个人的请求时，就成为处理该请求的主要负责人，要在第一时间进行相应的处理。成为事件的主要负责人后，员工又需要遵循"八小时复命制度"所要求的处理时间，尽快满足客人和同事的需求。如果该请求不在主要负责人工作职能范围内，这位员工必须尽快通知对此请求有决策权的相关员工，并不断追踪，直到事件解决后回复给最初提出请求者。如果主要负责人没有起到通知的作用，就要承担主要责任；如果没有督促追踪、起到妥善的后续沟通协调作用，那么也要承担部分责任。这种制度有利于团队建设，也有利于领导与员工之间的有效沟通，可以加强协调、团结共事，有利于发挥员工的专长，互补不足，从而提高组织的整体力量。

（4）重视人文关怀。

餐饮业的竞争归根到底是服务的竞争，而服务取决于员工，鉴于此，海底捞创始人张勇提出"把员工当成家人""员工比顾客重要"的理念，大多数餐饮业的打工者居住在简陋的地下室，而海底捞为员工提供的公寓是正规住宅小区的两居室或三居室，距离分店走路不超过20分钟。公寓内电话、电视和网络一应俱全，有专人打扫卫生，换洗床单。员工生病了会送上药品和病号饭，下夜班的员工还能享受到夜宵服务。大堂经理和店长以上的干部，其父母每个月都能领到公司给予的几百元的补贴。此外，海底捞还在一些地方建立了私立寄宿制学校，让员工的孩子在那里免费上学。海底捞的所有岗位，除了基本工资，都还有浮动工资与奖金，作为对员工良好工作表现的鼓励。同时，考虑到绝大部分员工的家庭生活状况，公司有针对性地给出了一些待遇：在海底捞工作满一年的员工，若一年累计三次或连续三次被评为先进个人，该员工的父母就可探亲一次，往返车票全部由公司报销，该员工还有3天的陪同假，父母享受在店就餐一次；工作一年以上的员工可以享受婚假；工作3个月以上的员工父母去世，该员工可以享受丧假及补助；工作3年以上的员工可享受产假及补助等。

"员工比顾客重要"，张勇从不考察分店的营业额，他只关心员工的满意度。他认为，两眼只盯着利润的企业家很糊涂，但他不重视利润并不代表不能获得利润。海底捞的利润有目共睹，相对于顾客付出的金钱与时间，海底捞不仅是通过菜品创新为其提供味觉享受，还依靠优质服务为其营造轻松悠闲的就餐体验，而后者更重要，这才是餐饮业为顾客提供的根本价值。所有这些价值，取决于它们的直接传递者——员工，员工因公司的人文关怀而增强了组织归属感，这会激发他的主观能动性，能够更好地服务顾客。

（三）多样化的外部沟通方式

1. 客户服务

海底捞的服务员会记录客人的生日、家庭人数、孩子的生日、结婚纪念日等对顾客有意义的日子，也会通过上门拜访、送公司礼品、邀请参加公司节日的方式，加强与客户之间的联系和沟通，从而让海底捞彻底进入顾客的生活，成为顾客生活不可或缺的一部分。在客户就餐时，更是处处体现了海底捞对服务人员培训的重视和投入：如果客人点的量已经超过了可食用量，服务员会及时提醒客人，还会主动提醒食客，各式食材都可以点半份；如果碰到有小孩子的家庭前来就餐，在父母照顾不到孩子时服务员会暂时充当孩子的保姆，带小朋友到店内的儿童天地玩耍；就餐之后，服务员会送给顾客果盘或小礼物。服务员关注顾客的情感投入和态度，使海底捞拥有了一大批忠实的顾客。

2. 泊车服务

每家大型的餐饮店都会提供代客泊车的服务，但服务质量参差不齐。许多门店的泊车服务生只把泊车当作一项任务来完成，主动性不强，还会存在"看车做活"的现象，客户体验不佳。

海底捞的每家门店都有专门的泊车服务生，他们主动代客泊车，停放妥当后将钥匙交给客人。等客人结账时，泊车服务生会主动询问是否需要帮忙提车，如果客人需要，立即提车到店门前，客人只需要在店前稍稍等待。而且，如果你选择在周一到周五的中午去用餐的话，海底捞还会提供免费的擦车服务。不按车型和车价"选择性"提供服务，而是一视同仁地为顾客提供泊车服务，加上泊车服务生温暖的笑容，让顾客感到自己被充分尊重，进而愿意再次消费。

3. 排队服务

海底捞的生意十分火爆，排队现象是无法避免的，尤其是在用餐高峰期。要想在海底捞吃一顿晚饭，基本的做法是提前 2~3 天订座，如果你需要的是包厢，那么订座的时间要提前两周。如果没有事先预订，很可能会面对漫长的等待。海底捞提出了一个新方法，它将顾客候餐区扩大，并在候餐区提供各种人性化服务。例如，为等候的顾客提供免费的水果、饮料、零食；多人结伴而来的，则为其提供扑克、军棋、跳棋等，以打发时间；甚至还为女士提供美甲服务、为男士提供擦鞋服务、为孩子提供儿童游戏区……这种种安排让等待不再无聊。海底捞候餐服务的多样化及其免费的特点，留住了大批顾客的脚步；服务娱乐化，加上充足的候餐空间，能够轻松消解顾客等座时的烦躁。也正因为如此，优质的排队等位服务成为海底捞的特色之一。

4. 细节服务

作为火锅店，火锅的污渍处理是海底捞需要考虑的细节之一。在海底捞，客人坐定点餐的时候，围裙、热毛巾就会一一送到。让顾客系上火红的围裙，不仅可以避免吃饭时弄脏衣物，还能胃口大开。服务员还会为长发的女士送上皮筋，以免头发垂落到食物里；为戴眼镜的顾客送上擦镜布，以免热气模糊镜片；为带手机的顾客拿来小塑料袋包好手机，以防油腻。而让就餐者感触更深的，是服务员个个精神饱满，用快乐感染每一位顾客。在"大众点评网"上，很多顾客对这种贴心服务感到"受宠若惊"，感慨"终于找到了做上帝的感觉"。

海底捞从高管到基层员工都明白一个道理：打败你的往往不是眼前的对手，而是另一个行业。因此，顺应潮流，海底捞推出了外卖服务：选择样品—上门服务—布置餐桌。甚至，在台湾的海底捞还公开宣布：可免费自带食材、不设最低消费、不限用餐时间、客人携带的酒水也不额外收取开瓶费。这些多样的营销手段仍然是围绕着"顾客是上帝""服务高于一切"的企业文化，提升品牌力，顺应行业趋势，赢得各层消费者。

海底捞细致入微的服务让顾客感到新鲜及温馨，全方位提升了顾客的满意度，培育了大批忠实客户，海底捞没有在广告宣传上花费大笔资金，却获得了巨额的广告投入无法带来的效应。因为"服务至上"使很多顾客的就餐体验优于其他火锅店，所以他们会继续选择海底捞。

【资料来源】

［1］方梅，李莉．论企业多层次授权——以海底捞餐饮股份有限公司为例．岳阳职业技术学院学报，2014（5）．

［2］董玉芳，曹威麟．企业管理沟通模式设计——基于科学管理和行为科学管理思想的研究．经济问题，2006（10）．

［3］侯丽君．情感管理在餐饮管理中的重要作用探讨．商业经济，2012（9）．

［4］郑晓明，赵子倩．海底捞公司．中国工商管理案例中心，2011（7）．

［5］李芳洁．建立企业内部有效的管理沟通模式．经济视野，2014（15）．

［6］梁俊民．风险沟通中的信息管理与发布研究——以海底捞"勾兑"事件为例．新媒体与社会，2012（3）．

【问题】

1. 请总结海底捞内部沟通模式的特点。这种沟通形式对海底捞在全国的发展有何作用？
2. 请分析海底捞外部沟通模式的特点。说明海底捞沟通模式对中国餐饮企业的启示。

【案例分析】

（一）理论背景

首先，沟通是涉及两个人以上的行为或活动。其次，人与人之间的沟通不同于其他沟通过程的特殊性就在于，人与人之间是通过语言和其他的媒介形式进行信息传递和思想交流。广义的语言既包括口头语言和书面语言，也包括作为"副语言"的表情语言和肢体语言等。再次，沟通必须有内容。在信息的发出者和接收者之间，需要彼此了解对方进行信息交流的动机和目的，因而沟通是双向的，是互为客体的。最后，沟通的目的是促进人们之间的了解与合作。

沟通有多种形式，如平行网络的链式沟通，封闭式控制结构的环式沟通，两个中心的"Y"式沟通，控制型网络的轮式沟通以及全开放的网络沟通等。不同沟通形式具有不同的优缺点。在不同类型的组织中，可以根据管理需要采取多种沟通形式。

比较有代表性的沟通理论有"约哈里窗口"理论——将沟通主客体的内心世界（掌握的知识与内在感受）划成四个区间：公开区是指沟通双方皆知的信息领域；盲目区是指沟通客体知道但沟通主体不清楚的信息领域；隐秘区是指沟通主体知道但沟通客体不知道的信息领域；未知区是指沟通双方都不了解的全新信息领域。在不同区间，沟通方式和沟通效果有很大的不同。该理论在管理领域主要用来分析与提升自我意识，增强人际关系、组织动力与组织间关系。

德国学者尤·弗莱克提出了"人际沟通的四维度理论"——几乎所有的信息都包含中性信息、感性情感与理性思想，由此构成一个四边形，四边分别代表内容（中性信息）、情感（感性情感）、行动（理性思想）及关系。其中，"内容"是中性的成分，"情感"是指信息里面感性的成分，"行动"是信息接收者在对这一信息进行理性思考后而采取的行动，"关系"则指沟通信息，暗含沟通双方的关系状态。此外，还有沟通选择理论——沟通者可以根据自己对沟通内容的控制程度和沟通对象的参与程度，采取四种不同的沟通形式，即告知、说服、征询、参与。

（二）分析要点

1. 请总结海底捞内部沟通模式的特点。这种沟通形式对海底捞在全国的发展有何作用？

（1）海底捞内部沟通模式的特点。

海底捞是一个拥有 20 多年发展历程的企业，这在平均年龄为 3～5 年的中国传统餐饮企业中，已经很具有代表性。海底捞的内部沟通主要有以下几个特点：一是针对连锁餐饮企业的特点设计沟通模式，让基层管理者具有决策权。餐饮企业虽然进入门槛低，但是由于员工岗位多样，食物品类众多，具有很强的鲜活性特点，所以管理难度较大。但海底捞的沟通模式就是针对这些问题而设计和执行的。组织结构按照"阿米巴经营"理念，将管理权限下放，让一线员工具有决策权，不仅极大地调动了基层管理者和员工的积极性，也能及时地、有针对性地解决作业现场的问题，这也是海底捞能保持好口碑和确保顾客有良好就餐体验的重要原因。二是注重细节。有问题及时反馈和调整，不断完善作业环节。海底捞员工居住的公寓条件十分理想，有专人做饭，有专人打扫卫生，对员工的关怀无微不至，真正做到了让满意的员工带来满意的顾客。三是责任到位。许多企业管理制度很多，在执行和落实过程中，没有沟通，责任无法落到实处。但海底捞的"首问负责制"确保每个员工在接到外部客人或公司内部各部门和个人的请求时，能在第一时间进行相应的处理。员工必须遵循"八小时复命制度"的处理时间规定，确保了信息传递责任制度的有效执行。

（2）海底捞内部沟通模式对企业发展起到了重要作用。

第一，海底捞的人性化管理沟通模式极大地调动了员工的积极性。

企业的管理沟通模式要体现行为科学管理思想，具有人文性和文化性。人文性主要强调管理沟通模式的"人性化"，即在模式设计中贯彻"以人为本"的管理理念。人是沟通的主体也是沟通的主要客体，从本质上讲，企业管理沟通就是人与人的沟通。一个科学、先进的沟通模式只有融入了"人性"而被大多数人认可并采用，才具有科学效应，否则只能是纸上谈兵。因此，管理沟通模式的建立，要体现"人性化"的特点，其沟通的过程、方式、对象、时间、地点、内容等要素应符合人们的沟通习惯和反映人们基本的沟通需求，在沟通中体现公开、平等、互相尊重、保护隐私的原则。"文化性"则强调因不同企业组织文化的差异而形成的沟通模式的差异，如"大家庭"式的企业，可能以"非正式沟通"为主，"军队式"企业以"正式沟通"为主。

海底捞完善的内部沟通管理制度和多样化的外部沟通方式充分体现了"以人为本""公平公正"的人性化理念。现代企业管理沟通按性质不同分为两大类：业务性沟通和情感性沟通，具体内容见表 11－1。为了正常开展工作而进行的沟通称为业务性沟通，它是企业管理沟通的主导部分。员工之间、领导与员工之间为增进了解、友谊而进行的与工作无直接关系的沟通、交流称为情感性沟通，它不仅是企业管理沟通的一项重要内容，在员工素质日益提高的现代企业更是最重要、最有效的沟通，是业务性沟通顺利、通畅的前提和保证。

表 11－1　现代企业管理沟通类型

分类名称	层　次	主要内容
业务性沟通	战术层次	日常操作性沟通，如上传下达等
	战略层次	企业精神、文化、理念、使命等的培训、教育、传播
情感性沟通	个人层次	组织成员间的私人交往，如聊天、聚会等
	组织层次	主要包括组织与组织之间的情感交流、组织意义上的内部成员间的情感交流，如领导慰问员工等

从表 11－1 中可以看出，现代企业管理沟通既要有业务上不同层次的沟通，也要有不同个体、群体间的情感沟通；既要传达一般日常性的业务工作信息，更要注重企业理念、文化、使命的沟通。一方面，海底捞的管理沟通模式体现了公正、平等，在业务性沟通上拥有完善的内部制度，比如独特的"师徒制"和"晋升制度"，员工在这种工作氛围中更加热爱自己的工作和企业，将自己与企业融合在一起，用心服务顾客，同时这样的晋升渠道有利于促进公司内部的有效沟通，提升了工作效能。员工在内部的轮岗流动带来了信息的有效传递，使公司上下游部门相互间更加了解并会换位思考，提升了管理效能。另外，"首问负责制"实现了员工的高度授权，改变了传统、单一的上传下达，摒弃了其层级多、效果慢，沟通信息容易失真的弊端，加强了团队协作力，提高了工作效率。张勇曾说过，服务绝对不是海底捞的核心竞争力，人力资源体系才是，所以，"造人"是海底捞战略规划的基石，高度授权也是在为公司培养更多优秀的员工。另一方面，海底捞的情感性沟通体现在其重视人文关怀，把员工当作家人。这里体现了餐饮行业对于一线服务人员的管理艺术，如果仍以"硬式"的经济手段来管理，会加剧人员流动，无法提高员工的忠诚度。而做好情感管理，利用亲情和友情的力量会大于来自金钱的诱惑，企业对员工的关心使员工感受到被尊重，这有利于激发员工的企业忠诚度和工作积极性，对企业的发展起到推动作用。

第二，海底捞的内部沟通模式有助于建设"员工是企业主人""顾客至上"的企业文化。

海底捞的创始人张勇提出"用双手改变命运",这是海底捞企业文化的精髓所在。海底捞企业文化的一大特色就是鼓励员工在工作中不断学习、自主创新,并建立了管理层与一线员工顺畅的沟通渠道,大胆接受员工的建议并付诸实践,如果建议能有效发挥作用,则公司还会对提供建议的员工给予物质上和精神上的奖励。那些被广为称赞的发套、眼镜布、手机袋、等待区棋牌等细节服务都来自员工的建议。这大大提高了员工的学习积极性,也使公司的管理不断得以改善,企业变得更好。

组织文化是由领导者创造的,而且领导层最重要的职能可能就是创造和管理文化。行动的力量要超出语言的力量,它也是最有效的沟通方式。海底捞的经营目标中大部分是定性目标,海底捞的每个火锅店都不考核营业额、利润、客单价等结果性指标,相反,每个门店的经营目标是实现顾客满意、员工积极、干部培养等定性指标。实际上,定性指标的考评难度更大,但这也体现了海底捞考核制度的独特性,在考核的过程中又凸显了其内部沟通制度的全面性。比如,对定性指标的考评不是单纯的填表,而是由上级、总部专业部门去现场抽查或评审、暗访,经验丰富的考核人员要考察员工的工作积极性,现场看他们的着装、妆容、表情就知道了;对于顾客满意度,一方面通过区域经理直接巡店观察,另一方面可以与顾客直接沟通,了解情况。海底捞不断增加门店,对于区域经理的培养是为了满足连锁扩张所需的人力资源,而海底捞的区域经理也都是从服务一线、通过严格的考核流程成长起来的"懂行"的老员工。

此外,海底捞在成立之初就非常注意公司的文化传播方式,与传统的宣传方式不同,海底捞开始并没有投入大笔资金去做广告,而是通过顾客的口头传播,形成口碑效应。随着海底捞逐渐做强做大,它才开始逐渐转变宣传方式,充分运用其他宣传方式,如网络、图书等大众媒介,继续扩大海底捞的知名度和影响力。

综上,海底捞在管理沟通上满足"人文性"和"文化性"的科学管理思想,形成了其独具特色的企业文化和高忠诚度的员工财富,"人"和"文"也是海底捞的核心竞争力,这个核心竞争力最终让它从众多餐饮企业中脱颖而出。

2. 请分析海底捞外部沟通模式的特点。说明海底捞沟通模式对中国餐饮企业的启示。

餐饮是一个完全竞争的行业,消费者体验至关重要。中国餐饮文化历史悠久,消费者市场庞大。特别是近年来,中国经济快速发展,消费者收入水平不断增加,家庭消费日益社会化,这些变化使餐饮消费一直呈现两位数的增长。餐饮行业也成为大消费概念中的主导行业。但在这一领域,企业间的竞争也十分激烈,餐饮企业的平均寿命基本上是 3~5 年。另外,随着中国人口红利的消失,劳动力短缺,员工流动性大,经营成本攀升、食品安全事件频发等都成为困扰餐饮企业发展的难题。

海底捞能在激烈的竞争中不断开疆拓土,快速发展,一是坚持强化沟通,在管理细节上不断完善,领先于竞争对手;二是通过下授权力,实施人文关怀,充分调动员工的积极性;三是培养员工超强的执行力,及时捕捉市场商机,客户群体不断扩大,客户黏性不断增加;四是危机处理能力强,面对突发事件,上下一致,快速解决,甚至变危机为生机。

如在 2017 年 8 月，有关海底捞"后厨老鼠爬进食品柜，漏勺掏下水道"的视频在网上曝光仅仅三个小时，海底捞就在官方微博针对此事做出了回应，登出致歉信，表示要承担责任并积极整改门店。随后，海底捞再发《关于海底捞火锅北京劲松店、北京太阳宫店事件处理通报》，明确公司的五条整改措施，每条措施都由公司高管甚至董事挂帅。海底捞处理安全事故危机的手法十分专业，态度诚恳，最重要的一点就是不把所有的过错都放在员工的身上，明确表示该类事件的发生，更多的是公司深层次的管理问题，主要责任由公司董事会承担。一句"锅我背、错我改、员工我养"，让更多的消费者选择了原谅。而海底捞能够成功化解这次危机，除展现了公司高层管理制度的完善外，也离不开平日积累下来的强大的消费者口碑，这使更多的人选择了无条件信任并原谅。

综上所述，海底捞健康、积极的企业文化，组织内外部沟通渠道畅通，各种有关战略信息就能在企业的相关者之间、管理层和员工之间、员工之间、部门之间顺畅地传递，使全体员工在企业使命、价值观、远景等重大战略问题上形成共同认识和承担责任的认同，促进内部成员之间加强合作，培养团队精神，促成战略执行的协同，提高了企业运营执行效率。

海底捞的沟通模式对中国餐饮企业具有很大的启示性，具体体现在以下方面：

首先，企业管理者要坚守企业文化精神，深入员工基层，注重倾听。在企业管理沟通中，管理者处于中枢位置，现代企业组织结构的日趋扁平化，促使管理者要与员工经常接触，要及时了解基层工作状况和进度，并及时给予帮助和调整。依据员工对消息的要求和获取途径的不同，管理者应该因人制宜地设计不同的沟通方案和策略，充分考虑沟通对象的心理状态、兴趣爱好、认知程度等因素。

其次，沟通是双向互动的，一方的态度直接影响另一方的行为，所以在现代企业中建立一种双向互动的沟通环境尤为重要。这种环境不仅指选择能自由平等地沟通交流的自然环境，也包括营造双方彼此的信赖及开诚布公的沟通氛围。比如，高度授权员工，鼓励员工积极创新，增加轮岗机会等。

再次，有效的管理沟通需要将情感融入沟通的全过程，使员工意识到他们存在的价值，从而被激发出一种强烈的主人翁意识，产生持久的工作热情。因此，餐饮企业在重视制度管理时更要注重情感管理，情感管理可以有效地增强员工对企业的情感。餐饮企业通过对员工进行情感管理，让员工知道企业不是将员工只当作工人，而是将员工当作企业的一份子，并且能够做到急员工所急、想员工所想。

最后，目前大多数中国餐饮企业属于直线型的组织结构与管理架构，管理沟通模式基本上是一种链式沟通模式，大多是传统的上传下达，冗长、费时，效率低，而海底捞通过扁平化组织结构改善了这一情况。但对于大多数企业来说，在短时间内无法精简组织结构的情况下，可以增加链式沟通模式的辅助部分，这部分一方面要考虑弥补渠道中正式沟通的不足，另一方面要考虑设立一些非正式沟通渠道，用以补充组织成员间交流的需要，充分体现"人性化"的管理思想。比如，在适当的管理环节加入轮式沟通模式，使企业本来无直接沟通渠道的两个人之间建立起必要的管理沟通渠道与联系，定期、不定期地举行一些职工联谊会，开展领导访谈活动或运用现代科学技术为组织成员搭建能随时随地进行沟通、交流的平台。这样既保持了企业总体基本的、简单有效的链式沟通模式，又根据管理的需要增加了一些必要的补充渠道，以促使企业的管理沟通渠道最大限度地"网络化""人性化"，使企业形成比较完善的管理沟通渠道系统，形成开放的、鼓励的、平等的、自由的沟通氛围。有这样沟通模式的企业一定是一个和谐、有序、生机勃勃、其乐融融的"大家庭"，这也是每一个员工的愿望。

三、案例作业

N 软件公司的人事风波

（一）R 产品项目经理

王玲，女，2011 年毕业于东北一所著名的高校，由于学的是计算机专业，毕业设计期间就来到东北一个海滨城市的 N 软件公司实习。王玲在参与公司项目的同时完成了毕业设计，其敬业精神和专业能力受到公司项目经理的好评。因此，王玲毕业后顺利地进入了该公司，参与做 DISPLAY 模块的后续开发，其间，她工作勤勤恳恳、一丝不苟，很快就能独当一面，这让主管领导很是认可。2014 年年初，公司 IS 事业部的业务量又加大了，各产品系列的项目都有所增加。而且 IS 产品系列由于规模不断发展起来，需要一个产品经理，考虑到王玲一直在该项目中参与开发和设计，而且越来越熟悉流程，解决问题时思路灵活，平时工作中能够潜心钻研，连许多男生都赶不上。于是，公司决定提拔王玲为 R 产品项目经理，带领项目组完成后续工作。

王玲因为一直在做开发工作，虽说对公司软件开发产品的业务流程很熟悉，可从来没有过带人、管人的经历，项目经理的任命既让她感到高兴，也让她压力倍增。R 产品开发小组组建并宣布任命后，一起工作的同事们也觉得她有些奇怪，因为王玲没有像大家预期的那样兴高采烈，甚至看不到一点点喜悦之情，反而觉得她好像有了更多的心事，脸上的笑容也越来越少，还比以前更多地沉浸在工作中，有时甚至机器人般地工作。

（二）忙碌的王玲

一个月后的周一早上，王玲按照惯例召集大家开了早会。开完会，刚刚回到自己的工位上，王玲就收到了一封国外客户"硬件担当"发来的电子邮件，内容如下：

"王经理，早上好！上周的来信已收到，你提到的目前开发设备不足的问题，说是目前只有三套开发设备在使用，可事实上，经过我们的确认，早在去年 10 月，我们就发送了四套设备给你们。请和相关负责人再次确认。希望能找到第四套设备，迅速投入使用。如有其他问题再联络，拜托了。"

王玲看完电子邮件，马上找到部门的设备管理员，确认去年 10 月是否接收到了四套开发设备。设备管理员通过查询当时的记录，确认收到了四套开发设备。

"哎，那就怪了，为什么我们现在只有三套呢？"王玲满脸困惑地看着设备管理员。

"哦，我也记不清楚了，反正每次来的设备中不马上投入使用的，都会暂存在库房，以备不时之需。会不会是当时项目组没使用，留在了库房呢？我去库房找找看吧。"设备管理员说。

"哦，是吗？现在设备不足已经成为项目的瓶颈了，不能拖了，这个问题得马上解决，我和你一起去找。"王玲有点急了。

于是两个人就冲进仓库，开始一个一个柜子地翻找起来。可是库房的柜子有好几十个，而且是摞放在一起的，高处的还要拿梯子爬上去找，翻找工作谈何容易。

就这样，两人一直找到中午，才好不容易看到了那套设备。王玲这才长出了一口气，正要出库房，只见另一项目的产品经理关经理急匆匆地迎面赶过来。"王玲，你是不是忘了？中午之前要把上周的工作报告交给项目总监，下午一上班就开周会了。"

"呀，我是忘了！我马上就去做，本想今天上午做好的，但是……"王玲说道。

"主管的郝总都着急了，让我问你。说是马上交上去让项目总监审阅，可能就差你的工作报告了。"关经理的语气说不清是关照还是埋怨。

已经到了中午休息时间，可王玲根本没有心思吃饭，还在紧张地写着上周的工作总结。终于在下午上班前提交了报告，她这才去胡乱地吃了一口饭，马上又赶着跑到会议室开项目周会。

项目总监散会前满脸严肃地说："大多数项目经理都能够按时提交工作文档，但有个别人不知什么原因拖延了时间，给部门的项目管理工作造成了很多不便，希望今后能杜绝这种情况的发生！"

王玲尴尬地离开了会议室。

路过调试间时，王玲看到小郭正在调试程序，就走了上去，问道："在调查哪部分的问题呢？"

"哦，DISPLAY 应用层有个问题……"小郭说道。

"哦，是我原来做的那部分呀，你先去调查别的问题吧，我对这块儿很熟悉，我来调查吧。"王玲不容分说，坐下就开始调试程序。就这样，经过两个多小时的调查，她最终把问题解决了。

等王玲回到办公室座位上时，已经快到下班时间了，她给大家发了这样一封电子邮件：

"由于这几天调试设备不足，我们的项目进度有点落后了，今天所有人员晚上加班做未完成的工作。没有我的通知，大家谁也不许离开。"

然后，王玲就去秘书那里找来快餐店的电话，给大家订晚上的盒饭……

（三）与田宇的冲突

MECH 模块是每个项目最难啃的一块骨头，这部分程序与硬件的状况关联非常紧密，要考虑的问题非常多，稍有不慎就会有所遗漏，所以不论是开发还是调试、测试，都给开发人员带来了很大的麻烦。R 项目组也同样遇到了来自 MECH 模块的问题，R 项目 MECH 模块的开发，是将以前其他项目的程序当作基准，按照新的硬件和通信协议做改动而进行开发，可哪知由于成本的考虑，在项目进行到一半的时候，国外客户突然决定更换 MECH DRIVER 芯片的型号，软件不得不做出大量的变更。这是 IS 事业部所没有预料到的，R 项目的开发工作就现有资源来看，似乎无法按时完成。

这时，IS 事业部内部已经没有合适的人选来帮助 R 项目了，因为其他的几个项目也出现了类似的情况，人手不够。张部长马上和其他事业部联系，临时调转几名员工来帮忙，并上报了总部，得到了批准。

田宇是从国际合作部借调过来的员工，有两年的工作经验，被 IS 部门安排在 R 项目，支援 MECH 模块的开发。由于他原来是做应用软件的开发工作，所以对 IS 事业部的嵌入式软件开发不是很熟悉，直接接手这边的工作，压力很大，几乎每天都要加班到晚上九十点钟。

终于有一天，田宇在将要下班的时候，发现手头的问题暂时都解决了，非常高兴，马上联系几个朋友下班后去打球。活泼好动的他，已经闷在公司里连续奋战好几个星期了，早就有点受不了了。下班连饭都不吃直接去球场玩了个痛快，然后和几个朋友一起吃了烧烤，喝了点酒，很是过瘾。

可第二天，令田宇没有想到的是，早晨一到公司，打开电脑，就收到这样一封电子邮件：

"昨天晚上上哪儿去了？为什么不在公司加班？你的问题都确认清楚了吗？走了不要紧，手机还关机！

下面是昨晚国外客户发过来的问题……"

田宇顿时愣在那儿了，他发现王玲已经铁青着脸站在自己的身后了。

"昨晚提前走了，为什么不和我打招呼？"王玲问道。

田宇说："我没提前走呀，下班打铃后才走，而且走的时候所有问题都解决了。"

"现在项目的开发日程这么紧，你看不到大家都在加班吗？你倒好，一下班就走，手机还关机了！你的问题谁来解决？"王玲有些激动。

"我走的时候，你刚才发送给我的问题还没有出现呢，我不知道呀。而且，我手机也不是故意关机的，我出去打球了，手机没电了，到晚上我才发现。"田宇辩解道。

"你还有理了？你晚上不和大家一起在这里加班就不对！你是不是因为看自己不属于 IS 部就不好好干啊？！"王玲的声音越来越大。

"我都连续加班好几个星期了，就是机器人也得休息休息呀！再说，我有什么义务在下班的时候还要保持手机开机？你凭什么这么要求我？！"田宇显然也被气坏了，喊了起来。

周围的同事都往这边看，开发大厅里的气氛非常紧张。王玲气得脸红一阵白一阵，最后说道："十一点之前，把我发送给你的问题解决掉！"

田宇鼻子里"哼"了一声，坐在了座位上。

（四）小李辞职

R 项目已经进行了一年多，到了后期维护阶段。负责系统模块的小李，从一个学校刚毕业的新员工，经过 R 项目开发的锻炼，已经逐渐成长为一名合格的软件工程师。小李回顾自己这一年的开发工作，虽说经历了不少困难，但也还算顺利。部门考虑到小李的工作能力突出，而且目前 R 项目后期维护阶段的工作量相对较小，就让小李参加到另一个项目的前期开发工作中去了。小李能得到部门的重视，自然也高兴得不得了，工作格外起劲，常常加班。但是，过了半个多月，小李越来越觉得力不从心，因为 R 项目的后期，不断地有变更出现，工作量还是很大，而新的项目又经常要开会，还要每隔几天就提交一次设计文档……

"小李，你最近是怎么搞的？怎么针对变更的对应老是不及时？这不像你的风格呀，你前段时间干得很好的。"王玲找到小李。

"哦，最近真的是有点忙不过来了，没想到到了后期，变更突然多了起来，新项目那边还有很多工作要做，我天天加班都忙不完了，我正想……"

"咱们 R 项目还没有结束，你要全力以赴地把我们的项目做好，不要对其他工作投入太多的精力！"王玲打断了小李的话。

"哦，其实按照预定的情况，我完全能应付两边的工作，但是最近的情况真是没想到……"

"行了，你才来多长时间，就想逞能吗？别想那么多，先把咱们项目的工作做好再说，今天下班前把新出现的问题解决掉，给我汇报完工作再走。"王玲再次打断了小李，说完转身就走了。

小李无奈地摇了摇头，只好接着工作。

可接下来的几天，小李几乎天天忙到凌晨还是无法按时完成两个项目的工作，感到身体严重透支，他主动找到王玲，说："王经理，看来我现在没办法应付两个项目的工作，为了不耽误工作，你和我做的新项目那边的负责人商量商量，调整一下我的工作量问题吧，好不好？"

"我不是跟你说了嘛，你要做的就是把咱们的 R 项目做好，我们的项目进度已经落后很多，不能再延期了。其他的我什么都不管，我是这个项目的项目经理，我只管你把咱们这个项目完成好，其他的不要跟我说！"王玲大怒。

"王经理，你不管谁管？我两边的工作量都非常大，你不去沟通一下，就让我完成 R 项目，那新的项目怎么办？照这样下去，这工作没法干了！"小李说完，扭头就走。

当天下午一上班，王玲收到一封小李发来的只有"生病请假"四个字的电子邮件，再看小李的工位，电脑已经关机，人早就走了。这下王玲可急了，马上打电话给小李："小李，你这是什么态度，现在项目的工作这么紧张，你跑了算什么？告诉你，你马上回来给我工作！"

"我生病了不行啊，干不了了，我要休息。"小李说完，手机就关机了。

王玲一时没有办法，只好自己去调查小李负责的系统模块的软件问题，可是工作太多，再加上自己对小李所设计的程序一点也不熟悉，问题越积越多。

两天后，小李回到了公司，向部门提出了辞职，王玲只好安排别人接替小李的工作，同时让小李在两周内进行工作交接。小李只是把自己手头的工作简单地介绍给了同事，就开始上网、打游戏，而且只挑王玲在旁边的时候上网、打游戏。

结果，接替小李的同事没办法在很短的时间内把 R 项目系统模块积攒的问题都处理掉，于是找到王玲，希望小李能帮忙解决几个棘手的问题。

王玲找到小李，说："你和接替你的同事把目前的系统模块的问题都清理干净，我才会在你的辞职信上签字，让你走，不然，我是不会签字的。"

小李没好气地说："我的任务就是工作交接，我把我的工作现状都讲清楚了，其他的我不会管的。"

"你……"王玲脸憋得通红，说不出话来。

就这样，王玲和小李几乎每天都会发生冲突，项目的进度已经完全失去了控制，R 项目的其他成员都看在眼里，项目组内的气氛越来越紧张……

（五）IS 事业部耗时最长的项目

一转眼，就到了年底，R 项目还没能提交最终的版本，残留的问题一直没能清除干净。公司郝总坐在办公室里，看着项目的工作报告，眉头紧锁，去年年终总结大会上 R 项目被作为全部门榜样的那一刻还浮现在眼前，可不曾想，目前的 R 项目竟然成了 IS 事业部有史以来耗时最长的项目。因为延期，R 项目的回款额指标不仅达不到，客户对 IS 事业部的能力也产生了质疑，这在下一年的项目谈判中已经很明显地体现了出来，客户不再敢把有难度的项目给 IS 事业部开发了，给了一个比较简单的项目，还说"要再观察一年"。

现状让郝总不得不思考 R 项目的问题，显然，项目负责人王玲负有推卸不了的责任。王玲不仅工作态度认真，而且工作起来十分投入，到处能看到她忙碌的身影。但为什么工作进度跟不上，团队成员凝聚力不强呢？这让郝总陷入了沉思……

【资料来源】

改编自东北财经大学 MBA 2013 年秋季在职班周建的论文《N 软件公司项目经理的领导风格》，指导教师孙劲悦。

【问题】

1. 项目负责人王玲为什么在工作上比较被动，她在管理沟通中存在哪些问题？

2. 员工小李的离职可以避免吗？请你给王玲的工作提出一些改进建议。

第十二章 管 理 控 制

🗁 **学习目的和要求**

通过本章专业知识复习和案例学习，更好地理解和掌握管理控制的相关理论，包括管理控制的概念、内涵与风险控制手段、控制原理、控制内容以及控制流程等。通过完成案例作业，思考管理与控制的关系。

一、本章知识点和学习内容

（一）管理控制的基本要素

学习并领会组织管理控制的概念、控制的类型和手段等基本问题；熟悉不同控制分类的标准，在此基础上，根据不同控制类型的特点，了解控制在组织运行中的重要作用。注意掌握控制的整体性、动态性、人本性和两重性。另外，由于管理对象、管理目标、系统状态的不同，企业所运用的控制方式也不同，从而形成了不同的管理控制类型。

（二）控制过程

控制是一个过程。了解并掌握控制过程的主要步骤，即建立标准、把握控制水平等。与此同时，衡量控制后的企业的实际绩效并在这一过程中采取行动，纠正偏差。特别是在环境变化剧烈的情形中，纠偏显得特别重要。

根据建立的标准衡量实际工作情况，纠正实际执行情况偏离标准和计划的误差。控制标准比较常见的有统计的、技术的和经验的标准，而控制水平要注重与组织中各部门具体情况相结合。

（三）控制内容

了解和掌握控制内容，包括预算收支的控制、作业成本控制、质量控制、库存以及采购环节的控制。了解组织中的审计作为有效的控制手段的特点，企业应合理运用控制方式和控制手段有效实施控制。

二、示范案例

童启华连锁"包子铺"的腾飞

上海交通大学电气自动化专业毕业的童启华在大学时代就开过各种街边小店,尝试在服务领域创业,开过理发馆、游戏室、小餐馆等,而且每开一家店,就能在周边诸多店铺中脱颖而出。这给了这位温州年轻人极大的创业信心。童启华萌生开包子铺的想法是因为他发现杭州人对面食情有独钟,不同于其他江南城市,杭州人对于包子更是喜爱。但是,他并没有急于开店,而是利用各种机会对市场进行调研。他发现,杭州人对包子有着深厚的感情,每年仅仅在包子这一项上,杭州人的消费就高达6 000万元,可是杭州大街上的包子铺没有一家是有规模的,更没有大家一致公认的包子品牌,于是,他便萌生了要开一家在杭州叫得响的包子铺的想法,名字就叫甘其食。

童启华通过对市场的深入研究,改良了做包子的生产工艺,于2009年成立了甘其食连锁店。几乎是一夜之间,甘其食包子店就出现在杭州年轻人扎堆的街巷,如大学、工厂、闹市等区域。童启华的包子店只销售几种大家普遍喜爱的包子产品,其中有六款产品常年销售,包括鲜汁肉包、咖喱土豆牛肉包、梅干菜肉包、香菇青菜包、桂花豆沙包、高庄馒头。配合这些产品,还有两款饮品,即豆浆和酸梅汤。尽管品种少,但每一款产品都是精心打造的。

2009年7月,甘其食杭州骆家庄第一店开张,2011年43家甘其食门店年利润就高达500万元;2012年10月28日,甘其食第100家直营店隆重开业;至2013年6月,甘其食良渚镇二店开业,门店共计140家;2015年的营业额高达3亿多元。在短短的几年时间内,甘其食包子铺直营店已经扩张到160多家,平均每天有25万个热气腾腾的包子出炉,并且,其鲜汁肉包被杭州市餐饮烹饪协会授予"最受杭州市民喜爱的鲜汁肉包"的荣誉称号。

(一) 打造品牌

一直以来,包子制作行业进入门槛低,技术含量低,大多停留在小作坊的水平上,从业者的生产和销售模式落后,随意使用低质原料,质量没有保障。甘其食的成立,是想让包子被更多的人认同和喜爱,让包子制作行业能受人尊重,甘其食为了让包子制作走上标准化的路线,严格遵守操作规范,以形成强大的包子品牌,让人们的生活更健康、更便利。

在甘其食创立之前,童启华已经研究了好几年怎么做包子,他将自动化控制的标准流程与中国传统包子制作手艺相结合,采购、生产、品控、物流,层层把关,不断修正和完善已有的标准。"绿色、有机、健康"是甘其食在食材来源上的选择标准。通过与供应商的长期合作,双方对于食材的供应形成了完善的监控机制,严格的选择标准使甘其食所有食材的供应价格均高于市场同类产品,其在源头上对所有食材的高要求,成就了甘其食包子的高品质。甘其食只做包子,而且相信未来也不会扩展到其他品类,充分做到品牌聚焦。甘其食最早有10多种包子,最后减少到"6明星产品+1新品"的模式,这就是聚焦最好的体现,确保消费者选择的包子在任何情况下都会达到自己预期的口味，不会出现质量问题。

1. 甘其食的品牌经营理念

"甘其食，美其服，安其居，乐其俗"（出自《老子·道德经》）。童启华的包子铺名叫甘其食，取意于老子对百姓食仪的理解，意为要百姓吃得好，致力于"成为受人尊重的经典东方美食代表品牌"的愿景。在中华博大精深的品德精髓宝库中，甘其食将"和"作为行事准则，凡事"以和为贵"；谨奉"真、善、美"为企业的核心价值观，"真"代表尊重、高效、品质、管理，"善"代表和谐、价值观、社会责任，"美"代表沟通、平等、知人善用。热爱传统文化的童启华，仅用这一句话就充分阐释了自己企业的经营理念。

在做包子期间，有很多加盟合作店铺寻求合作，但都被童启华委婉地拒绝了，他认为，商业的本质是"和"，即要保证专注。童启华不惜损失自己额外的收益，就是要保证自己品牌的价值，确保任何时候都不会出现任何问题。

2. 甘其食的流程管控

甘其食的管理模式是肯德基与海底捞两家企业管理模式的结合。一方面，甘其食吸收西式快餐对食材的严格控制，设立中央厨房和配送队，采购、生产和配送所有连锁店需要的全部馅料；设立统一的营销服务中心，公布每天的量产产品，通过中央厨房量化计算，算出每一个营业点食材的需求量，保证食材量的精准配送，大大地节约了成本；设立标准化的各个连锁直营店，规范服务流程及产品终端形态。另一方面，甘其食保留了传统手艺，现做现卖，顾客可以直接观赏制作食品的作业环节，增强顾客体验感的同时，也让顾客看到了放心的食品。

与传统的包子店以 40 岁以上顾客为主要销售对象不同，甘其食 80% 的顾客是在 18 ~ 40 岁。面对更年轻的顾客，甘其食必须做出自己的品牌，为顾客制作出具有"情怀"的包子，从而吸引、维持、扩张自己的消费者群体。甘其食管理模式最大的特点就是吸收了肯德基等西式快餐连锁店对食材的强控制，保证了自己对各个销售网点的供应链控制，从而实现成本控制与品质控制。但是与肯德基辞去传统连锁店中的厨师不同，甘其食保留了"手艺人"队伍，让这些员工"现包现卖"，这样做效率虽然不如西式快餐连锁店高，但是能够把包子这种发酵食物的优点发挥出来。

（二）生产工艺规范化

甘其食所有售出的包子都经过了一整套标准化流程，无论是口味还是形状，甘其食的所有包子都如同一个模板"刻印"出来的。一套完全标准化的流程，相当于给各门店的包子下了个"死命令"，这些"死命令"的内容与传统手工制作者的经验相同，不同的只是传统经验靠口口相传，"死命令"是用白纸黑字进行规范。童启华认为，包子的制作，分工非常严格，比例精准非常重要。这些美食"密码"都是甘其食在数次试验后总结出的经验，企业通过精细化生产工艺，保证顾客无论在哪家包子店购买的包子其味道都是相同的。

包子的制作有许多严格的标准。甘其食要求将每个包子的重量误差控制在 2 克以内，没蒸的包子重量是 100 克，包括皮 60 克、馅料 40 克；甚至连包子上的褶子数都有规定；厨师会销毁 2 个小时内未销售的包子；蒸包子的竹笼都是定制的，为了寻找最合适的竹笼，童启华亲自去深山中找到一位具有六十年制作竹笼经验的大师定制竹笼；为了保证包子在蒸的时候受热充分、均匀，童启华还定制了独特编织而成的龙须垫草。这些工作足以体现甘其食操作过程之严谨。包子里的原料，在经过冷冻车统一配送之前，都会事先消毒。每辆运输车内都会安装 GPS 系统，实时监控车内温度，使馅料保持原有的养分。甘其食包子的包制和售卖则由各门店独自完成，通过现场和面再蒸，最大限度地体现出面点的口味。在加工过程中，充分尊重食材的品质，不使用添加剂，用最简单的工艺还原食材天然的味道，所以汤汁显得特别鲜美。

甘其食对原材料的选择非常考究。比如，生产的桂花豆沙包所选用的黑豆是温岭的黑豆，豆沙是用纯黑豆熬出来的，没有添加任何防腐剂；香菇用的是庆元的香菇，猪肉用的是金锣的猪前腿肉等。为了保证猪肉的质量，童启华还对供应商提出整改意见，为此，供应商还特意花费 600 多万元改造了生产线，专供甘其食猪肉，从而保证甘其食包子在任何时候都不会出现问题。童启华相信，好的品质能够带来好的品牌口碑，自然也能让公司不断成长。做包子用的面粉是国内最好的食点中精粉，价格高于市场同类产品 8% ~ 10%。这类面粉加工出来的包子品质稳定，口感松软，有嚼劲，表面又有一定的光泽，还能长久保留包子里面的汤汁。包子馅料用肉的价格高于市场同类产品 20% 以上，不仅是因为用的是国内优秀品牌"金锣"，更是因为甘其食肉包用的不是传统的五花肉、猪碎肉，而是选择猪前腿肉，在肉质上更鲜美，更有嚼劲。深受顾客喜爱的香菇菜包中的香菇的价格是每公斤 60 多元，甘其食只接受一种名为"庆元小香菇"的蘑菇，因为这种香菇吃起来口感和香味是最好的。

在制作菜包子的时候，为了最大限度地保证菜包里青菜的翠绿色，在加工时有一道工序叫"杀青"，即青菜在热水里焯一下后马上冷却，否则短时间内青菜会全部变黑。因为每天有大量的青菜需要处理，童启华依据自己所学的知识，自主开发了"冰水杀青系统"，能保证在任何时候，包括夏天，自来水的温度都被控制在 10℃ 以下。这样，沸水中焯过的青菜，经过冰水杀青系统，就可以避免青菜发黄、发黑，能保持青菜翠绿的颜色，最大限度地保留了菜包的滋味。

（三）培训合格的员工

童启华认为，包子店的每一位师傅都是值得尊敬的。以人为中心的管理模式是甘其食的管理核心。在童启华的带领下，公司对包子的热情与用心，在员工中得到延续。员工们彼此叫着可爱的昵称——"阿甘"。

包子需求量的最高峰出现在早晨，大约 90% 的包子会在早餐时间销售。童启华在甘其食包子店开店之前，就已经体会到了师傅们的辛苦——每日凌晨 3 点就需要起床工作。为了提高员工满意度，甘其食为员工租用了集体宿舍，并聘人专职打扫房间卫生、清洗衣物并提供美味的工作餐，工作餐的标准是三菜一汤或者四菜一汤。为了避免睡上铺的人翻身发出声响而导致睡下铺的师傅休息不好，童启华专门定制了加固的上下铺，以保证每一位师傅的睡眠质量。所提供的宿舍能保证每位"阿甘"能在 10 分钟以内到达门店。为了方便每一位"阿甘"，并增强大家的安全感，童启华更是为每一个宿舍安装了专用的保险箱。此外，童启华还利用各种激励手段，调动员工的积极性。每年年终公司都会对分店进行评比，奖励最优秀的门店，促使"阿甘"在工作过程中有效发挥其作用。童启华认为，对员工待遇的下降、聘用低素质的员工，是食品行业总出现问题的原因，因此，他希望通过遴选高素质的员工，并尽可能提高其生活、工作待遇，来保证甘其食包子的质量。

童启华希望通过培训来提高员工素质，增强员工的稳定性。童启华花了将近四年的时间来了解包子，通过跟师傅学习以及自己对包子的钻研，终于成为"包子大师"。童启华因此成立了包子学校，凡是新员工，无论是有多年经验的老师傅还是从来没有包过包子的新员工，都必须到包子学校接受培训。不单单是培训怎么包包子，还包括怎么售卖包子。每一位员工在包子学校学习与接受培训后，再经过门店三个月的实习观察，从而保证其拥有标准化技艺。售卖服务的标准主要包括两个方面：不能失误和动作迅速。童启华认为，只有将包子在最短的时间内送到顾客的手上，才是对消费者最大的尊重。更有人做了统计——从一个顾客开始购买起算，到"阿甘"们将包子送到顾客手中，平均时间短至 13 秒。童启华对员工的要求不单单是技艺，还有对细节的关注。通过观察，童启华发现部分员工在包包子时不经意地"挠头发""抹鼻子"的坏习惯。在目前的食品行业中，已经有发现，如果单单依靠严格的制度来管理，很难改变员工的不良生活习惯，童启华认为，如果想改变员工的不良生活习惯，改变每一位师傅的"小动作"，首先需要让他们生活得有尊严，这样才能激发他们去改变自己不好的生活习惯。在甘其食，每一位"阿甘"都受到了尊重，再通过系统的训练，每一位师傅都改掉了习惯多年的"小动作"。童启华尊重每一位员工，为了追求完美的服务，甘其食人均培训投入高达 6 000 元，每一位"阿甘"通过在包子学校中为期三个月的培训，养成了对待包子一丝不苟的态度，达成了标准统一的服务、13 秒的速度。

正是因为童启华对每一位"阿甘"的这种尊重，在全国包子行业形成了独一无二的竞争力，从而打动了天图资本，使其认定甘其食的竞争力及市场价值，对甘其食投入了 8 000 万元人民币。

（四）甘其食的国际征程

童启华"做中国最知名的包子"的梦想成功实现了，但此时他的视野又提升了，中国人吃包子想起甘其食，那么老外呢？这时的童启华更希望当老外想吃快餐时，能同时想起麦当劳和甘其食。另外，甘其食不仅仅是想把中国传统食物带到国外，同时也想借此传播中国的传统文化。

于是，2016 年 7 月 7 日，在美国哈佛大学附近的哈佛广场首次出现了甘其食海外分店——Tom's BaoBao。美国分店的装修风格非常简约，采用的是开放式厨房，顾客可以隔着玻璃观看包子是怎么做出来的。在国际化的道路上，甘其食不单单是将原有的包子产品销售至国外，还对甘其食包子进行了本土化调整。卖给老外的包子除了经典的猪肉包、咖喱牛肉包、香菇芹菜包，还增加了以当地特产波士顿龙虾为馅料的包子。

令人意外的是，Tom's BaoBao 的厨师都是"外国人"，他们都来自美国，从众多的应聘者中被挑选出来成为包包子的大师傅。各位"洋师傅"上岗前必须经过三个月的系统培训，店内 17 位"阿甘"，是从多达 600 份的简历中筛选出来的。培训一位美国"阿甘"，最多的时候会花费上万美元。每一位"阿甘"都觉得包包子就像是做一件艺术品，每当看到一笼包子热气腾腾地出锅，他们都会欢欣鼓舞，觉得这是一件快乐的事情！

甘其食复制在国内的成功做法，继续扩张海外市场。童启华将 Tom's BaoBao 的中央厨房设在罗德岛——位于波士顿与纽约中间，除了哈佛店，甘其食的第二家海外分店位于罗德岛的州府普罗维登斯，并打算在未来的 3~5 年时间，要在新英格兰地区，开设 20 多家店。此外，童启华还将在美国尝试运营一辆 Food Truck（食物卡车，移动餐车），随时随地将热气腾腾的包子送到顾客的手上。

美味是全球共享的，不分国界。在美国人的眼里，包子如同饺子一般，历史悠久，是中国的传统美食。尽管老外习惯了汉堡、薯条，但只要食品味道好，大家还是会接受并喜爱的。甘其食之所以敢在纽约繁华地段开出"包子铺"，是因为童启华很自信——美国年轻人愿意为好味道买单。因此，甘其食走出国门的第一站就是在全球著名学府哈佛大学的门口，堂而皇之地开了一家地地道道的中国"包子铺"，并逐步成为众多教授、学生口中的美味，成为会议茶歇中的"必备"点心。

【资料来源】

［1］罗明丽，陈玲．"甘其食"与"天图"的契合——企业家童启华、风投专家王岑访谈．杭州金融研修学院学报，2014（4）．

［2］车驾明．尊重员工——国外企业的用人之道．中国软科学，1995（8）．

［3］朱迪．包子的尊严，自己的财富．思维与智慧，2017（4）．

［4］沈晓琳．甘其食：一只受人尊重的包子．浙商，2012（15）．

［5］解菡．肯德基经营模式的跨文化解读．首都经济贸易大学，2013．

［6］马玲．小包子 大商机．商业文化，2016（27）．

［7］王舒．百胜（中国）的标准化与本土化营销模式分析．辽宁大学，2014．

【问题】

1. 传统的小吃店——甘其食包子铺能做到年销售额超过 3 亿元，童启华创业发展的秘诀是什么？

2. 请总结甘其食连锁店管控体系的特点及其对其他餐饮企业的启示。

【案例分析】

（一）控制原理

控制作为科学的概念，是指在确定的条件下，使事物沿着可能性空间方向发展。而管理活动中的控制，主要是监督活动过程并纠正偏差，以确保组织计划的完成。控制是管理四大职能的重要组成部分，没有控制，管理就会无序。控制同生产运营获取效益同样重要。

组织管理的系统控制主要有三种方法。一是市场控制法。使用外部市场机制，如价格竞争和相对市场份额，以建立系统的标准。市场控制法主要由提供明确的产品和服务并面临相当激烈的市场竞争的组织使用。二是层级控制法。强调组织职权，依赖行政管理和等级机制，如规则、规定、程序、政策、标准化活动、工作说明书和预算，确保员工采取正确行动，达到绩效标准。三是同族控制法。通过共同价值观、标准、传统、习惯、信仰和组织文化等来规范员工的行为。同族控制法通常用于普遍存在工作团队和技术变化迅速的组织。

控制标准是人们检查和衡量实际工作及其结果（包括阶段结果与最终结果）的规范，是由一系列计划目标构成的。控制一般从数量和质量两方面考虑。前者具有明确、可证实、可度量等特点，后者往往是管理者借助经验和判断而形成的衡量标准，因此具有一定的主观性。

控制标准中，数量方面的标准包括经验标准、统计标准和技术标准。

（1）经验标准是一种估计的标准，它是在缺乏统计资料和客观依据的情况下，根据管理人员的经验，通过判断、评估等确定的标准。

（2）统计标准是一种历史性标准，是利用各种历史数据，采用统计方法建立的控制标准。这是组织最常用的一种控制标准。

（3）技术标准通常也称为工程标准，它是根据事物的内在联系，采用科学的测量和计算方法，并经过科学分析确定的标准。技术标准准确性高，具有较强的稳定性，所以企业一般都采用标准文件的形式将它法律化。

比较常用的控制标准有四类：时间标准（如工时、交货期）、数量标准（如产品数量、废品数量）、质量标准（如产品等级、合格率）和成本标准（如单位产品成本）。组织中的所有作业活动都可依据这四种标准进行控制。

（二）分析要点

1. 传统的小吃店——甘其食包子铺能做到年销售额超过 3 亿元，童启华创业发展的秘诀是什么？

在充分竞争的市场条件下，企业成长、发展的模式之一是连锁经营，这在传统的服务行业表现得特别显著，如餐饮业、旅游业、零售业等，沃尔玛成为全球 500 强企业，就是靠连锁经营模式。但连锁发展的企业，一定要解决众多分店的管理控制问题。甘其食经营成功主要有以下经验：

（1）精细化管理。

我国餐饮业市场规范化程度较低，虽然整体餐饮规模很大，但大都采用独立分散的经营模式，如此之低的行业集中度决定了我国的餐饮业市场是完全竞争的市场，随着各种外来餐饮企业的进入，我国餐饮业市场的竞争会不断加剧，行业集中度会越来越高，最后会产生由少数经营出色的餐饮品牌形成的大型企业集团，形成更为合理的市场结构。

但餐饮行业又是一个最难规范管理的行业，原因体现在三个方面。一是门店经营分散，因为消费群体是分散居住、生活和工作的，但消费时间又相对比较集中，人们是每日三餐，在就餐时间段内，人流量非常大，但在其他时间段内客流稀少。二是餐食产品保鲜度要求非常高，提供服务必须是与消费同时进行。能在尽量短的时间内提供顾客需要的餐食，同时又能保持很好的新鲜度，是企业经营的制胜法宝。麦当劳、肯德基等洋快餐之所以能保持固定的消费群体，又能不断地开设连锁分店，其核心就是通过生产流程的控制确保产品的新鲜和供餐及时。而传统的中式餐饮则全靠手工操作，提供的餐食分量和制作的口味很难保证完全统一。三是人员作业的岗位多样化，难以定量作业内容，难以规范管理。

甘其食则很好地解决了中餐生产流程缺少规范化管理的问题。首先是细化生产流程，把包包子的每一个步骤都规范出来，制定出详细的操作规则，然后对员工进行系统化培训，要求其严格遵守作业流程。其次是实行中央厨房模式，所有可以集中供应的主料和辅料全部采用中央厨房的模式进行集中处理，采用自动化的流水线进行统一制作，然后由配送中心统一配送，发送到位于主城区的各个门店，门店只负责包包子和蒸出来销售。童启华从准备开包子铺到最后开设门店，前后花费近三年时间，他就是在研究中央厨房的模式。最开始配送时，每个包子的成本超过了20元，而售价只有2～3元，因为当初分店销售的规模还达不到中央厨房的要求，但是，童启华坚持了下来。在销售数量增大后，中央厨房统一配送的优势就显示出来了——质量统一，口感上佳，节省人力成本，能确保在最短的时间将热包子送到消费者的手中。

（2）尊重员工并培养其专业技能。

管理的秘诀是尊重人。甘其食认为，在传统手工美食中，员工是企业的核心竞争力之一，在甘其食，童启华首先做到了尊重员工。在美国，成功的企业几乎都十分注重树立"尊重每一个人"的形象，他们不放弃任何一种可能的形式，甚至在用语上也有所体现。德尔塔航空公司努力为员工创造"家的感觉"和提倡"亲如一家"的说法。达纳公司则在一切报告和讲演中使用"大家"的字眼，而不用"工人们"的称呼。在麦当劳公司，所有雇员一律称"伙伴"，而不称员工。

当然，尊重人不仅需要形式，更应该注重内容。尊重人应该体现在对员工利益的真正关心上。在员工关怀方面，甘其食为"阿甘"提供了良好的食宿条件。公司在员工生活上的细致安排让每一位员工的生活状态和正常的杭州市民没什么区别。员工需要有尊严感，觉得自己不比谁差，因为他们所获得的都是靠自己的辛勤付出换来的。人都是有思想、有感情的，他们并不是机器，他们也并不是只有要求，他们也会懂得感恩和付出。

甘其食尊重每一位"阿甘"，每一位师傅都受到了尊重，每一位员工都对甘其食高度认同。在员工对组织的高度认同下，甘其食不必为了安全运转而在每个门店装上摄像头，并且每天查看。

综上，我们总结出以下两点：

首先，在食品行业中，最需要的是尊重：尊重这个行业，也尊重自己的员工，让企业的员工也尊重企业的顾客。有了这些，即使企业在不景气的时候仍会有高的组织承诺，仍然能雇用到员工。

其次，尊重人应努力创造使人成才的环境。许多成功的企业都把对员工的培训作为"尊重人"的重要内容，因为培训能帮助员工自我完善和增长才干。培训员工不仅是考虑到企业的利益，而且是为了员工的自身利益。接受培训、提高素质、增长才干，将给职工带来更多成功的机会，这无疑是对员工真正的关心和爱护，是对员工"实实在在的尊重"。这些公司的共识是"员工不单纯是提供劳动的人。我们的资产是人才，推动和发展企业的是人，也就是员工"。

（3）品牌意识。

品牌化是中国快餐打入国际市场的利器，品牌是商品过剩时代的产物。在商品短缺的条件下，商品供不应求，不管生产什么，不论生产多少，都能销售出去，客观上就没必要做品牌。但在商品严重过剩的条件下，"好酒也怕巷子深"，客观上就提出了名气和品牌的问题。"有品牌走遍天下，无品牌寸步难行"越来越成为人们的共识。甘其食的快速成长，品牌化也是很重要的一个原因。中国的餐饮业要壮大自身甚至走出国门，就必须建立明确的品牌策略，充分利用品牌的优势逐步向市场普及推广。

甘其食在日常的经营过程中，在员工管理体系中不断强调这个概念，在企业内部形成了品牌凝聚力，员工心目中有了标准化的品牌认知；同时，公司将培养顾客忠诚度当作品牌战略实施中的一个重要组成部分，从消费者的角度考虑问题，力求给消费者提供全方位、细心、便利的服务，把服务当作品牌维护的重要手段。

但是，品牌的本质是文化。企业的竞争和较量，最终都归结到文化的抗衡、文明的"战争"。品牌是企业的知识产权，是企业的无形资产。老子说："天下万物，生于有，有生于无。"无形资产在一定的条件下，可以转化为有形资本。

市场竞争越来越激烈，甘其食必须不断应对来自社会的各种挑战。面对挑战，甘其食实现企业管理制度和企业文化的有效融合，从而达到共生和双向互动。

员工认同公司的文化，并转化为自己的工作行为，是企业文化建设中重要的一步。在企业文化的建设中，甘其食不断激发员工的自律意识，任何一个员工从进入企业开始，都必须到包子学校学习，必须按照甘其食科学的流程制作包子，通过所有流程的标准化，达到制作过程的完全统一；在人文关怀中，甘其食尊重每一位员工，目的是让每一位员工尊重包子，而按照标准化流程制作出来的包子，又是对顾客的尊重，最终形成自己的品牌效应。甘其食通过不断强化企业的文化和品牌意识，达到激发员工的"自律意识"，从而降低企业管理成本，更有助于企业的长期稳定发展。

随着消费者的生活内容越来越多样化，生活节奏越来越快，用餐时间也越来越短，快餐品牌所具有的简化决策和降低风险的能力也就显得非常宝贵。尽管企业的生产工序及产品设计容易被竞争对手效仿，但其多年的营销活动及产品体验在员工、顾客或客户心目中留下的深刻印象，会使竞争对手难以与之抗衡。从这一点来说，品牌可以被视为确保企业竞争优势的一种强大工具。

2. 请总结甘其食连锁店管控体系的特点及其对其他餐饮企业的启示。

快餐连锁企业的发展特点是率先在物质生活水平较高的发达国家和地区兴起，而不是在消费水平相对较低的发展中国家和地区。外国的快餐连锁企业进军中国，都是首选北京、上海、广州等经济发达的大城市作为目标市场，从经济发达地区渐次向其他各地辐射。这主要是因为大城市的生产力和经济条件已经达到一定的水平，居民生活节奏快，收入和消费水平较之欠发达城市居民要高出很多，而以"时间"和"高效率的服务"为主要卖点的快餐行业恰恰能满足经济发达地区消费者的消费需求。甘其食在中国能取得今日的成就与其精准的市场定位、生产标准化和完整的物流供应链有着不可分割的关系。

（1）精准的市场定位。

中国餐饮行业正处于不断发展壮大的黄金增长阶段，我国餐饮企业要谋求发展，首先要解决的问题就是明确产品的市场定位。中式餐饮口味和做法丰富多样，营养搭配较之西餐也更为均衡，日益受到全球消费者的喜爱。

甘其食选择杭州作为产品的主打市场，是深入研究消费需求后的选择——因为杭州人对面食情有独钟，不同于其他江南城市，而对于包子，杭州人更是喜爱。2009 年，在对杭州市场考察了三个月之后，童启华发现，杭州人对包子有深厚的感情，每年仅仅在包子这一项上，杭州人的消费就高达 6 000 万元。面对这样的市场份额，面对杂乱无章的包子铺，甘其食在国内市场精准定位，店铺分布在杭州的大街小巷，2015 年创造营业额 3 亿多元。

在进军美国等国外市场时，甘其食将企业的目标市场定位于各个国家和地区对中式餐饮充满好奇与热爱的国外年轻消费群体，在纽约的店开在大学的旁边，由于口味好，很快就受到美国年轻人的喜爱，每天都是供不应求。但童启华并没有满足，他让研发人员再根据欧美人的饮食文化、习俗习惯等因素对产品做出本土化的调整，比如推出了以当地特产波士顿龙虾为馅料的包子。

（2）生产标准化。

机械化生产和手工制作（机械和手艺）是一对矛盾体。它们不仅存在对立的关系，还存在一种统一的关系。但是，对大多数中式快餐企业来说，很多手工餐饮企业只看到了它们对立的一面，非此即彼，很少将其统一。甘其食结合我国现阶段的国情，认为当前类似包子、饺子类的中式快餐企业应该适度地工业化，使机械化与手工并存。甘其食采用生产适度的工业化，寻求标准化与多样化的平衡点，达到两者权重分配的最佳点。

由于中国地域辽阔，以及多民族的特征，导致不同地域、不同民族的饮食习惯大不相同，而且现今国人的饮食习惯也逐渐显现一种个性化需求的趋势，中式快餐要想打开已经被肯德基、麦当劳之类的西式快餐占领的国内市场，只靠单一品种、单一口味，是很难取悦所有的中式快餐的消费者的，因此甘其食在保证产品原有质量的前提下，保留了一定的多样性。在产品种类中，也做到了标准化，最后决定将产品聚焦于"6 明星产品 + 1 新品"的模式。

在保证食材质量的前提下，甘其食将包子的生产制作方式标准化。比如，一笼包子只蒸17个包子；在一笼包子中，包子的位置摆放要保证所有的包子在同一个时间蒸熟；每个包子的重量误差控制在2克以内，没蒸的包子，重量是100克，包括皮60克、馅料40克；每个包子的褶子数要固定等。甘其食改掉了以往包子行业的经验主义，所有流程都标准化，严格按照工业生产标准实施，精益生产，保证包子的质量，也保证了企业的成功。

（3）完整的物流供应链。

对餐饮业来说，完整的物流供应链至关重要，它可以保证餐厅提供高效便捷的服务，更重要的是可以保证所生产产品的优质性。餐饮业产品的质量水平与食物的安全卫生情况直接挂钩，而食物的安全卫生又与餐饮原料的种植和采购、生产、流通加工、配送等所有环节息息相关，相比于其他行业，餐饮业更重视物流供应体系的标准化管理。甘其食更是从采购、生产、品控、物流等各个环节层层把关。

甘其食在对食品供应商的严格要求之上，还建立了中央厨房，负责统一的采购和配料，降低了食品安全风险，形成了集约化、标准化的操作模式。原料则由物流公司统一配送，每部冷冻车出发前都事先清洗消毒，确保干净卫生，车内安装GPS系统，能够对运输车辆的温度进行实时全程跟踪，使馅料始终处于最适合食物养分保存的 −10℃ 的冷冻状态，保证了原材料的新鲜、安全。甘其食包子的包制和售卖则由各门店独自完成，通过现场和面再蒸，最大限度地体现出面点原本的口味。目前中国的物流业正处于从传统服务向现代物流转变的起步阶段，但是如果餐饮企业想长久发展，保持高速发展，那么，建立完整的标准化物流链是其必经之路。

三、案例作业

"姐妹花" 卤味食品公司发展的困惑

（一）公司的发展背景

20世纪六七十年代，王青春、王青丽、王小青三姐妹出生于安徽省六安市城乡接合部的一个普通农民家庭。大姐王青春性格内向、朴实能干，虽然没有受过很好的教育，但是，多年从事家传秘方的食品加工的她是从市场上成长起来的实干家。二姐王青丽聪明能干、自信、敢于冒险、有野心，大学毕业后在广州的一家企业打拼，虽然没有自己创业，但是，在城里几年的工作经历，开阔了她的眼界，锻炼了她的能力，工作上也是一把好手。小妹王小青活泼开朗、很有耐心、善交朋友，虽然没有考上大学，但在省立中专读书，学的是实用技能，尽管工作时间不长，但两个姐姐都夸她能干。

这姐妹三人之所以受到大家瞩目还有一个原因，就是全镇就她们家有一种家传配方——能烹制各种回味无穷的菜品的卤水。据说她们已经是这一秘方的第四代传人。早在清朝光绪年间，她们的先辈用卤水制作的卤菜就远近闻名，而且代代在镇上开有专卖制作、销售各种卤菜的门店。她们的父亲、母亲直到解放初期还保留着一家祖传的门店。后来其父亲、母亲相继病逝，小店也没了，三姐妹就成为普通的农民，王家秘制的卤菜也慢慢被人们淡忘了。

20世纪90年代，改革开放后，政策好了，大姐王青春心思活了起来，在家人的支持下，开起了卤菜店。她做的卤菜既有家乡人喜欢的卤味，又有了一些改良，所以生意很是红火。由于王青春朴实能干，吃苦耐劳，手艺精湛，乡里乡亲都觉得她们家的卤菜货真价实，卤菜在当地非常闻名。由于生意兴隆，2000年前后，大姐王青春又到邻村开了一家分店，五年后，分店已经开到了县城和省城。2006年，大学毕业曾在广州打工的二姐王青丽也回到家乡，和大姐一商量，在镇里办起了"姐妹花"卤味食品公司，开始将手工作坊的模式变成工厂机械化生产的流水线，"姐妹花"牌袋装和盒装系列卤菜开始出现在省内城乡的大小超市。

"姐妹花"牌系列产品拥有独特的风味、良好的口感，优良的品质使产品的牌子很快打响，成为安徽省内知名产品。由于产品在多地畅销，出现了供不应求之势，许多经销商提前付款，有些拉货车排队等在厂区门口，都希望能早点拿到货。王家"姐妹花"卤味食品公司经营规模不断扩大，由最初的10多个人的卤菜店发展到拥有300多名职工的卤味食品公司，销售门店也达到50多家。

（二）发展的纷争

1. 大姐王青春的"执着"

卤菜店发展了，王家姐妹之间却出现了很多分歧。踏实肯干的大姐王青春似乎并没有打算利用这大好形势去扩大规模，坚持要保持产品的独特风味和优良的品质。她认为，如果卤菜店的菜品达不到规定的标准、员工的服务达不到要求、员工经培训未达到应有的水平，她就宁可不设新店，不进入新区。因此她没有继续扩大生产规模，没有增加店铺数量，坚持服务"老顾客"，强调质量是生命，决不允许任何因素危及产品质量。"姐妹花"卤菜食品公司里的主要部门是生产部、销售部、质量检验部和设备维修部。

十多年来，由于市场一直很好，"姐妹花"卤菜品种没有什么改变，口味单一，产品包装自推出来后就没有变过。大姐王青春认为，不能轻易改变，老顾客要的就是老味道，公司能从小做大，靠的也是老字号。坚持以固有的、不变的味道，服务"老顾客"。因此，大姐所有心思都用在"姐妹花"卤菜食品的生产和检验上，以确保产品质量过硬。公司里质量检验部的地位最高，质量检验部的每一位人员，大姐都很熟悉，如果他们加班，大姐从来不会在奖金上吝啬。质量检验部要监测进厂的所有原料，为了保证产品的质量，每批产品也要抽检，要化验产品的成分、辣度等。当然，最重要的是检控产品的味道。食品公司的生产车间高薪聘有多位品尝师，他们唯一的职责就是品尝厂里生产加工的卤菜。他们有丰富的经验，卤菜与要求的标准哪怕只有微小的偏差，他们也能尝出来。因此，"姐妹花"卤菜始终保持着它固有的味道。

2. 二姐王青丽的"野心"

二姐王青丽比大姐小四岁，在性情上和大姐有很大的不同。她自信、聪明能干、敢于冒险，大学所学的专业是营销管理，毕业后在广州的一家食品公司工作了5年，从业务员做到了公司的销售经理，对食品类的快消品销售有丰富的经验和独到的见解。对大姐王青春的想法和坚持，她持有不同观点。她认为，不管这种产品有多悠久的历史，在这个时代也是要变化的，关键是怎么变。顾客，尤其是年轻的消费群体，追求时尚，喜欢新口味。但如果改变过大，原有的品牌优势也会丧失，中老年"老顾客"是会流失的，这是"姐妹花"卤菜的基础。另外，她也不想和大姐闹僵，还是希望通过市场来检验。因此，二姐王青丽与经销商沟通，甚至抽时间专门到大超市，直接面对消费者问询。通过这些渠道得到了市场反馈信息。陆续反馈的信息印证了王青丽的担心，产品口味单一，市场增长缓慢，年轻消费群体的比例在缩小，如果这时市场出现强有力的竞争产品，"姐妹花"卤菜的销售肯定会受到极大的影响。想到这些，她坐不住了，找到大姐摊牌，希望公司出面，成立产品研发小组，或者至少指派几个人专门研发新口味的产品，不一定突出卤味，但要有年轻人喜欢的味道。但大姐认为，如果不突出卤味，就失去了产品的核心体验，顾客就是冲着这个买产品的。面对强硬的大姐，王青丽又退了一步，提出要根据不同地区消费者的饮食偏好，研发不同的产品。比如，同样是卤菜，针对不同地区消费者的饮食习惯，改变卤菜中的辣味。同样是辣，可以有甜辣、香辣、麻辣和鲜辣，形成系列产品，这样，就可以推出礼盒包装，打入礼品市场，以拓展产品的销售渠道。

对此，大姐表示同意，但觉得现在生产太忙，抽不出专门人手，希望由一个有经验的老师傅带着，利用业余时间研制新口味的产品。如果王青丽坚持由专人研发，则人员支出费用需要另行筹集。这让王青丽感到十分为难。借此机会，王青丽又提出，销售部应是公司最核心的部门，销售人员的薪酬考核要与公司其他人员区分开，除基本工资外，要加大对销售业绩的奖励，以激励业务人员跑市场，提高其找客户的积极性。公司要发展，就要重视强化销售部的职能，并且要拓展销售渠道，原有的店铺销售渠道已经不符合现代年轻人的购买习惯了，要拓展线上销售渠道；同时，要采取加盟模式，增加代理商，扩大品牌效应。

王青丽还认为，现在的家族企业组织结构太过僵化，只有销售部三个人每天出去跑业务，这只适合于常规化生产，为定型的、稳定的顾客服务，适应不了市场的变化与发展；她觉得大姐的眼光只局限在本领域内，看不到整体和长远发展。她建议彻底改变公司的结构，按不同的产品系列来划分部门，这样才能适应大发展的新形势，千万不能错失良机。但大姐王青春对她的建议听不进去，非常反感，并说在基本原则上自己绝不动摇。两人话不投机，经常发生争吵。王青丽怪大姐王青春是"不会赚大钱"。大姐王青春反唇相讥："为了赚钱，不务实、不踏实。你走你的阳关道，我过我的独木桥！"两人为此经常吵得不可开交，不欢而散。这不仅严重影响了公司运作，也在员工中间产生了不良影响，让大家无所适从。

3. 小妹王小青的"困惑"

本来公司主要由大姐和二姐操持，一切还都正常。但两个姐姐之间的矛盾时不时爆发，令王家小妹的作用显得重要起来。小妹王小青活泼开朗、交际能力强，最初小妹毕业后，在社会上工作了一年，后来在姐姐的卤菜店负责收银工作，很多顾客和小青成了朋友，小青也因此结识了许多从事不同职业的人，其中就有一位顾客是当地大型商超的副经理，他向王小青抛出了"橄榄枝"——他们公司正在招聘卖场管理员，他认为小青开朗热情，善于交际，能胜任这份工作，希望小青能到他们公司任职。

王小青内心十分纠结，她想帮助两位姐姐发展卤味公司，特别是在公司转型时期，想调解两位姐姐的矛盾，平息她们之间的争执。但考虑到自己年纪较轻，姐姐们都有一定的社会阅历，她很难发挥什么作用，于是，她想去大商超做卖场管理员的念头又占了上风。当她把这个想法和两位姐姐沟通时，姐姐们都极力反对。大姐和二姐都认为，目前公司正是缺人的时候，自家人首先应该到公司帮忙，怎么能去外面的公司发展呢。但两个姐姐对公司发展的不同思路和纷争，让王小青感到不安，也使她产生了不愿意卷进去的想法。

（三）另起炉灶

到当地的大型商超做卖场管理员，虽然不如自家收银位置重要，但能证明自己的能力。如果干好了，还有被提为店长的机会。于是，王小青瞒着两个姐姐去应聘了，结果被这家公司录用了，尽管她自己很高兴，但是两个姐姐狠狠地批评了她——对家里的事情漠不关心。王小青耐心地做姐姐们的工作，外出应聘可以更好地积累社会经验，了解消费者的消费心理，掌握大卖场的经营规则，等学习、锻炼好了，还可以帮助家族企业开设门店，会比现在对家族企业有更大的作用。最终，王小青做起了超市管理工作。

刚上班，一切都是新鲜的。卖场管理是个"精细活"，每天都要到现场检查，面积超过5 000平方米的卖场，一天光走路就在30公里以上。一开始，王小青对业务不熟悉，不仅要看管和收拾顾客到处扔的货品，还要协调收银员、出库员等人事关系。有时，顾客有意见、投诉，王小青也要帮忙协调。这让王小青一天天十分忙碌，甚至累得晚上都不想吃饭。

半年光景很快就过去了，虽然工作上已经适应了，但是王小青依然十分忙碌，她觉得自己一个人要干三个人的工作，但提升的希望日渐渺茫。这不仅让她开始怀疑自己的选择，也让她时不时回想起自己在"姐妹花"卤味店收银的场景。这些都促使她暗下决心，如果两个姐姐能携手同行，她就找机会回去和姐姐们一起干。

（四）故事结尾

转眼，到了2016年年尾，盘点下来，公司创造了几年以来年利润增长的最低幅度，仅有2%，如果按照这个势头发展下去，明年就可能亏损了。

僵持不下的姐妹俩这时冷静了下来，大家都认识到了形势的严重性，已经有类似口味的品牌在当地市场出现了，虽然，用大姐的话说，那味道和我们的产品不能比，但是，消费者很买账，因为一样分量的包装，另一品牌产品的价格低不少，包装也很吸引人。姐妹俩决定要做一些改变：一是先把小妹找回来，大家一起干；二是请高人帮助把把脉，评评理，到底应该怎样干；三是过去曾经接触过的食品研究所刘所长，和他联系一下，看看能否进行合作开发。

至于公司内部发展，是不是要重新分工，职能部门需不需要调整，销售员工是否需要招聘……一系列问题摆在了她们的面前。

【资料来源】

改编自国家开放大学 2017 年工商管理案例设计与分析大赛作品。

【问题】

1. 请分析王家"姐妹花"卤味食品公司在企业发展中的理念和管理特点。
2. 这个卤味食品企业要做大做强，下一步应该如何抉择？

第十三章 生 产 管 理

通过本章专业知识复习和案例学习，更好地理解和掌握生产运作管理基本理论与实务，包括生产运作管理的概念与特征，生产过程组织、物料需求计划、企业运作生产系统的一般程序。通过完成案例作业，思考生产运作科学原理与组织发展的有机联系。

一、本章知识点和学习内容

（一）生产运作管理概述

学习和掌握现代生产与运作的特征和新理念；明确生产过程中的空间组织和先进生产形式，包括厂址选择、流水生产组织和生产标准化等。熟悉 MRP（Material Requirement Planning，物料需求计划）和 ERP（Enterprise Resource Planning，企业资源计划）系统和运用，了解 MRP 的编制和变更要求。

（二）生产运作与生产战略

学习和了解企业运作的生产系统，了解生产战略内容、供应商管理等；掌握项目计划与控制的相关内容，包括项目管理目标制定、项目管理方法和项目控制过程等；明确网络计划的技术要求与编制程序，学习和掌握网络计划调整与优化理论。

（三）库存控制与作业管理

学习和掌握有关库存与作业管理相关理论，包括库存控制决策及影响要素，库存控制的基本方法，尤其要掌握 ABC 分析法（Activity Based Classification，全称为 ABC 分类库存控制法，又称 ABC 分类法）。学习和了解作业成本法的基本原理与应用模型，包括作业成本法的基本原理、作业成本法在成本控制中的应用、作业成本系统的设计和其他应用等内容。

（四）质量管理与供应链管理

学习和掌握质量管理的基本概念，全面质量管理的工作程序，质量管理过程的统计控制以及常用的质量统计方法；学习撰写成本分析报告；了解六西格玛质量管理方法及运作流程。

学习和掌握供应链管理的基本知识；了解物流管理相关内容，包括物流一体化方案的设计、物流战略制定以及供应链管理中的分销渠道绩效评估等。

（五）先进制造系统管理技术

学习和了解现代制造技术的形成和发展特点，先进制造技术的基本内容和体系结构；了解自动化技术的相关知识，包括计算机辅助制造、数控编程技术、计算机辅助工艺设计（Computer Aided Process Planning，CAPP）技术、计算机辅助设计（Computer Aided Design，CAD）和计算机辅助制造（Computer Aided Manufacturing，CAM）集成技术等。学习和掌握先进制造系统的管理技术，包括成组技术、准时生产管理方式、精益生产和敏捷制造等。

二、示范案例

宜家的 360 度管理

（一）企业简介

宜家诞生于 1943 年，在瑞典一个名为阿根纳瑞的小村庄，年仅 17 岁的创始人英格瓦·坎普拉德的理想是"为大众创造更美好的日常生活"。到 2017 年，宜家已经发展成为全球最大的家居用品零售企业，每年接待全球约 23 亿顾客。宜家也是全球唯一一家既进行渠道经营又进行产品经营并且取得成功的非上市公司。

如图 13-1 所示，宜家集团主要由三部分组成，其中，Swedwood 集团是宜家的工业集团。

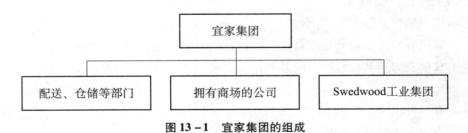

图 13-1 宜家集团的组成

宜家在创立之初主要经营文具邮购、杂货等业务，后转向以家具为主业。在不断扩张的过程中，宜家的产品扩展到各种家居用品，而今天的宜家商场，主要销售办公用品、卧室系列、厨房系列、照明系列、纺织品、炊具系列、房屋储藏等各种系列产品。"提供种类繁多、美观实用、老百姓买得起的家居用品"是宜家不变的商业理念。以平均低于竞争对手30%～50% 的价格销售有品质保障的商品使宜家为全球消费者所知晓。

宜家在保持"美观实用、种类繁多"的基础上实现本土化、低价格战略的核心是宜家特殊的360度管理模式。360度管理模式的核心是宜家庞大、精密的供应链管理信息系统，在图13-2所示的宜家供应链管理信息系统中，所有子系统相互关联，环环相扣：宜家商场根据销售情况、销售预测和库存在系统里下达订单；订单按照设定，被发送到当地配送中心或被直接发送给供应商；配送中心在仓库管理系统中自动处理订货、补货信息并确认出货。

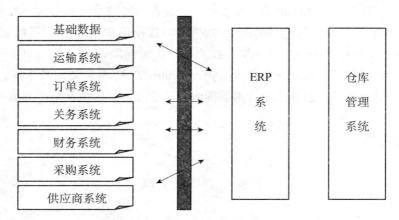

图13-2　宜家供应链管理信息系统

(二) 宜家的供应链管理

借助内部管理系统的支持，宜家通过独特的供应链管理模式对整条供应链的上下游进行管理和整合。概括地说，为了维持稳定可控的商业链条，宜家供应链管理具有以下几个方面的特殊性：

1. 独立自主的产品设计

宜家不提倡销售某种商品，而倡导"提供全面的家居解决方案"，设计即为宜家与众不同之处。宜家所有商品的设计均出自自己的设计师之手，这使宜家的商品在款式、结构等方面与市场上其他家居用品形成鲜明的差异化。宜家自创立以来一直坚持设计所有产品并拥有专利。

在宜家有一种说法："我们最先设计的是价签"，即设计师在设计产品之前，宜家就已经为该产品设定了比较低的销售价格及成本，然后在这个成本之内，尽一切可能做到简洁、实用。例如，邦格杯子，产品开发人员在接到设计一种新型杯子的任务的同时，会被告知这种杯子在商场应该卖到多少钱。就邦格杯子而言，价格必须很低——只有5瑞典克朗。它是由全球资深经理人组成的产品战略委员会根据对顾客消费习惯的检测结果，为产品开发团队制定开发方向，然后这个开发方向被传达给产品经理，由产品经理使用宜家的"价格矩阵"方法来确定的。

在完成上述流程以后，才算进入实质的设计阶段——利用内部竞争方式挑选设计师，为产品找到最终设计方案。在设计新产品的时候，竞争主要集中在同样价格的产品"谁的设计成本更低，同时更能符合市场需求"。激烈的竞争不仅能有效地降低成本，还可以激发杰出的创意，有助于设计师们成功地开发出带有强烈宜家独特风格的产品。

设计是一个关键环节，它直接影响了产品的选材、工艺、储运等环节，对价格的影响也很大，宜家的设计团队充分考虑产品从生产到销售的各个环节，宜家设计师背后是一个研发团队，它包括设计师、产品开发人员、采购人员，甚至包括供应商。每个成员都利用自己的专门知识在这一过程中发挥作用。宜家十分注重让市场一线人员参与到设计过程中，产品开发人员有很大一部分直接来自零售部门，他们有直接和顾客打交道的经验，比较了解顾客的需要。宜家产品开发人员和设计师经常直接与供应商合作，确保实现低价格的工作始于工厂车间，最大限度地利用生产设备。正因为如此，在宜家的历史上，很多产品的设计已经将成本的概念、宜家的风格和顾客的需要发挥到极致："毕利"书柜及"波昂"躺椅自推出几十年来仍然畅销。

2. 全球选拔供应商

宜家在全世界多个国家拥有贸易采购公司，在很多国家拥有供应商。任何生产商要想成为宜家的选择，就必须通过宜家的考核项目，包括价格、环保、质量、物流、出货准时度、员工工作条件、安全性因素和供应商管理方式等多项要求。从最初联系到最终成为宜家的供应商，时间跨度长达 1～2 年。宜家每年会对供应商执行 ISQAP（Ikea Supplier Quality Assurance Program，宜家供应商质量保证体系）的情况进行审核，以确定是否再合作。对未能执行标准的供应商则有可能中止合作。对于那些保持合作关系的供应商，宜家则会在后续的订单生产过程中时常考察其部件采购、生产质量、过程控制、最终检验和交货计划，而宜家贸易采购公司每月会向本地区所有供应商发布在交货准确率、出货量、索赔、质量标准、商场退货等 KPI（Key Performance Indicators，关键绩效指标）的排名。除此之外，宜家每年会对供应商提出固定的降低生产成本的指标，使其制造成本能够进入持续下降的良性循环。宜家每年还会重新评估供应商的绩效，并与供应商探讨自己的长期发展计划。

每年约有 1 500 家生产商参加宜家供应商的选拔，只有在保证质量的同时达到最低成本才有可能得到订单。宜家向来以采购量大且稳定著称，一旦与供应商形成合作关系，往往是 5 年甚至是 10 年以上的合作，宜家也为供应商提供培训、财务等方面的支持。各宜家贸易采购公司也将在产品开发阶段（产品试生产、产品认证、产品包装设计、零部件确认），以及产品生产阶段（首批订单出货检验、出货计划控制）全程深入供应商内部的每个环节与之全力配合。

随着亚洲市场特别是中国市场销量所占比重的不断扩大，宜家正在将越来越多的产品或者是产品的部分数量放在亚洲地区生产。宜家实施了零售选择计划，即由中国商场选择品种，再由中国的供应商进行生产，然后直接运往商场的计划。例如，尼克折叠椅原先由泰国生产，运往马来西亚后再转运中国。采购价相当于人民币 34 元一把，但运抵中国后，成本已达到 66 元一把，再加上商场的运营成本，最后定价为 99 元一把，年销售量仅为 1 万多把。实施这项计划后，中国的采购价为人民币 30 元一把，运抵商场的成本增至 34 元一把，商场的零售价定为 59 元一把，比以前低了 40 元，年销售量增至 12 万把。

3. 不断改进物流体系

为了能够提高配送效率以保证产品的及时供应，宜家采取独特的物流设计：各商场根据自己的需要向宜家贸易采购公司购买产品，所有的商品被运送到全球各地的中央仓库和配送中心，由专业人员经过计算，决定哪些产品在本地销售，哪些出口到海外商店。宜家物流配送体系如图 13-3 所示，在整个供应链的运转过程中，从各商场提供的实时销售记录开始，反馈到配送中心，再到贸易采购公司、供应商，直至转回至配送中心、每家商场，宜家控制着物流的每个节点。

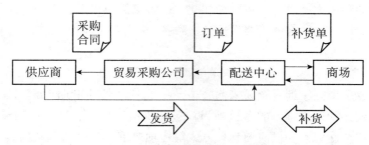

图 13-3　宜家物流配送体系

图 13-3 中的配送中心按照功能可以分为货物配送中心（Distribution Center，DC）和顾客配送中心（Customer Distribution Center，CDC）两部分，其中 DC 主要负责对销售网点的货物配送，CDC 是配合网上销售，直接面向顾客提供上门服务的配送中心。到 2017 年年末，宜家在 12 个国家（或地区）开设了 24 个订货中心，在 18 个国家（或地区）开设了 31 个分拨中心（商场配送点），在 13 个国家（或地区）开设了 26 个顾客分拨点（顾客配送点）。例如，宜家在中国采购的货物，如果预计直接在中国和亚太地区销售，宜家就会将供应商的货物直接送到大的宜家商场或者宜家上海配送中心；如果这些货物将在欧洲或者北美销售，那么货物就会被送到当地某一个最合适的配送中心，然后由配送中心配送到相应的宜家商场。

而商场与宜家内部的配送服务部门签有服务协议，协议规定配送服务的送货周期、集装箱满载率、最经济的订单数量、运输计划的安排以及货物运送的质量要求等。只要预先在宜家的供应链管理信息系统里设定好，商场的订单就可以下给分拨中心，也可以直接下给供应商，订单的数量取决于送货周期（包括生产和运输周期）、规定期限内的销售情况、商店内部的安全库存。宜家集团要求在订单货物到达之前，商场内应有足够的库存，同时订单的执行要尽量减少中间操作环节，努力减少从生产到销售商场之间多出环节的成本。

受体积、重量、材料等因素的束缚，家居类产品的运输一直是跨国家居产品零售商发展的瓶颈。宜家在全球的采购和销售过程中都是采用集装箱平板包装运输方式，这样做不仅极大地降低了运输途中的破损风险，也节省了大量的运输成本。所谓"平板包装"，是指宜家并不提供组装好的家具成品，而是由顾客自行将易于组装、体积较小、便于携运的散装家具带回家自行组装。在平板包装的基础上，宜家陆续推出了"模块"式家具设计方法，不同的模块可根据成本情况（节约成本）在不同地区生产，尽管增加了管理协调的难度，但也增加了供应商的选择范围，最终降低了成本。

（三）宜家的连锁大卖场

在整条供应链终端的是宜家自己的卖场。2009 年，全世界约有 5.9 亿顾客光临宜家的 267 家商场，到 2017 年，全球有近 10 亿顾客每年光顾宜家全球各地的卖场。轻松、自在的购物氛围是全球所有宜家商场的共同特征，宜家鼓励顾客"拉开抽屉，打开柜门，在地毯上走走，或者试一试床和沙发是否坚固"，除非顾客主动要求店员帮助，否则宜家店员绝不会打扰顾客，让顾客能够静心浏览，轻松、自在地逛商场和做出购物决定。

进入宜家，琳琅满目的商品便"扑面而来"。随手取一支短铅笔、一条卷尺，"借"一个购物袋，推上购物车，便可开始在宜家购物的"历程"。宜家商场的设计充满人性化的关怀，在每件商品上边或附近，挂着或放着大幅的价签牌，上面详尽地列明了商品的名称、尺寸、价格、功能、使用规则、购买程序等信息，并用不同的色彩表示不同的提货方式。宜家为所有家具都配有十分具体的安装说明书，顾客可根据说明书把家具组装起来，在节省搬运费的同时，也增加了动手的乐趣。

商品交叉展示及样本间也是宜家独创的风格。宜家的展示区按照客厅、饭厅、工作室（家庭办公室）、卧室、厨房、儿童用品和餐厅的顺序排列。这种顺序是从顾客习惯出发制定的，客厅最为重要，饭厅是人们处理日常事务的地方，工作室（家庭办公室）紧随其后，卧室是最后一个大型家具区。商品的陈列也极具关联性，即根据用途进行组合与陈列产品线和产品品类，如沙发区有扶手椅、茶几、电视机柜等相配，既方便选购，又刺激消费。

交叉展示的商品分布在不同的功能区。宜家通过专业设计师的展示设计，巧妙地搭配展示了不同家具、家饰的立体效果，加上不同商品、线条、色彩、墙饰等的组合及和谐搭配，丰富、直观地给顾客提供了家居解决方案。宜家的每个卖场都有一批专业装修人员，他们负责经常对样本间或交叉展示进行调整。调整的基本要求是要符合普通百姓家居生活的状况。每个展示单元都标注实际面积。所有这些都是从顾客的需要出发，顾客可以原封不动地把展示区摆设的家具搬回家去，也会得到与商场一样的效果。这种销售模式极大地提高了商品连带销售，有效地促进了消费者重复购买，很好地解决了消费者变换家装带来的沉淀成本，还增加了消费者自己动手的乐趣。

【资料来源】

[1] 汪旭辉．零售国际化：动因、模式与行为研究．大连：东北财经大学出版

社，2006.

［2］李品媛. 管理学原理. 4 版. 大连：东北财经大学出版社，2018.

［3］宜家家居官网（https：//m2. ikea. cn/cn/zh/）。

【问题】

1. 为什么宜家能够成功地将质优价低的产品卖到世界各地？

2. 有一种观点认为，企业成功的秘诀就是"专心做专业的事"，由此你怎样评价案例中宜家对家居产品整个供应链条的渗入和控制？

【案例分析】

（一）供应链理论

1. 供应链的概念

供应链（Supply Chain）最早来源于彼得·德鲁克提出的"经济链"，而后经由迈克尔·波特发展成为"价值链"，最终演变为"供应链"。它将企业的生产活动进行了前伸和后延。因此，供应链就是通过计划（Plan）、获得（Obtain）、存储（Store）、分销（Distribute）、服务（Serve）这样一些活动而在顾客和供应商之间形成的一种衔接（Interface），从而使企业能满足内外部各方的需求。

一般来说，构成供应链的基本要素包括：

（1）供应商。

供应商即给生产厂家提供原材料或零部件的企业。

（2）厂家。

厂家即产品制造企业。厂家负责产品生产、开发和售后服务等，生产是最重要的环节。

（3）分销企业。

分销企业即将产品送到经营地理范围内的每一个角落而设的产品流通代理企业。

（4）零售企业。

零售企业是指将产品销售给消费者的企业。

（5）物流企业。

物流企业是上述企业之外专门提供物流服务的企业。

其中，分销、零售、物流也可以统称为流通业。

2. 供应链管理的概念

供应链管理（Supply Chain Management，SCM）是指从战略层次和整体的角度把握最终用户的需求，通过企业之间有效的合作，获得成本、时间、效率、柔性等方面的最佳效果。供应链管理包括从原材料到最终用户的所有活动，是对整个供应链的过程管理。它是一种集成的管理思想和方法，执行供应链中从供应商到最终用户的物流的计划和控制等职能。

供应链管理主要涉及四个领域：供应、生产计划、物流、需求。职能领域主要包括产品工程、产品技术保证、采购、生产控制、库存控制、仓储管理、分销管理。辅助领域主要包括客户服务、制造、设计工程、会计核算、人力资源、市场营销。

3. 供应链管理的内容

（1）计划。

计划是 SCM 的策略性部分。企业需要有一个策略来管理所有的资源，以满足客户对企业产品的需求。好的计划是建立一系列的方法监控供应链，使它能够有效地、低成本地为顾客递送高质量和高价值的产品或服务。

（2）采购。

采购即选择能为企业提供货品和服务的供应商，和供应商建立一套定价、配送和付款流程并创造方法监控和改善管理。采购包括提货、核实货单、转送货物到制造部门并批准对供应商的付款等。

（3）制造。

制造即安排生产、测试、打包和准备送货所需的活动，是供应链中测量内容最多的部分，包括对质量水平、产品产量和工人的生产效率等的测量。

（4）配送。

很多"圈内人"称配送环节为"物流"，包括调整用户的订单收据、建立仓库网络、派递送人员提货并送货到顾客手中、建立货品计价系统、接收付款。

（5）退货。

退货是供应链中的问题处理部分，是指建立网络接收客户退回的次品和多余产品，并在客户使用产品出问题时提供支持。

供应链管理是企业的有效性管理，表现了企业在战略和战术上对整个作业流程的优化。供应链管理整合并优化了供应商、制造商、零售商的业务效率，使商品以正确的数量、正确的品质，在正确的地点，以正确的时间、最佳的成本进行生产和销售。

（二）分析要点

1. 为什么宜家能够成功地将质优价低的产品卖到世界各地？

对于大多数国内企业而言，优质与低价往往是一对矛盾的概念：低于竞争对手的价格就意味着质量相对不高，便宜的商品通常被消费者冠以"低档次""低质量"，而对于全世界的企业来说，即便能够生产出优质、低价的产品，也很难成功地将其卖到全世界各个角落。宜家却做到了"鱼"与"熊掌"兼得：通过以平均低于竞争对手 30%～50% 的价格销售高品质的商品，赢得全球消费者的青睐。作为全球唯一一家既进行渠道经营又进行产品经营并且取得成功的非上市公司，在保持"美观实用、种类繁多"的基础上实现低价格战略是宜家将"鱼"与"熊掌"收入囊中的法宝。宜家产品生产销售流程体系如图 13-4 所示。

（1）为了保证产品拥有较高的质量，宜家重点关注产品研发和供应环节。

①产品研发环节。设计是宜家津津乐道和着力渲染的一个亮点。宜家所有商品的设计均出自自己的设计师之手。正是充满宜家风格的设计使宜家的商品在款式、结构等方面与市

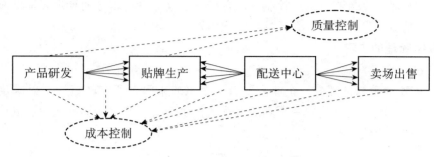

图 13-4 宜家产品生产销售流程体系

场上的其他家居用品形成鲜明的差异化，使它们能够更好地满足消费者的需要。也就是说，宜家产品在设计图纸上诞生的那一刻起就被赋予了高质量的特点。

② 供应环节。统一、独立的设计环节，有助于避免宜家在全世界各个卖场中出售的商品在形式上、质量上出现良莠不齐的情况，但是真正保证全世界 200 多家卖场里出售给消费者的商品都是符合顾客需要的优质产品，在于宜家对分布在近 60 个国家的 1 000 多个供应商的采购、生产、物流等各个环节的精密控制、全面渗透。

如案例所述，宜家通过一套严格的供应商质量管理体系——ISQAP 在全球范围内挑选供应商。任何生产商要想成为宜家的合作伙伴，就必须通过宜家所有考核项目，其中最重要的就是对与产品质量直接相关的项目的要求。对保持合作关系的供应商，宜家也会在后续的订单生产过程中时常考察其部件采购、生产质量、过程控制、最终检验和交货计划，而宜家贸易采购公司每月会向本地区所有供应商发布交货准确率、出货量、索赔、质量标准、商场退货等 KPI 的排名，以督促供应商改进产品质量。

由于采购量大且稳定，宜家对供应商拥有很强的话语权，而宜家利用这种影响力，全面、持久地渗透到供应商的采购、生产、配送、运输等各个环节，有力地保证了宜家商场待售商品的优秀品质。

（2）实现各环节之间的紧密衔接。

从产品设计、OEM（Original Entrusted Manufacture，定牌生产和贴牌生产）、配送、卖场出售，每一个环节都在宜家的掌控之中，故宜家商品成本的降低并没有导致产品品质的下降，甚至反而有助于不断提高产品的品质。为了"实现为大众创造更美好的日常生活的理想"，宜家主要通过产品研发、供应、信息控制系统、物流、零售这几个环节赋予优质商品较低水平的价格。

第一，产品研发。宜家坚持独立设计产品并拥有产品的专利权，在产品研发的整个过程中，对成本的控制从始至终。宜家强调采用满足"设计成本更低，同时更能符合市场需求"的设计方案，而低成本就是低价格的基础和保障。"毕利"书柜及"波昂"躺椅自推出以来畅销至今，就证明了宜家的产品设计已经将成本的概念、宜家的风格和顾客的需要发挥到了极致。

第二，供应。宜家不是通过买卖产品而获取利润的中间商，而是供应商向最终用户销售他们产品的平台，全球的供应商都使尽浑身解数想到这个平台上争取一席之地。供应商之间激烈的价格竞争和质量竞争，又可以保证宜家产品的交期、质量和低成本。

第三，信息控制系统。为了保证优质低价的产品能够卖到全世界的各个角落，宜家精心设计的全球物流体系和内部庞大、精密的信息管理系统相得益彰。宜家 ERP 如图 13 - 5 所示。

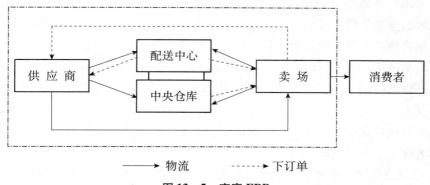

图 13 - 5　宜家 ERP

由图 13 - 5 可见，所有系统相互关联，环环相扣。位于全世界不同地区的宜家商场根据销售情况、销售预测和库存在系统里下达订单向宜家贸易采购公司购买产品，所有的商品被运送到全球各地的中央仓库和配送中心，配送中心在仓库管理系统中自动处理订货、补货信息并确认出货。如案例内容所述，只要预先在宜家的供应链管理信息系统里设定好，商场的订单就可以下给分拨中心，也可以直接下给供应商，订单的数量取决于送货周期（包括生产和运输周期）、规定期限内的销售情况、商店内部的安全库存。

第四，物流。宜家科学合理的物流设计与网络信息系统的完美结合不仅提高了配送效率和保证了产品的有效供应，也为宜家产品价格的降低做出了巨大贡献。如案例内容所述，在信息流动和处理畅通的基础上，从各商场提供的实时销售记录开始，反馈到配送中心，再到贸易采购公司、供应商，直至转回至配送中心、每家商场，宜家严格地控制着物流的每个节点，力求在每一个环节将成本和费用降至最低。仅仅是位于瑞典的一个 CDC 中心，每天要处理 12 000 立方米的家具物品。

比如，宜家在中国采购的货物，如果预计直接在中国和亚太地区销售，宜家就会将供应商的货物直接送到大的宜家商场或者宜家上海配送中心。而商场与宜家内部的配送服务部门签有服务协议，协议规定配送服务的送货周期、集装箱满载率、最经济的订单数量、运输计划的安排以及货物运送的质量要求等。

第五，零售。宜家卖场是宜家控制产品低价的最后一站。从卖场设计到人员服务，从产品展示到自行组装，从样本间体验到餐饮区休息，从付款取货到退货取款，宜家卖场对消费者的人性化关怀和科学合理的布局都在充分刺激着消费者的主观能动性，促成了产品销售的最后成功。而这一切都是建立在宜家对集团旗下零售商的完全控制的基础之上，这可以免去向渠道商支付额外的上架费、卖场租金以及各种各样的中间管理费用。宜家创造了属于自己的产品卖场，并将这种成熟的卖场复制到全世界各个市场中，保证了商品以低廉的价格最终传递给消费者。

国际上绝大多数企业都将大量的资金投入广告宣传，而宜家选择让顾客成为品牌传播者。从顾客翻看产品目录，到顾客光顾宜家自选商场，挑选家具并自己在自选仓库提货，宜家对每一件展示的商品都会做出最翔实的说明，对消费者的每一个行为都提供最舒服的帮助，这是有效的推销手段。事实上，每个顾客在做出购物决定之前，如果对所购商品的特性一无所知，那么他购买的意愿就会降低；反之，他所掌握的商品信息越全面、越真实，他就越容易做出购买决定。与此同时，宜家每年都可以节省巨额的广告宣传费用。

在宜家，样本间的展示富有技巧，这种展示方法生动鲜活，可以充分展现每种产品的现场效果。不仅如此，居室布局整体展示很容易产生"连带购买"的效果。宜家商场自由的购物氛围、充满人性化的设计将消费者变成了宜家的合作伙伴。宜家这样做既减少了人员成本，又为顾客创造了独特的购物体验。

2. 有一种观点认为，企业成功的秘诀就是"专心做专业的事"，由此你怎样评价案例中宜家对家居产品整个供应链条的渗入和控制？

所谓"专心做专业的事"，是指企业实行专业化战略，即集中公司所有资源和能力于自己所擅长的核心业务，通过专注于某一点来带动公司的成长。这里的专业化包括两方面的意思：一是行业专业化，即公司专注于在某一个行业内经营；二是业务专业化，即公司专注于行业价值链中某一环节的业务。

对任何一个企业来说，专注于核心业务求发展都是其成长最基本的战略和必由之路，也就是题目中所说的"企业成功的秘诀"。与通过扩大业务范围来获得公司增长的方式相比，专注于核心业务的成长方式更容易增强公司的核心竞争力，建立稳固的竞争优势，驱动持久、健康的增长。管理大师彼得·德鲁克对此曾指出：系统地把注意力集中在生产率上的公司，几乎肯定可以取得竞争优势，并且会很快获取市场优势。

信息技术的发展以及技术、业务标准的逐步开放使企业间的信息交换效率大大提高，交易成本大大降低，不同企业间的资源共享性与业务、技术兼容性大大增强。在这种情况下，企业"通吃"价值链各个环节的经营模式较难适应现代企业经营环境，越来越多的企业更多地讲求协作，一批"专吃"的企业通过协作可以形成高效的价值链，力图获得比"通吃"企业更高的资源利用效率和运作效率。这些企业更多地选择只做自己最擅长、最赚钱、最有价值的核心业务，而将那些谁都能做、低附加值、非核心的业务委托给外部的协作企业去做。

但是，作为组成市场的最基本的单元，在决策是否要实施专业化战略的时候应该审慎地分析业务环境和自己的专业能力，如果有必要，可以主动放弃覆盖整个产业链的一体化运作模式，专注于核心业务，但是如果受到历史因素制约，自身的资源优势又大，也可以考虑像宜家一样创设一种属于自己的供应链管理模式。从行业专业化的角度来看，主要经营家居产品的宜家自创设以来，一直坚持为中低收入大众提供买得起的优质产品，这是专业化战略的集中体现。但是从核心业务的角度来看，宜家本身并不生产产品，而是采用流行的贴牌生产（OEM）方式。另外，宜家又不甘于只做宜家卖场，宜家的供应链管理是围绕着将供应商、制造商、仓库、配送中心和渠道商有机结合成一体这个问题来展开的，因此它包括企业许多层次上的活动，包括战略层次、战术层次和作业层次等。

从案例以及题目1的分析中，我们可以得出结论，宜家对整条供应链上各个环节的全面渗入和强力控制，即宜家式供应链管理模式，也即"360度管理"模式正是其能够将质优价低的产品卖到全世界各个角落并取得今天的成功的"秘诀"。

宜家"一条完整的供应链"包括：供应商（原材料供应商或零配件供应商），制造商（加工厂或装配厂），分销商（代理商或批发商），零售商（大卖场、百货商店、超市、专卖店、便利店和杂货店）以及消费者。宜家所采用的供应链管理是一种集成的管理思想和方法，它执行供应链中从供应商到最终用户的物流的计划和控制等职能。从单一的企业角度来看，供应链管理是指企业通过改善上下游供应链关系，整合和优化供应链中的信息流、物流、资金流，以获得企业的竞争优势，其目标是要将顾客所需的正确的产品，能够在正确的时间、按照正确的数量、正确的质量和正确的状态送到正确的地点，并使总成本达到最低。

随着宜家多年全球化的发展，其供应链的规模变得越来越庞大，由于要兼顾各个环节而使整个系统内的沟通变得越来越复杂。宜家现有的数十万种产品因为在全球各个地点生产，却在这个生产地点以外的其他国家和地区销售，产品的供货周期包括生产周期和运输周期都会变得更长，而且供应链管理因为距离的原因变得分散，这些因素都对供应链的安全运行提出了更多的挑战。

综上，宜家"360度管理"模式是一把双刃剑，它既可以像专业化给企业带来核心竞争优势一样给宜家创造很多的市场机会，也可以像专业化给企业带来的束缚一样给宜家带来很多经营管理方面的风险。中国的企业应该清醒地认识供应链管理的"利"与"弊"，一方面，认真学习宜家等先进跨国企业的供应链管理模式；另一方面，注重中国国情，创造性地做我们自己的企业和市场。

三、案例作业

宏泰公司的生存与发展困境

2011年12月15日，宏泰公司召开年度高管会议，总经理许新民一脸严肃地听着财务、业务、研发等部门的年度报告。

财务部："2011年度，公司经营总体支出1 200多万元，公司今年整年又是零收入，一直处于亏损状态。截至目前，账面亏损达3 000多万元……"

业务部："我们的产品在市场推广定位上比较尴尬，由于目前研发的产品存在诸多设计缺陷，相较于市场同类主流产品，我们的产品在性能上差了一个级别；产品成本较高，既无法与市场中高端产品比产品质量和性能，也不能和中低端产品比价格。按照目前的状况，我们的产品很难推向市场，得不到客户的认可。建议研发部将产品方案再次综合评估，进行完善……"

研发部："产品质量是不断完善的，应该是边销售边升级换代，不可能推出的第一代产品就是完美状态！业务部作为对接市场的一线部门，应该把相关市场信息和客户需求信息反馈回来，以便作为产品研发与改进的方向和着力点。另外，我们希望公司明年可以加大研发经费投入……"

听完这些报告，总经理横眉怒目却又束手无策……

宏泰公司自 2009 年成立起，从基建改造、设备购置，到后面持续的研发投入，前后投入将近 4 000 万元。然而，经过三年的运营，业务团队还是没能将产品成功地推向市场，研发团队也始终未能在产品技术和产品创新上有所突破。这样下去，公司或许最多只能撑半年，公司已经没有足够的资金维持，届时或将面临倒闭。

（一）谋求转型

宏泰公司是一家由台湾企业家投资的公司，主要从事 LED 产品研发、制造和销售。宏泰公司成立初期投入 1 000 万元改造了 1 000 平方米的办公场地和 3 000 平方米的 10 万级无尘封装车间。基建改造的同时，由 5 名台湾技术专家组成的研发团队随即同步着手开始前期的产品技术研发工作。半年后首批工程样品顺利生产完成。首批样品经过测试和验证，产品性能存在诸多缺陷，经过几次优化改善后，产品勉强定型推广，然而产品始终没能在市场上开花结果。

宏泰公司一直想扭转这一经营窘境，曾经也想过转型。转机终于在 2012 年 4 月 5 日来临，经人搭桥撮合，宏泰公司与香港新达集团（以下简称"集团"）达成战略共识，集团以 6 000 万港元收购宏泰公司 70% 的股权，至此，宏泰公司成了集团旗下的控股公司，企业性质也由台企变为港企。同时宏泰公司内部也面临全面转型，集团考虑到旗下已有 LED 封装产业且产品技术相对成熟稳定，相对于集团已有的产品技术，宏泰公司的产品技术并不具备优势，加上集团收购的本意是扩大集团产业布局，促使未来旗下工厂成品生产能力提升，实现工厂与集团对接的快速响应。因此，收购完成后，集团与宏泰公司高管召开了会议，会议做出了如下决定：一是宏泰公司经营业务主要以成品灯具研发为主，原 LED 封装相关工作终止；二是宏泰公司开发生产的成品可借助集团订单及资源渠道出口销往海外，进行海外业务拓展；三是作为产品研发过渡，集团可提供同行业公司与宏泰公司以 SKD（Semi Knock Down，半散装件）方式引入合作，以协助研发部门的起步工作；四是宏泰公司组织机构、管理团队和日常运营流程均维持现状。

集团会议一周后，集团介绍台湾友捷公司与宏泰公司对接，先选射灯、球泡灯、筒灯、轨道灯四个系列的产品方案陆续以 SKD 方式引入宏泰公司，前期主要由研发部、业务部和采购部参与对接工作。随着对接工作的深入，研发部收到工程样品并做相关的检测验证沟通工作，台湾友捷公司发出的原材料也陆续收到，但此时品管部既没有"相关技术图纸资料"，也没有"签样"，所以也就无法对原材料检测数据进行"合格与否的判定"。

品管部事后向研发部确认得知，研发部收到的技术资料中只有成品简易规格参数，并没有原材料的技术资料。后经沟通索取，对方用邮件方式将原材料的技术资料补发了过来，研发部收到的同时直接转给了品管部，品管部收到后发现，这些只是少部分材料的资料，且资料中的重要内容均被删减，部分原材料的技术资料的图纸甚至都没有尺寸参数。最后只能以研发部检测的样品为参照基准，将相关材料进行了验收。

样品简易验证结束后，在工艺过程参数不健全的情况下，研发部硬着头皮主导完成了首次小批量试制。研发部简易比对试制品的性能参数后得出结论：试制效果较理想，成品参数与工程样品参数相当，参数均在规格范围内，已具备批量生产条件。

两个月后，宏泰公司收到来自集团的第一笔订单，宏泰公司很快向集团交了货。交货半年后，集团收到终端客户的产品质量缺陷投诉，故障率达12%。双方公司评估后实施了整改措施，但因补救方案只能解燃眉之急，所以无法根本解决设计缺陷。随后陆续交付的几个批次的产品，均有不同程度的故障率，集团随即撤销了尚未交付的订单。

友捷公司产品技术方案的不成熟，宏泰公司方案引入验证的不严谨，双方沟通的不畅，合作框架的权责不明确，产品做不好似乎是情理之中的事情。此次质量事故后，双方的SKD合作也随即全面终止，库存的原材料、半制品和成品全数退回友捷公司。

与友捷公司的合作取消后，宏泰公司只剩一款灯具和一款模组两款产品，公司订单也只剩零散的内销小单。一次公司高管例会上，谈论到产品和公司业绩时，研发部张经理和业务部林经理针锋相对。业务部抱怨市场难拓展——产品单一，质量不稳定，没有特色、不好推广。研发部认为，业务部没有把客户需求信息和市场信息有效反馈回来，从而导致现有产品推广不利，公司没有订单。诸如此类相互推诿扯皮的事情，对于宏泰公司来说已经司空见惯了，这已严重影响到公司日常工作的开展。对于这种局面，许新民总经理显然无法接受。宏泰公司自成立以来连年亏损，要不是被集团收购，恐怕都没办法再撑下去了。

听到各部门的汇报后，总经理许新民气愤地说道："我请你们来是解决问题的，不是制造问题的！"

对于会上争论的技术瓶颈，许新民询问研发部张经理是否可以解决，张经理表示暂时没有办法。

两周后，研发部张经理辞职，公司聘请了徐经理负责研发部工作。徐经理入职后给研发部指出了很多要整改的"问题"，对于现状几乎是全盘否认。然而，一两个月过去了，徐经理并没有像入职当初"高谈阔论"的那样取得实质性的成绩。由于徐经理是分管业务部的潘副总经理引荐入职的，曾经互不相容的研发部和业务部两大部门一下子融洽共处起来。然而，一个月后的一次高管会议上，也就是徐经理入职的第三个月，这种"默契"被打破，两部门又开始相互抱怨，互相抱怨的问题几乎和之前一样。入职仅仅四个月，徐经理就辞职离开了。

（二）再次调整

2013 年，集团斥资 3 000 万元收购了宏泰公司余下的 30% 股权，宏泰公司变成了由集团控股的全资子公司，宏泰公司内部管理架构做出部分调整，研发部由潘副总经理接管，同时任命潘副总经理兼任总经理特助一职。许新民因不再持有宏泰公司股份，同时还独立经营着另一家公司，故虽仍挂名总经理但没有参与宏泰公司的经营管理，实际授权总经理特助负责宏泰公司的日常运作管理。架构调整之后，宏泰公司聘请了第三位研发部经理刘经理，当前研发部需要将现有一款模组产品进行验证及优化，对于该产品，宏泰公司刚刚拿下滨海机场 4 000 平方米订单，根据合同要求分三批交货。

由于客户订单要得急，第一批产品要求比约定交货期提前了两天交到客户手里，然而就在施工现场安装时工作人员发现配件与产品主体匹配性不稳定，公司立即更换了一批配件当天空运过去。让人不解的是，安装第二批产品时，施工现场仍然反馈有"不良"产品，要知道第二批产品是在第一批产品的基础上做了改进且测试状况良好。为了快速协助客户解决问题，研发部刘经理前往现场处理，并对安装调试过程给予技术援助。当刘经理到达安装施工现场，对换下来的"不良"产品进行检测时发现，产品质量正常，客户反馈的"不良"是产品受附着在其上的油烟、尘土的影响导致的。因客户没有在施工现场，故施工方反馈给客户时信息传递出入较大。

令刘经理费解的是，如此重尘、重碱的环境是不适宜使用该型号产品的，客户为何订购？刘经理立即将信息反馈给公司。宏泰公司业务部向客户确认得知，原本计划用在机场工程的第二批产品挪用到了这个工程，当业务人员向客户说明现在这个工程不适宜用该款产品时，客户则责怪宏泰公司"没有提前告知产品使用场所"。但是在前期洽谈时，客户明明告知用在某机场室内场所，所以技术人员评估的是机场室内环境可以正常使用。

半年后，交付的第三批次产品反馈，约有 10% "显示闪动"不稳定，经对退回样本的检测分析，确认为驱动输出断续不稳定导致"显示闪动"；驱动部件整体为宏泰公司供应商提供，最终供应商确认——驱动内部一个元器件损坏导致输出不稳定。经与客户沟通，将该批次产品 2 000 余套全数进行退货处理。

同年 6 月，集团调派某子公司的彭总到宏泰公司兼任总经理一职。彭总身兼两个公司的总经理，平时基本不在公司，公司日常运作依然是潘副总经理（总经理特助）在负责。

或许即将面临产品整改压力，没等项目整改结束，研发部刘经理就辞职离开了。三个月后，接替刘经理的第四任研发部经理李经理也是入职不久就离开了。此后公司没再招聘研发部经理，半年后研发部主管被提升为研发部副经理。

2015 年 5 月，潘副总经理年满退休。直到退休，他也没能实现让公司盈利的目标。

2017 年 6 月，彭总经理离任，同月陶总经理就职上任。

宏泰公司已连续亏损近 8 年，历经几任总经理和研发经理更换都没能走出产品开发的瓶颈以及经营亏损的困境。

【资料来源】

改编自国家开放大学 2017 年工商管理案例设计与分析大赛作品。

【问题】

1. 宏泰公司为何始终没能摆脱产品开发的瓶颈，主要原因是什么？
2. 宏泰公司要解决连年亏损的困境，需要在哪些方面做出努力？

第十四章 综合案例

学习目的和要求

通过本章的学习，能将所学习的理论知识形成一种综合运用和分析的能力。本章案例所涉及的管理学知识，一般都分布在本书两个章节以上。通过案例分析，能更好地将所学理论与实践相结合，增强举一反三、融会贯通的能力，提高自己运用理论知识解决企业运营、发展实际问题的能力。通过综合案例作业的完成，训练并提高自己发现问题、分析问题和解决问题的能力。

一、示范案例

打造中国版的迪士尼

（一）背景信息

DL 旅游控股股份有限公司（以下简称"DL 公司"）于 1994 年成立，2002 年上市，DL 公司的前身是 DL 圣麦尔索海洋世界有限公司。公司旗下拥有 DL 海洋世界和 HRB 极地海洋馆两个主题乐园。1995 年，DL 公司作为第三代水族馆的开创者，建成了我国第一座海底通道式水族馆，海底通道长达 118 米，居亚洲第一。2005 年，DL 公司将水族馆和主题乐园的建设模式进行了有机融合，开始追求"情景"元素，提出"从陆地进入海底，再从海底回到海上"的宣传理念，创新推出了中国第一梦幻海豚湾超级水秀。HRB 极地海洋馆则是 DL 公司在国内的首个异地复制项目，是我国唯一以娱乐表演为主题的极地海洋馆，是北方国际冰雪节的四大景区之一，拥有 12 个主题景区和 7 种不同类型的娱乐演艺项目。

这一时期，公司将自身定位成海洋极地主题乐园建设运营商，其与上游的各类供应商加之下游的旅行社和顾客之间共同构成了一个较为完整的价值链条。海洋动物表演是主题乐园特色，公司与全球多地海洋动物组织建立了贸易伙伴关系，白鲸、海豚等动物分别来自俄罗斯和日本等地，喂养各类海洋生物的饲料也由专门的供应商提供。

（二）做大做强主业，在海洋主题乐园上领军全国

20 世纪 90 年代，是我国主题乐园的起步时期，但在海洋动物表演领域，DL 公司一枝独秀，在我国水族馆建设和大众娱乐上发挥了重要的引领作用，此后，各地水族馆纷纷效仿，高峰期全国有数十家水族馆，同质化经营现象较为严重。DL 公司也受到了行业内其他企业的挑战，最为典型的便是同处海滨城市——老虎滩海洋公园，其占地面积更大、经营项目更加丰富，与 DL 公司一直保持着激烈的竞争关系。

为此，DL 公司在战略层面进行了认真思考，也请专业部门规划设计了企业未来发展的战略思路：一方面做强主业，打造海洋主题乐园升级版；另一方面，积极寻找市场机会，进入与海洋主题乐园优势互补的相关领域。

在做强主业上，一方面，DL 公司结合主题乐园的流行趋势，注重"情景"元素，提升游客的体验，这样，将单一的水族馆逐渐融合了主题乐园的建设模式，项目建设、游览路线、环境布置等活动增加了很多独特元素，并且借鉴国外经验，推出了中国第一梦幻海豚湾超级水秀，这种融合了动物表演的模式被称为第四代水族馆，DL 公司将我国水族馆行业的发展再次向前推进了一步。随着消费者需求的日益多样化，DL 公司又逐渐建成了极地世界、珊瑚世界、深海传奇、恐龙传奇等场馆，消费者在这些场馆里可以看到极地生物、珊瑚礁生物以及通过超 IMAX 天幕影院展现的深海环境和 4D 影院展现的史前场景。

DL 公司在这一时期培养了一批拥有水族馆行业领先专业技术的人才，很多饲养员是博士，他们每年发表论文并在全球范围内进行行业交流，参与美国、中国香港等国家或地区合作的动物治疗项目，与本地高校定期组织技术交流。DL 公司在水域环境模拟、水生动物展示方面具备鲜明的特点，处于行业领先地位，自身形成的养殖驯化技术领先国内同业水平，拥有国家级海豹救助基地，是首个进行斑海豹卫星标记放流的科研基地，是唯一一个国家级的南极企鹅种源繁育基地。值得一提的是，DL 公司在动物表演的形式上将娱乐性和艺术性进行了高度融合和创新，海豚白鲸同场水秀、双人双鲸水下表演、功夫海象模仿秀等表演均为国内乃至世界首创。

另一方面，DL 公司在全国范围内与多家企业进行合作，建设主题乐园项目，快速复制，拓展版图。以镇江项目为例，镇江与南京、无锡等城市均在 1 小时车程范围内，可以通过辐射覆盖整个江苏市场，是整个华东旅游线路的重要节点。作为镇江核心景区的三山风景区，其占地面积大、水域面积广，而镇江及周边旅游城市又缺乏大型现代化主题乐园，DL 公司在此建设海洋世界主题乐园可以充分享受区位优势，以此为支点满足更大半径空间范围内消费者对于海洋主题乐园的消费需求，进而获取更高的市场占有率及更大的利润回报。布局南方也在很大程度上平衡了旅游季节给公司带来的影响。

2015 年 10 月，DL 公司与江苏镇江文旅集团展开合作，不仅包括海洋旅游综合开发、智慧旅游平台建设，更延伸到沿长江黄金旅游带打造和资本运作等更宏观和广阔的领域。大连圣亚占股 70% 建设镇江魔幻海洋世界项目，项目位于三山景区内，建成后将与整个景区

形成良性互动，为整个景区形成新的旅游资源，增添游玩特色。项目也因享受到良好水系，从而节约了经营成本，为公司带来可观的利润回报。

在镇江项目中，DL公司将在场馆内上演接近电影长度的特色节目，结合魔术、动物、剧情、灯光、音响等特效，颠覆现有的演出形式，并将实现人和动物同台表演；在淮安项目中，DL公司将为顾客提供小批量高端化产品，推出与海豹深度接触、出海观赏动物、浮潜近距离接触海豚等项目。

第五代水族馆模式对公司在场馆设计、节目包装等方面提出了极高的要求，企业通过聘请世界级幻觉魔术大师哈拉利担任总设计师来提升组织的学习能力；企业研发出移动企鹅馆和移动海洋馆，通过提出"我带海洋来看你"的设计理念，以集装箱为载体，将企鹅及微缩版的海洋世界带给内陆的消费者；这一阶段企业的组织学习能力还表现为知识的转化和利用能力，如DL公司在芜湖项目和淮安项目中的合作均以技术输出和出租动物资源的形式实现。

2018年1月，DL公司参与打造的世界首家大型开放式海洋主题商业空间——鲸MALL正式签约杭州原物山丘。2018年2月，DL公司和云南省政府合作太平圣亚海洋公园项目，该项目已被列为昆明市"六个重大旅游项目"之一。正式公布承建方评标结果后，该项目于2018年开始建设，一期于2019年年末投入使用。其中，一期项目为"滇中·鲸谷"项目，建成后的体量将远超DL公司海洋公园，项目为第五代海洋馆产品。二期项目为"鲸天地·星空之城"，还有"虎鲸谷·探索世界"。此外，项目还将引进国际顶级赛事——巴哈汽车拉力赛和电影主题公园，以架构复合型的文化旅游休闲独家主题王国。

（三）积极进入相关领域，拓展儿童娱乐项目

1. 进入新领域的产业背景

进入21世纪，随着中国经济的快速发展，人们生活水平不断改善，以旅游、运动、娱乐为代表的休闲消费快速增长，其中，儿童娱乐增长最为强劲，潜在市场规模超千亿元。儿童娱乐消费呈现出游艺产品益智化、形式多样化和消费刚性化的特点。统计数据显示，2010年我国15岁以下的儿童人数达2.6亿，其中生活在城市且家庭收入水平较高的有1.1亿人。另外，研究机构指出，2005—2020年我国将迎来第四次生育高峰，中国人口将每年净增800万~1 000万人。2016年，我国二孩政策放开，每年超过200万的新生人口将进一步促进儿童娱乐产品市场的发展。

但目前市场上的多数儿童娱乐项目都是从某一角度来满足儿童的娱乐性需求，比如：有些企业只做线上线下的游戏类产品；有些企业会在游艺机上做研发；少数有实力的企业则将这些内容穿插在一起，做综合类游艺产品，如莫莉幻想、星期八小镇等。从市场反响来看，室内综合游艺项目很受儿童和家长的欢迎，也不受时间和季节的影响，市场发展前景十分乐观。

中国连锁经营协会调查报告（2010年）显示，二三线城市室内儿童乐园在未来两三年将会成为一个新的投资热点。据统计，2012年，全国一二三线城市共增加了近千个购物中

心，而正在筹建的购物中心、超市数量超过 3 000 个。二三线城市中室内儿童乐园很少，平均一座城市不到 10 个。从满足市场需求的角度来看，即便一个三线城市也至少需要 30 个以上的室内儿童乐园，因此，在二三线城市，室内儿童乐园的缺口接近 60%~80%。

2. 进入新领域的战略谋划

在这样的市场背景下，DL 公司早就开始了其发展的战略布局。在 2005 年，DL 公司就根据市场变化和自身优势，谋求更高更大的战略发展布局，目标是要打造中国版的迪士尼。DL 公司在儿童娱乐领域有一个响亮的名字——大白鲸世界。核心业态是室内儿童娱乐项目，服务对象是 2~12 岁的孩子；其特点是从文化源头出发开发产品，将儿童喜闻乐见的动植物开发为拟人化系列卡通形象，再赋予故事情节，让小朋友通过故事情节记住其中的动物，喜爱它们，以此进军前景无限的儿童娱乐市场；公司的发展模式是与有实力的商业开发商联手，如万达、宝龙、宝能、苏宁等，在分布于全国的大型购物中心设店，形成连锁经营模式，根据城市规模和消费能力，设立旗舰店、自营连锁店和加盟店。室内儿童娱乐项目也分为 1.0 版、2.0 版、3.0 版等，到 2017 年，大白鲸世界已经升级为 5.0 版。图 14-1 为 DL 公司"大白鲸世界"产业链鱼骨图，它详细展示了 DL 公司在这一领域的发展设想。

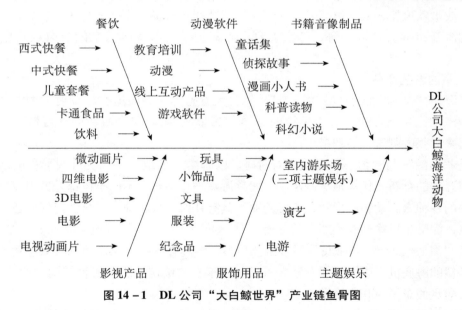

图 14-1 DL 公司"大白鲸世界"产业链鱼骨图

"大白鲸世界"项目与其他游艺和游戏产品项目的最大区别在于，它不是一个简单的针对儿童开发的综合游艺产品，它是一个产业链条，是一个商业模式，而且这个链条和模式是建立在一定的中国文化背景之上，通过策划适宜儿童接受的海洋系列动物故事情节，塑造一个个生动形象的经典卡通式海洋动物，由此而形成的针对儿童目标群体的综合性游艺乐园。项目策划和运营类似于美国的迪士尼娱乐性综艺项目。因此，DL 公司提出"大白鲸世界"的价值理念是"带给小朋友 360 度全方位的欢乐体验，创造无限度的新奇探索，感受海洋世界的无限魅力。"

3. 全力打造的产品系列

在充分规划论证的基础上，2010年，"大白鲸世界"开始了产品系列的发展征程，其产品系列主要包括：

（1）大白鲸系列童话产品。

大白鲸系列童话是"大白鲸世界"项目策划的一期产品，是大连出版社出版的"大白鲸计划"第一期重点图书。第一季五本图书2013年8月上市。之后，每年推出一季。大白鲸系列童话为后续漫画、动画片的创作，以及游戏、教育软件、主题乐园以及衍生品的开发提供了内容基础。童话与海洋、与白鲸等海洋动物的结合，为创作提供了广阔的发挥空间，也使内容本身更具影视改编及植入游戏、游乐设备开发的基础。

"大白鲸世界"开发的童话作品是由国内著名的儿童文学作家周志勇先生创作的。大白鲸系列童话以国际化视野，参照国际经典动画片，以具有普世价值观、想象力丰富、温馨励志、欢乐热闹、人与动物互动的创作手法为基调，讲述一个又一个以海洋为大背景、以白鲸为主要角色的拟人童话，通过白鲸不断成长的各个阶段所发生的一系列既相互关联但又彼此独立的，或幽默风趣、或温馨感人、或惊险激烈的精彩故事，让孩子们从另一个心灵通道进入宽广的海洋世界，亲近大海，感悟大海，尤其是感悟白鲸所带来的有关成长中的诸多话题。

（2）室内游艺产品。

一是海洋"丛林"大冒险。海洋"丛林"大冒险是一款轨道类场景射击主题项目，游客手持激光枪、乘坐吉普车进入模拟的海洋"热带丛林"。整个游戏的参与性、互动性极强，玩起来紧张、刺激、妙趣横生。

二是"白鲸"与"海豚"的欢乐对对碰。以海洋（极地）动物为外观形象的欢乐对对碰是公司开发的全新一代场地类碰碰车。此款游戏理念新颖，不同车体都是模拟以白鲸和海豚为代表的各种海洋动物的形状，色彩艳丽，具有环保、耐腐蚀、安全性能好、适应场地广泛等特点，深受市场欢迎和小朋友的喜爱。

三是"海底"漫步。"海底"漫步游艺项目是将具有脚踏车和自动行驶双重功能的器械设置在模拟的海底世界中，小朋友游客可以通过车上按键切换决定车轴转动的速度和频率，并可用方向盘使车子360度旋转。

四是海底（XD）精灵总动员。海底（XD）精灵总动员是一款互动主题射击游乐项目，游客乘坐战车进入海底精灵城堡，手持激光枪，戴上特制的3D眼镜，与视频及实体的海洋各类小精灵进行对攻。场景中设有喷气、喷水、喷雾效果设备来烘托气氛，使小朋友游客身临其境，其乐无穷。

五是"大白鲸"驾驶学校。"大白鲸"驾驶学校是一款概念新颖的亲子类驾驶游戏。在最初的"教练车"状态，家长可以亲自教孩子如何开车，儿童通过模拟驾驶熟悉驾驶技巧。然后转换到"考试车"状态，这时，需要儿童按照一定的交通规则独立完成驾驶，完成后可以获得一张"驾驶执照"。游戏过程不仅欢乐无限而且寓教于乐，深受小朋友游客的喜爱。

（3）儿童游戏软件。

开发和引进适宜小朋友的、与海洋有关的各类益智类游戏，如能反映各类海底生物链关系的知识性游戏，能模拟海洋救生员的救护知识和行为训练的游戏，能扮演船长和船员解救海难、阻击海盗的游戏，以及能救护海洋动物和生物的游戏等。

（4）微动画、电视动画片。

动画片制作分成系列微动画及系列电视动画片、动画长片等序列，各序列动画片均以大白鲸童话为基础创作。播出平台为"大白鲸世界"实体店、"大白鲸世界"网站以及各主流视频网站。

（5）儿童系列餐饮。

"大白鲸世界"的室内乐园还设有餐饮区和购物区，主要是为游玩的小朋友和家长提供各类餐饮食品，包括各类饮料，以海洋动物、极地动物为形象的卡通食品和以海洋为主题的儿童套餐等。

（6）海洋动物纪念品。

本项目的主打产品之一，就是以海洋动物、海洋游乐项目为主的纪念品开发。这类产品的开发与室内乐园项目产品的生产同步进行，有代表性的动物形象，如"皮皮鲸""小海豚""极地企鹅"等海洋动物是这类产品开发的重点。海洋动物纪念品采取注册形象专利、委托生产商制作的形式，具体包括玩具、明信片、钥匙链、钱包、包装袋等。

20 世纪 90 年代，迪士尼公司的《威利汽船》在中国热播，让中国广大观众熟知了"米老鼠"这一卡通形象。2008 年，《功夫熊猫》在中国热映，创造了过亿的票房新纪录，连许多成年人都走入影院，欣赏这部数字动画片。这些深入人心的卡通形象，不仅让全球几十亿人知道了迪士尼公司，也通过这些衍生产品的销售，为企业带来了丰厚收益。迪士尼公司的收入主要由四部分构成：门票、住宿、餐饮与衍生产品。因此，"大白鲸世界"还与专业公司联手开发 3D 动画和数字电影，让以"皮皮鲸"为代表的海洋极地动物成为中国乃至世界的娱乐明星，打造中国版的卡通代表形象，塑造新时代的中国儿童娱乐文化。

2012 年，"大白鲸计划"由 DL 公司、大白鲸世界文化发展公司和大连出版社共同策划并统一推进实施，三者在共同的模式理念下分工不同、各有侧重，大连出版社负责原创内容的策划和出版发行，酝酿上游的原创无形资源，形成"大白鲸计划"的文化内核，DL 公司负责产品线的策划并为儿童乐园提供管理和咨询支持，大白鲸世界文化发展公司则在下游直接发力，进行儿童乐园的投资建设及相关衍生品的开发。截至 2015 年，大白鲸品牌图书已出版 7 个系列 76 种，近 200 万册，儿童舞台剧已上演 60 多场，主题动画片已在央视频道播出，衍生品类不断增多，室内儿童乐园共开业 21 家。

2016 年，公司以技术输出和出租动物资源的形式与淮安西游记集团合作建设龙宫大白鲸嬉水世界项目。场馆将海洋动物及水族馆引入乐园中，DL 公司负责水族馆部分的设计和动物资源支持。例如，水上滑梯的出口水池与底部热带鱼水箱以玻璃相连，配套水上起雾特效、营造逼真的环境效果等。

2018年3月16日，由辽宁海异文化传播有限公司与盾安新一城商场经营管理有限公司共同运营的沈阳中街商圈又增加了一个新型业态——"海洋主题文化"，其旗舰店投资3 500万元，占地面积5 000平方米，包括企鹅主题餐厅、文化艺术音乐教育培训中心、鲸迪尔文化艺术体验中心等项目。设计理念为：将以海洋为主题，用人文的观点、包容的理念，将文化艺术教育与亲子娱乐、餐饮、休闲等内涵兼容互通，形成新型一体式的文化艺术教育产业链。

DL公司还以同样的形式与芜湖新华联合作投资了新华联大白鲸世界海洋公园。公司与大连瓦房店市政府、营口市鲅鱼圈区政府均签署了项目合作协议，建设融合旅游、居住、产业于一体的全新型文化产业集聚区。此外，为了更好地满足融资需求，公司与光大证券建立战略合作关系，光大证券优先作为公司的投融资服务提供商，为DL公司提供全方位、个性化的金融服务。

【资料来源】

[1] 李芸. 我国游乐业健康可持续发展分析. 绿色科技，2014（4）.

[2] 苗红，薛冰，姜淼，等. 中国旅游五年规划发展历程研究. 宁夏工程技术，2014（1）.

[3] 中国投资研究网. 儿童娱乐设施项目可行性研究报告. 2016年9月.

【问题】

1. DL公司实施其战略发展目标的机遇和优劣势分别是什么？

2. DL公司的管理和产品输出以及"大白鲸世界"产品系列的策划与实施能否使公司成为中国版的迪士尼？

【案例分析】

（一）背景信息

2015年，我国人均GDP、城镇化率和第三产业占GDP比重三个与休闲产业发展密切相关的基础性宏观数据同步跨越临界点，形成了休闲社会发展的宏观经济基础。根据国家统计局2018年1月19日发布的数据，2017年我国国内生产总值达827 122亿元，按可比价格计算，比上年增长6.9%，人均GDP近5.97万元，比上年增长6.3%。这意味着中国经济逐渐由原来的工业主导型经济向服务主导型经济转变，这种趋势将对中国经济增长、就业等各个方面带来深远而持久的影响。大力发展第三产业，特别是养老、健康服务业、信息消费、文化创意和体育休闲等将是我国当前及下阶段经济增长的新潜力、新空间。

根据赢商大数据分析报告对深圳、上海、广州、成都、苏州、沈阳、天津、西安、郑州、杭州、武汉、重庆12个城市的调查表明，2014—2017年开业、商业面积在5万～15万平方米的购物中心达到160个。

2014—2017年全国已开业购物中心各业态中，零售业态占比明显下降，儿童亲子、餐饮、生活服务业态占比呈上升趋势，休闲娱乐业态占比波动幅度较小。

从新兴品牌进驻情况来看，核心商圈的购物中心是新兴品牌进驻的首选，并主要集中在餐饮、零售业态。

在2017年新开业的购物中心中，整体业态占比大致为：零售52%、餐饮28%、儿童亲子11%、生活服务6%、休闲娱乐3%；各业态进驻的新兴品牌占比大致为：餐饮47%、零售36%、儿童亲子7%、生活服务7%、休闲娱乐3%。

零售业态2016—2017年平均占比下降了近4%。儿童亲子业态占比在2017年上升到最高近15%，比2014年高出两个百分点。结合在核心商圈购物中心占比来看（2017年占比约为7%），目前已有越来越多的儿童亲子品牌选择进驻非核心商圈购物中心。

随着我国二孩政策的放开，二孩市场将会成为拉动经济消费增长的重要组成部分，越来越多的小家庭消费行为会转变成以孩子为中心的消费行为。因此，儿童娱乐、儿童培训以及以儿童为主的零售购买行为已经成为休闲经济的重要组成部分，以儿童为目标市场的企业也迎来了成长的黄金机遇期。

（二）分析要点

1. DL公司实施其战略发展目标的机遇和优劣势分别是什么？

（1）市场机遇。

第一，我国消费群体快速增长。经过四十年的改革开放，我国经济和市场发生了重大变化，我国已经成为世界第二大经济体，随着我国中产阶层的崛起，有能力的消费群体在快速增长。据前述案例资料，新华社2010年报道，当年我国15岁以下的儿童人数达2.6亿，其中生活在城市且家庭收入水平较高的有1.1亿人。另外，研究机构指出，2005—2020年我国将迎来第四次生育高峰，我国人口将每年净增800万～1000万人。

第二，我国放开的二孩生育政策，为以儿童为代表的消费市场的扩大创造了条件。由于"80后""90后"，甚至"00后"已成为现在社会的中坚力量，这些青年人受到很好的教育，消费理念也比较时尚，消费能力更是惊人。调查数据显示，他们的消费主要体现在两个方面：一方面是为改善自己的生活状况和获得更好的消费体验而花钱，另一方面就是为培养和教育自己的下一代肯花钱。据不完全统计，在2015年，全国主要大城市4～12岁儿童每年的独立消费支出高达800亿元，儿童已经成为继女性之后又一庞大的消费主力军。在80%的家庭中，孩子的支出占家庭支出的30%～50%，在4%的家庭，这一比例高达70%。

第三，以室内儿童乐园为代表的儿童娱乐模式处于快速成长期。一方面，我国儿童人口基数庞大，父母为孩子的消费意愿高、消费能力强，而儿童娱乐空间极度匮乏，不能满足城市家庭日益增长的消费需求。另一方面，城市传统购物中心向综合商业体转变，一体化的商业地产为该行业的发展提供了更好的载体选择，带来了巨大的发展空间和契机；但行业内部游乐设施、布局结构的同质化程度极高，很多项目甚至就是简单的直接复制，整体质量和管理水平较差，进入壁垒低，规模小，没有核心竞争力，缺乏主题文化和品牌意识，行业内无龙头企业。

（2）企业优劣势。

第一，公司在运营海洋馆旅游项目上具有得天独厚的优势。DL 公司在海洋文化旅游资源和运营管理经验上具有较大的优势。该公司于 1995 年 6 月建成我国第一座海底通道式水族馆；2002 年 7 月成为我国唯一以人造景观为主营业务的上市企业；2008 年 9 月，企业获评 "中国驰名商标"，成为全国唯一获此殊荣的旅游企业。公司目前运营 DL 海洋世界和 HRB 极地海洋馆，在建或参建多个海洋文化旅游项目，是国内海洋文化旅游行业的先驱和领导者。该公司自成立以来即专注于旅游业，并拥有一支稳定的管理团队，在景区运营管理方面有着丰富的经验。

第二，公司具有专业技术人才优势。公司现有专业技术人才超过 300 人，占公司员工总量的 36%。多年来，该公司储备了一批拥有水族馆行业领先技术水平的人才，通过有针对性、专业化的行业内交流来大力培养和储备专业技术人才，保证了专业技术人才的梯队建设。

第三，公司具有品牌优势。公司在开发 "大白鲸世界" 项目上与万达集团合作，主要的万达购物中心内都有大白鲸儿童乐园；并与宝隆商业地产等单位合作。实行强强合作的结果是，该业务一推出就广受好评，积累了人脉，形成了稳定的客户群。此外，公司的海洋馆项目也与很多大城市的室内商业综合体进行合作，成为其主力店。

公司的劣势主要体现在市场扩张带来了资金的风险，大白鲸室内乐园平均开店成本在 700 万元左右。另外，一些新建成的购物中心，由于消费人口集聚需要一个过程，所以，儿童乐园的客流也受到一定的影响，进而会拉长投资回收期。

2. DL 公司的管理和产品输出以及 "大白鲸世界" 产品系列的策划与实施能否使公司成为中国版的迪士尼？

通过对 "大白鲸计划" 的分析，我们不难发现，DL 公司正在从水族馆建设运营商转型成打造以原创内容为核心，运用多种形式的跨媒介、跨产业的文化平台，这种定位的变化体现出公司的组织价值形态正在发生变化，一个简单初步的价值生态正在逐渐形成的过程之中。

（1）公司的战略重点分布为两条战线。

一是继续在全国重点城市布点海洋乐园项目，这是 DL 公司最为熟悉和经营模式非常成型的业务，由于多年踏踏实实地经营，在全国乃至国际都有很高的知名度和美誉度，这一业务也给企业带来源源不断的现金流。二是转向以儿童为核心的消费群体，但不是简单的销售某种服务和产品，而是定位于与儿童相关的文化娱乐领域。这一改变突破了某一具体行业的限制，需要在一个具有集成功能的平台上对多个行业进行整合，共同为最终的受众群体提供复合、多元的产品及服务。

（2）打造平台体系，建设娱乐生态圈。

这一生态圈是以"知识产权＋实体乐园"为平台吸引消费者进驻，通过大数据技术对顾客信息进行搜集和分析，更加准确地掌握顾客的消费意愿和行为偏好，进而更好地为顾客提供针对性的产品及服务。在这种现状下，公司试图构建的生态平台通过主题文化的培养、沉淀进而形成文化号召，从根本上增强了品牌的文化内涵，而这种文化竞争力一方面被实体乐园的直接消费体验所强化，另一方面又增强了顾客对实体乐园的消费黏性，顾客忠诚度得以提升，顾客与企业之间的共生关系初步形成。进一步而言，由于公司面向整个儿童娱乐文化产业，不断满足消费者的多样需求，又驱动这一生态平台更加完善，面向儿童娱乐文化领域的企业都可以不断加入，儿童影视、教育、服装、游戏动漫等形式因此出现在"大白鲸计划"之中。DL公司的员工听到最多的词便是"整合""开放""一起做"，正如企业总裁所说，"胸怀很重要，心有多大，舞台就有多大，'大白鲸计划'是一个开放的平台，任何跟海洋文化相关的、有创意的想法都可以放到这个平台来"。

（3）与大连出版社、大白鲸世界文化发展公司结成紧密合作伙伴关系，形成合作共同体，获取竞争优势。

与大连出版社合作，进行文学创作，截至2017年出版了300多万册图书，培育文化内核。与文化传媒公司合作，进行主题动漫、影视、游戏、舞台剧的酝酿和创作。与北京师范大学中国儿童文学研究中心联合，连续创立了三届"大白鲸世界杯"原创幻想儿童文学奖，每届奖金总额44万元，是国内奖金额度最高的文学奖项；900余名作者和1000余篇作品参与其中，22位专家和1000位小读者共同评审的评选方式在国内儿童文学作品评选中是一种创新，因此增强了评选结果的权威性，也更能贴近儿童读者的心声，可以更加近距离地了解儿童的偏好与需求。

此外，公司还进行儿童乐园的投资建设及相关衍生品开发。投资1亿元成立DL公司投资管理公司，打造公司的对外投融资平台，吸引国内外资本。

（4）与多地政府、金融机构、开发商、文化传媒公司等形成合作关系，推动成员之间的互动。

例如，公司积极与万达广场、星光耀广场、万宝商业广场、宝龙城市广场等商业地产进行合作。国内商业模式目前已发展至第四代，集购物、餐饮、休闲、娱乐于一体的城市商业综合体日益成为主流，大白鲸儿童乐园的进驻既丰富了商业综合体的业态，又可共享充足的客源，共同让顾客停留、参与和体验，有效拉动商场整体的人流量，产生多元化、多层次的重复消费。

更为重要的是，这一时期DL公司的整合协调能力开始注重对内部品牌资源和内容资源的整合。如前文所述，公司试图打造的价值生态内部，成员间将形成良性的循环互动关系，作为文化资源的核心，知识产权的培育从根本上建立品牌的向心力，使顾客在精神深处与品牌产生共鸣，这可以加强顾客的忠诚度和依赖性。儿童乐园作为载体实现了这种主题文化的实际体验，使品牌认知得以加深。而影视、动漫、游戏等项目既是知识产权形成的过程，又是以更加形象生动的方式展现知识产权的过程。

综上所述，DL 公司正在按照规划的战略目标，一步步向"中国版的迪士尼"迈进。尽管征程上障碍很多、困难重重，但他们还是目标明确、步伐坚定。

二、案例作业

金龙鱼品牌的成长危机

（一）企业背景

"金龙鱼"是新加坡郭兄弟粮油私人有限公司所拥有的食用油品牌。1974 年，郭兄弟集团在中国投资了嘉里粮油（中国）有限公司，其母公司丰益国际在新加坡，是亚洲领航的农业综合企业集团，其战略核心是农业价值链的整合，从原料到贸易再到消费者，仅农业板块就包含了散油、包装油、油籽油粕、米面、油脂化工、生物柴油、特油、炼糖制糖等。2017 年全球食品集团综合品牌价值十强中，丰益国际位列第十，成为唯一上榜的亚洲集团品牌。

1988 年，益海嘉里（中国）投资有限公司在深圳投资建设了中国第一家小包装食用油工厂——南海油脂工业（赤湾）有限公司，开始了第一批小包装食用油的生产，并推出了小包装食用油品牌——金龙鱼。2000 年，丰益集团在华投资粮油企业经整合后成立了益海集团；2006 年，丰益国际在新加坡上市；2007 年，丰益集团整合在华投资粮油企业，成立了益海嘉里集团（下称"益海嘉里"）。除了是目前世界上最大的小包装油生产商之一，今天的益海嘉里已经是集粮油加工及贸易、油脂化工、仓储物流、粮油科技研发等工贸业务为一体的多元化侨资企业，在中国境内 30 多个城市设有 100 多家生产企业，在最大的货运枢纽附近建立多个生产基地，覆盖全国各省、市、自治区的近 3 000 个县市，拥有 300 多个销售处，超过 100 万个终端网点，员工超过两万人，产品涵盖了小包装食用油、大米、面粉、挂面、杂粮、米粉、豆奶、食盐、餐饮专用粮油、食品原辅料、油脂化工等诸多领域。目前，金龙鱼品牌价值超过 100 亿元。

（二）金龙鱼品牌危机

食品行业的品牌建设一直伴随着各种危机的发生。例如，曾经的全国最大的乳制品企业——三鹿集团就是在三聚氰胺事件中，由于处理不当，导致品牌价值 150 亿元的企业倒闭，其他的类似事件不胜枚举。再如，白酒行业的塑化剂事件，也对相关企业造成了严重影响。金龙鱼品牌在建设过程中，也一直伴随着危机事件的产生、化解，由此让消费者逐渐认知到它的品牌价值。

1. 转基因事件

进入 20 世纪 90 年代，关于转基因和非转基因孰好孰坏的争论在中国开始引起热议，转基因大豆产品一直处于风口浪尖。金龙鱼食用调和油也不例外。统计数据表明，中国每年进口的豆油数量占全国豆油消费量的80%，而全球进口大豆的主要产区是美国、阿根廷、巴西等国家。机械化生产及广阔而集中的耕地，更有利于转基因种子的使用，可以提高产能以及大豆的出油率，抢占更多的国际市场份额，所以大豆油为转基因产品也就成为必然。同样，金龙鱼品牌食用油进入中国市场超过25年，已占据中国食用油接近48%的市场份额，特别是品牌知名度最高的"金龙鱼1∶1∶1调和油"的成分中接近一半是大豆油，国产的非转基因大豆油不可能满足金龙鱼的需求量，采用进口的转基因原材料无法避免。

因此，一直以来，金龙鱼都在尽可能地避免涉及转基因的话题，希望将此话题淡化并引离消费者的视线。然而，2010年下半年，一篇题为《金龙鱼，一条祸国殃民的鱼》的报道在全国引起了轩然大波。在大街小巷、城市乡村，这一话题不断被引爆。一篇文章不足以有如此大的震撼力，而在那个时候，我国对于网络管理还在探索阶段，许多方面还很不完善，加之涉事企业管理层低估了网络平台的传播能力，使此次事件的影响力不断扩大。

受此事件的影响，金龙鱼产品的市场销量大幅度下降，不仅经销商受损，消费者的信心也在动摇。金龙鱼公司管理层无法再保持沉默。公司申请要求公检法等国家机构对此事件进行严查，同时借助中国粮油学会、中华人民共和国农业部（注：2018年3月国家机构改革，中华人民共和国农业部更名为中华人民共和国农业农村部）等权威机构通过早已建立的公关媒体资源平台向公众进行快速回应和发文澄清；通过终端网点加强对促销员转基因知识方面的培训；向公众展示报纸及农业部盖章的公文……

尽管大家对转基因产品的好坏半信半疑，但最终还是影响了消费者对食用油的选择，更降低了他们对金龙鱼品牌的忠诚度。

2016年，金龙鱼将1∶1∶1转基因调和油改版升级，推出了一款金装金龙鱼1∶1∶1非转基因调和油，售价比转基因调和油高出10元，此举一方面是迫于无奈，另一方面也是希望实现产品系列化，以此降低单一产品的损失。

最终，金龙鱼调和油2016年的销量较2015年下降了6%，直到今天转基因事件的影响还没有完全消除。

2. 地沟油事件

2013年，人民网一篇金龙鱼使用地沟油的现场视频追踪报道，对于金龙鱼来说又是一声惊雷。

视频中，记者全程"暗访"、跟踪地沟油黑作坊的车辆到达益海嘉里（天津）有限公司的厂区，并向观众强调益海嘉里为金龙鱼品牌食用油的生产销售单位。事件一出，金龙鱼公共传媒部门立刻全员出动，奔赴北京人民网总部及天津基地了解事件真相，同时组织全体员工进行微信朋友圈的转发，对报道的不实及疑点进行澄清。通过核实，地沟油车辆实际上是驶进了嘉里油脂化工（天津）有限公司，该公司也属于益海嘉里集团，主要从事油脂化学品的生产，产品应用于橡胶、涂料、纺织、造纸等行业。因为两个公司离得比较近，一墙之隔产生了误会。

虽然在益海嘉里的严正要求下，该事件得到了澄清，但其造成的影响是深远的。时隔四年，2017 年 5 月 6 日这个话题又被进行翻炒，与上次公开报道不同，这次是在手机里以 App 的形式传播。由于中国使用移动终端的群体超过 8 亿人，这种影响力仍不可低估。中国人处事讲究德、谦、让，理虽占先，行有包容。惩罚做错事的人，理所应当，而大企业不单只会按理而行，也应以德而行，这样方能拥有更多品牌支持者。品牌危机处理也应该兼顾为人处事的原则。

【资料来源】

改编自国家开放大学 2017 年工商管理案例设计与分析大赛作品。

【问题】

1. 金龙鱼品牌出现的危机能否避免，企业应该采取怎样的对策？
2. 金龙鱼企业成长与品牌危机事件对中国食品企业品牌建设的启示是什么？

参考文献

［1］苏敬勤，崔淼．工商管理案例研究方法．北京：科学出版社，2011.

［2］傅永刚，王淑娟．管理教育中的案例教学法．2版．大连：大连理工大学出版社，2014.

［3］苏敬勤，王淑娟，傅永刚．管理案例教学：特点与规律．大连：大连理工大学出版社，2008.

［4］高良谋．管理学．4版．大连：东北财经大学出版社，2014.

［5］李品媛．管理学原理．4版．大连：东北财经大学出版社，2018.

［6］林忠，金延平．人力资源管理．5版．大连：东北财经大学出版社，2018.

［7］人力资源管理编写组．人力资源管理．2版．北京：中央广播电视大学出版社，2015.

［8］兰苓．市场营销学．4版．北京：中央广播电视大学出版社，2017.

［9］王绪君．管理学基础．3版．北京：中央广播电视大学出版社，2016.

［10］哈格斯，吉纳特，柯菲．领导学：在实践中提升领导力：第8版．朱舟，译．北京：机械工业出版社，2016.

［11］李文静，王晓莉．绩效管理．4版．大连：东北财经大学出版社，2018.